O livro de minha MÃE

Maria José de Queiroz

O livro de minha MÃE

Copyright © 2014 Maria José de Queiroz

EDITOR
José Mario Pereira

EDITORA ASSISTENTE
Christine Ajuz

REVISÃO
Miguel Barros

PRODUÇÃO
Mariângela Felix

CAPA
Isabella Perrotta/ Hybris Design

DIAGRAMAÇÃO
Arte das Letras

CIP-BRASIL. CATALOGAÇÃO NA FONTE.
SINDICATO NACIONAL DOS EDITORES DE LIVROS, RJ.

Q43L

   Queiroz, Maria José de
   O livro de minha mãe / Maria José de Queiroz. – 1. ed.
– Rio de Janeiro: Topbooks, 2014.

   250 p.; 23 cm.

   ISBN 978-85-7475-241-9

   1. Queiroz, Maria José de. 2. Mulheres – Brasil – Biografia.
3. Família – Biografia. I. Título.

14-17156	CDD: 920.72
	CDU: 920.72

TODOS OS DIREITOS RESERVADOS POR
Topbooks Editora e Distribuidora de Livros Ltda.
Rua Visconde de Inhaúma, 58 / gr. 203 – Centro
Rio de Janeiro – CEP: 20091-007
Telefax: (21) 2233-8718 e 2283-1039
topbooks@topbooks.com.br/www.topbooks.com.br
Estamos também no Facebook.

Sumário

Leitor *11*

Do princípio e do fim *17*

Do princípio ao fim..*26*

A Música *51*

Endereço fixo à margem direita do Sena *182*

Formação *198*

Viagens e passeios...*202*

2014 .... *237*

Posfácio *250*

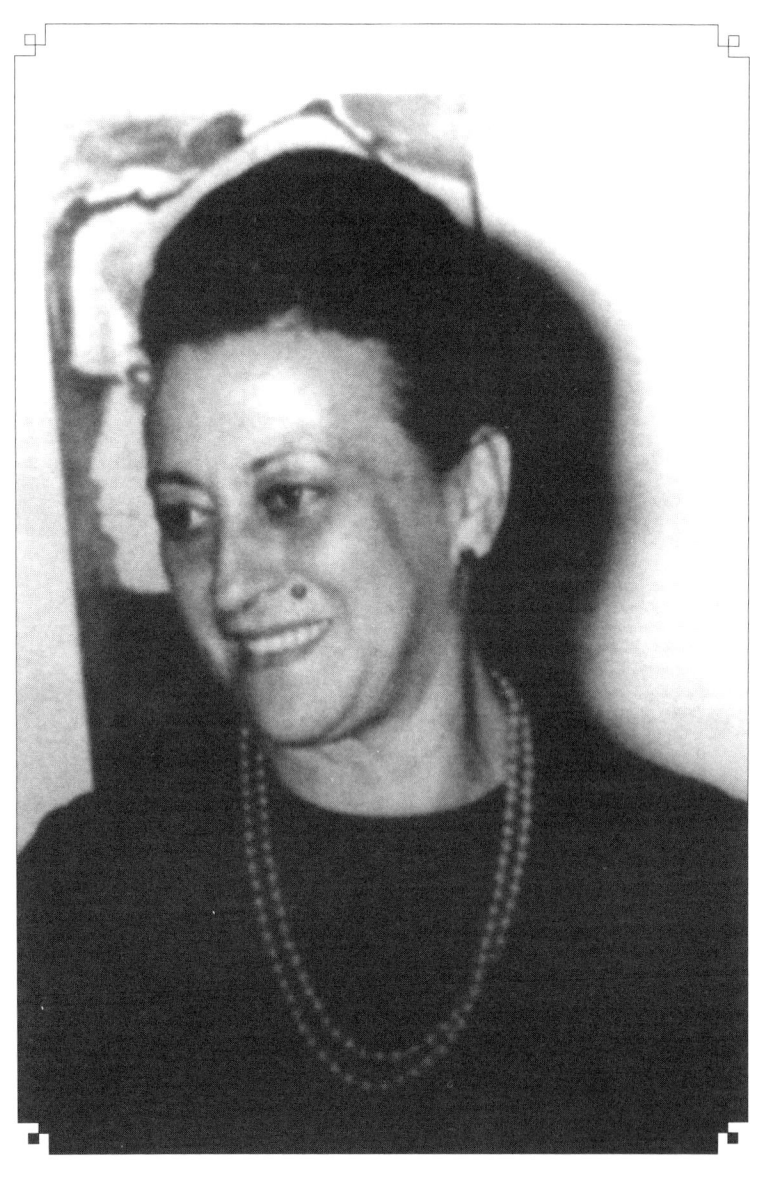

PARA MINHA MÃE, HONÓRIA
In Memoriam

Leitor...

A boa prudência mineira e a timidez de quem entra no mundo pela porta estreita me ensinaram que a vida não é um luxo. Não precisei tornar-me leitora de Sêneca nem dos moralistas do século XVIII para conhecer a medida das coisas, aprendida no convívio com Eduardo Frieiro, mestre e amigo.

Para sobreviver, renunciei à música, vocação inata, frustração da vida inteira...

Que fazer? A música exige compromisso e exclusividade. O canto, a que pretendia dedicar o melhor de mim, exige repouso da voz e forte envergadura de asas para voar, subir aos grandes palcos e conquistar plateias. A dedicação a que obriga não admite outros amores, o que explica o ódio à música a que se referia Flaubert em *en haine à la musique*, fórmula retomada por Pascal Quignard.

Sequer uma Elisabeth Schwarzkopf se sustentaria com as sofisticadas canções de câmera no país onde "quem não gosta de samba, brasileiro não é. É ruim da cabeça ou doente do pé".

No círculo penoso do magistério, pão nosso de cada dia, encontrei, *Deo gratias*, fonte inesgotável de opções. À vista das disciplinas oferecidas no curso de Neolatinas, decidi-me pelas Letras: letras e livros, livros a mancheias; mais de trinta alunos em sala de aula!

O horizonte logo se abriria à estudiosa que sempre fui. Ainda na infância, a perda de meu pai me dera a conhecer muito mais que o luto. Amadureci antes do tempo...

Não terminaria aí o afã de empregar todas as horas do dia no trabalho: enfrentei, no mesmo ano letivo, quatro bancas de exames, consecutiva e sucessivamente. O ano não se encerraria antes que me apresentasse a mais um concurso, com vista à obtenção dos títulos de doutor em Letras Neolatinas e de livre docente de Literatura hispano-americana.

Tal empenho só viria a ganhar sentido à notícia da iminente declaração de vacância da cátedra universitária de Literatura hispano-americana. Eduardo Frieiro, nosso professor, entraria de férias-prêmio antes que o Ministério da Educação lhe decretasse a aposentadoria compulsória.

Habilitada a substituí-lo interinamente, pois livre-docente, comecei a preparar-me para o mais imediato: o último posto do ensino superior, o de professor catedrático.[1]

Concluídos, portanto, o bacharelado e a licenciatura, candidatei-me, por concurso de títulos e provas, ao ensino de Português e de Francês, no âmbito estadual e federal, passando a lecionar no Colégio Estadual Governador Milton Campos e no Colégio de Aplicação da UFMG.[2]

Submeti-me a mais um concurso.

Não se dá conta, à escolha de qualquer carreira, dos sonhos e desejos frustrados. Entretanto, a alegria de viver entre livros, ainda que em serões infindáveis, compensa toda aspereza. Como compensaria, ao longo dos anos, todas as frustrações.

Descobri, sem sombra de dúvida, que a vocação acabaria por converter-se em forma de vida. Tudo como previsto: ao comple-

---

[1] Posto para o qual se exigia, além dos títulos necessários ao exercício do cargo, vitalício, a prestação de provas específicas e defesa de tese.

[2] Os programas abarcavam o ensino de Língua portuguesa e suas literaturas (brasileira, portuguesa, africanas e distintas apelações de antigas colônias), como o de Língua e Literatura francesas, em ambos educandários (federal e estadual).

tar 70 anos, o professor catedrático de Literatura Hispano-americana foi jubilado por lei.³

Passei então a aguardar, como os demais candidatos, mas em exercício interino do cargo, a publicação oficial de vacância da cátedra a que se seguiria a notificação pública do concurso de títulos, provas e defesa de tese para provimento vitalício.

À declaração da vacância, no Diário Oficial, após penosa espera, motivada por misoginia, mineirices e mais astúcias, não restava à congregação da faculdade outro ato que o da abertura de inscrições pela imprensa.

Ainda aí, outras tantas armadilhas e artifícios mesquinhos se foram criando, nas reuniões do conselho, a fim de retardar a realização das provas ou obrigar-me a renunciar à malvinda "pretensão".

A vida se encarregaria de dar rumo a todos esses desvios. Prestei concurso, tornando-me o mais jovem professor catedrático do país (ainda não se usava o feminino, por decreto do Executivo, superposto ao Regimento do Ensino Superior).

Tudo se fez na mais estrita observância do regimento, obediente às exigências burocráticas de prazos entre a vacância e a convocação do substituto tanto como a do prazo a respeitar entre a publicação oficial e a realização das provas. Havia, ainda, além da convocação de dois professores da casa, os convites a endereçar a três professores universitários de fora, isto é, de Minas e do Brasil.

A pôr-se em prática as cláusulas do regimento interno, quanto à remessa à reitoria da requisição de funcionários habilitados, em regime de hora extra, cabia ainda prever a hospedagem de professores provenientes de outros estados e países: o concurso para provimento de cátedra regia-se, a meados do século XX, pelo ritual consagrado nas velhas universidades europeias. Com

---

³ Belo eufemismo para a "aposentadoria compulsória", cujo ato se fez publicar no Diário Oficial.

um adendo: não só a faculdade e sua congregação se expunham publicamente, como também, e sobretudo, os examinadores e os candidatos.

Julgavam-se, *de visu*, uns e outros, por seu conhecimento e competência, no auditório aberto ao público, ato previamente divulgado no noticiário da imprensa local.

Postavam-se todos – alunos e colegas de outras unidades, parentes dos examinadores, jornalistas, fotógrafos e mais curiosos e penetras – tanto de pé, ao fundo do auditório, como sentados às janelas que davam para um balcão do prédio.

Ademais da exposição impiedosa, éramos submetidos ao suplício de assistir, diante de todos, à leitura, em voz alta e sonora, das notas atribuídas, uma por uma, pelos membros da banca, registradas pelo secretário no quadro-negro da sala.

Embora poucos, bem poucos, os itens contestados, reagi, sempre e com tamanho ânimo, que o professor Antenor Nascentes declarou, com humor carioca: "A senhora fica aí, com suas granadas de mão, prontas a arremessá-las contra nós."

E o jamais visto: dia e noite, o notável filólogo não descuidara de manter os olhos fechados, sempre fechados. E acabou por confessar que sempre o fazia para não lhe descobrirem no olhar, ou num discreto piscar, o que pensava...

Mas... Eu vi! Todos eles se esmeravam em exibir, nas contestações e argumentos, as mil e uma circunvoluções da massa cinzenta da menina professora, à qual, num ato falho, um examinador (nosso ex-professor) se dirigiu, chamando-a pelo apelido.

Em boa verdade, o que o público ali procurava, e a que ali pretendia assistir, era ao confronto da ex-colega, e ex-aluna, recém-formada, com os catedráticos da faculdade e de outras instituições do país e do exterior.

Nesse confronto, a rivalidade, o despeito ou o ressentimento da plateia, constituída, em maioria, de colegas e professores, inspiravam o gosto da revanche contra alvo móvel: ora torciam pelo massacre, ora pela vitória; ora pelo júri, ora pela candidata.

Ao término da defesa de tese, os examinadores passaram à sala da diretoria para votar, enquanto o diretor e o secretário permaneceram no auditório à espera da avaliação final. O ato público chegava ao fim.

Sentada, ainda, diante da mesa e dos livros de consulta enquanto aguardava a volta ao salão dos examinadores, calada, a cabeça baixa, para não denunciar o temor e o mau presságio, roía-me a alma e o estômago o tom arrebatado das respostas.

Enquanto isso, os trabalhos foram retomados: recolheram-se na urna, em envelope lacrado, os votos da última prova do concurso. Isto é, a defesa de tese.

De volta à sala, o presidente da banca solicitaria ao secretário os envelopes destinados a recolher a avaliação dos examinadores, a cada uma das três provas, como a preparar-se, ao seu ditado, para copiá-la, no quadro-negro.

Vale dizer: as notas atribuídas a cada fase de cada uma das provas para o acesso à cátedra vacante.

À ruptura do lacre do primeiro envelope (destinado aos valores atribuídos aos títulos) teve início a parte mais angustiante do concurso (aos ouvidos e aos olhos da candidata, é óbvio).

A pouco e pouco, o quadro-negro se foi cobrindo de colunas e colunas, com os nomes de cada um dos examinadores e de cada uma das provas: números e mais números, ditados pelo diretor, ali presidente, cuja voz os repercutia no meu peito, antes que o secretário os passasse à lousa.

Diante da mesma mesa, eu podia ver minha mãe, à esquerda, na fila da frente. Sentada, mas inquieta, ela abria e fechava a bolsa: trique trique, trique trique.

Embora tentasse adverti-la da inconveniência do ruído metálico, ela não me dava atenção: só tinha olhos para o quadro-negro. Seu desassossego teria fim ao tornar-se público o resultado: a filha fora aprovada. Com notas máximas.

Convidados a passar à sala ao lado para um lanche, os examinadores deixaram o auditório. Seguidos por todos ali presentes. Natural. O secretário não tinha outro recurso: abriu-lhes as portas, de par em par.

Nesse encontro amistoso, até a madrugada, às referências à defesa de tese e aos temas abordados não incluiram, é certo, a luta travada, *intramuros*, contra a realização do concurso. Preservou-se, na intimidade da congregação, o "desconforto" de certos membros do conselho.

Em voz alta, um comentário do diretor divulgaria, aos olhos e ouvidos de bom entendedor, o estado de espírito ali reinante: "Bela defesa de tese, belo concurso! Maria José tem inteligência masculina!"

Na boca do filósofo, leitor de Kant, a frase ambígua tornaria evidente a misoginia que a presença feminina havia tornado pública.

Só repetindo o chavão dos frequentadores do Bar do Ponto: "A vida é essa; subir Bahia e descer Floresta."

Nada há, nem havia, a fazer...

Do princípio e do fim

Nasci em Belo Horizonte, vivi em Minas.

Sei o que tive de enfrentar para conquistar uma cátedra no ensino superior. Não desconheço os obstáculos criados para o exercício do magistério público, tanto no ensino secundário, como, ao longo do tempo, no ensino superior. À medida que apareciam, e os ia vencendo, outros surgiam: a cada passo mais ásperos.

Favas contadas, *todo hecho y derecho*, tive ainda de recorrer ao grande amigo e professor Heli Menegale, secretário da Presidência da República, para que se abreviasse a quarentena burocrática da nomeação à cátedra na curta gestão Goulart.

Encerrado o concurso e publicado o resultado no Diário Oficial, procedia-se à nomeação do professor aprovado: não em Minas. O ofício redigido pela secretaria da unidade universitária era enviado pela reitoria ao Ministério da Educação, para registro do concurso público e sua transmissão à Presidência da República.

Dava-se cumprimento ao ato final: a assinatura, pelo próprio presidente, do diploma conferido ao novo catedrático e sua nomeação à cátedra conquistada.

Além da preparação dos atos de nomeação dos funcionários para o exercício do magistério superior, dependia-se da boa marcha da documentação no longo percurso que separava a capital de Minas do Distrito Federal. Vale dizer, até que se passasse, afinal, à nomeação à cátedra do professor aprovado.

E anote-se: a nomeação me obrigaria, como me obrigou, ao pedido de demissão do cargo de professora de Francês do Colégio de Aplicação da UMG, e de Português, no Instituto de Educação. O impedimento legal à cumulação de cargos só me permitiria conservar as aulas no colégio estadual, onde trabalhei até a aposentadoria.

Impôs-se, contudo, à falta de substituto, a prorrogação, a prazo restrito, em ambos os cargos – federal e estadual.

Os livros continuariam a prover-me não só matéria como sustento. E visto que a leitura nos faz descobrir que tudo já foi dito... mas não por mim!, busquei alento – grande paradoxo! – na angústia da página em branco.

Rendi-me, como o Mestre Frieiro, à ilusão literária.

Para não desertar ao primeiro obstáculo, pus-me a caminho: engajada no áspero ofício da escrita, aprendi a perseverar. A trancos e barrancos, errando, corrigindo e corrigindo-me.

É força indagar como é que se empreende uma carreira sem que se admita, por antecipação, a existência de impedimentos e desastres?

Nesse caso, como viver sem escrever?

Aqui estou.

Comecei pelo começo: o ensaio.

Não por acaso; por necessidade, meio de expressão profissional.

Daí, a publicação de uma coleção de ensaios literários[4] e de dois volumes sobre "a nossa América", revistos e anotados após a defesa de tese nos concursos de acesso à livre-docência e para o provimento da cátedra de Literatura hispano-americana da UFMG.[5]

A essa iniciação, viria a suceder mais um ensaio, publicado em Coimbra, sobre César Vallejo, o grande poeta peruano.[6]

---

[4] *Presença da Literatura hispano-americana*. BH, Imprensa/Publicações, 1971.
[5] *A poesia de Juana de Ibarbourou*. BH, Imprensa da UFMG, 1961. *Do indianismo ao indigenismo nas letras hispano-americanas*. Idem, ibidem, 1962.
[6] *César Vallejo: ser e existência*. Atlântida Editora, Coimbra, 1971, 209 pp.

A pesquisa aturada de temas mais vastos, como os escritos da prisão, as cartas de amor, as drogas e a loucura, a comida e a gastronomia, a literatura do exílio e o estudo da pobreza, acabaria por enredar o vício da leitura – vício impune, à escrita e à vida, a exemplo da "labareda, ao fumo da fogueira".

Ao conhecer o editor Ênio Silveira, anjo bom e generoso, passaria do ensaio à ficção: os primeiros romances seriam publicados pela Civilização Brasileira.[7]

Pouco tempo depois, ainda na Civilização Brasileira, obtive o imenso privilégio de um prefácio assinado por Pedro Nava, além de duas orelhas, num terceiro romance, de Otto Lara Resende.[8]

A mudança para o Rio de Janeiro, após a aposentadoria da cátedra, permitiram-me assegurar, ao desaparecimento do saudoso Ênio, não só a publicação dos inéditos por outras editoras,[9] como a prosseguir, fora do país, o exercício do magistério.

Tudo sempre a recomeçar, também recomecei. Depois de rever e atualizar, por três anos, um estudo sobre a pobreza, inspirado por *El socorro de los pobres*, de Juan Luis Vives, pude vê-lo publicado por José Mario Pereira (Ed. Topbooks, RJ) sob o título *Em nome da pobreza*.

---

[7] *Ano novo, vida nova.* Rio de Janeiro, Ed. Civilização Brasileira, 1981; *Invenção a duas vozes.* Idem, ibidem, 1978.

[8] *Homem de sete partidas.* Idem, ibidem, 1980.

[9] O romance histórico *Joaquina, filha do Tiradentes*, apareceria sob o selo da editora Marco Zero, de São Paulo. Os primeiros ensaios e demais romances seriam publicados, no Rio de Janeiro, pela Forense Universitária, pela Atheneu-Cultura, pela AGIR, pela Record e pela Topbooks. Saíram do prelo, por essas editoras, os ensaios *A comida e a cozinha. Iniciação à arte de comer; A América: a nossa e as outras; A América sem nome; A literatura alucinada: do êxtase das drogas ao delírio da loucura; A literatura encarcerada; Refrações no tempo. Tempo histórico e tempo literário; Os males da ausência ou A literatura do exílio; Em nome da pobreza;* mais as novelas de *Amor cruel, amor vingador* e os romances *Homem de sete partidas; Ano novo, vida nova; Sobre os rios que vão; Vladslav Ostrov, Príncipe do Juruena*, além de novas edições de *Homem de sete partidas* e de *Joaquina, filha do Tiradentes*.

O resto? *Patience dans l'azur...*

Nos cinco anos que antecederam à perda de minha mãe, em 2009, debrucei-me, à sua cabeceira, dia e noite, noite e dia. À visita da Repentina, à 25ª hora, descobri, chave à mão, que já não havia porta a abrir. Nem Minas, para abrigo.

Retomei, muda e só, a pesquisa avançada sobre a história do livro. Veio o fastio.

Sequer um romance de aventuras, *work in progress*, me infundiu ânimo para voltar a escrever.

O coração vazio, a cabeça povoada de lembranças, reli, de Albert Cohen, *O livro de minha mãe* e assisti, em Paris, à peça de Romain Gary, *A promessa da aurora*, cujo enredo divulga, e confirma, que não há dois, mas três gêneros – feminino, masculino e materno.

Daí, a incongruência do singular: a mãe judia ou a italiana. Mãe é mãe.

Também vou cantar a minha...

Tomo por epígrafe destas páginas – resgate do sentido da vida – a confidência de Juana de Ibarbourou: *Es un secreto a voces y a voces hay que darlo.*

Não fora tê-lo vivido ao lado de minha mãe.

Aprendi, à sua sombra, tudo quanto, tarde demais, reconheceria Albert Cohen: *Avec ma mère, je n'avais qu'à être ce que j'étais, avec mes angoisses, mes pauvres faiblesses, mes misères du corps et de l'âme. Elle ne m'aimait pas moins. Amour de ma mère, à nul autre pareil.*[10]

Após os anos passados em Belo Horizonte, nos Estados Unidos, na França e na Alemanha, sempre a trabalho, pude, afinal, em idade canônica e só, desfrutar, no Brasil como na Europa, o *otium cum dignitatem*.

À falta da Bibliothèque Nationale, em Paris, transferida do antigo prédio da rua de Richelieu a Bercy, tornei-me leitora assídua da *Mazarine*, anexa à Academia Francesa.

Redescubro, no Rio, o ido e vivido. Devasso, insone, a casa materna, já sem portas e trincos: *una furtiva lagrima* me lembra, naquela sala, o piano aberto para "o aperitivo sonoro", quando dedilhávamos, a quatro mãos, os trabalhos e os dias.

---

[10] "Com minha mãe, bastava-me ser o que era, com minhas angústias, minhas pobres fraquezas, minhas misérias do corpo e da alma. Ela não me amaria menos. Amor de minha mãe, a nenhum outro igual." Trad. A. (apud *Le livre de ma mère*. Collection Folio plus *(nº 2)*, Paris, Gallimard).

Minha mãe falava do jardim da casa de D. Itália, do quintal enorme, das frutas maduras, espalhadas no chão; do vestido de seda, presente de vovó *Cina*, manchado de óleo de cozinha pela irmã caçula, e logo lançado ao fogo, em exorcismo.

O pai, nunca a mãe, sempre o pai, tão bom, as levava ao cinema e lhes repetia o que lia na tela, explicando tudo, tintim por tintim; o irmão Miro, Altamiro, acima do bem e do mal, espiga de ouro os cabelos, olhos azuis, tão bonito!, a tuberculose implacável, da noite para o dia...

E Marta? Irmãzinha frágil, também se fora.

Ainda havia Risoleta, a professora... A mais bela moça da cidade, e de todo Oeste de Minas. O noivo, de São João del Rei, conquistou-lhe o coração e brindou-lhe a beleza, com privilégios e mordomia, no palácio da Liberdade, no Senado, ainda no Rio, e em Brasília. E o mundo a dar voltas, tantas voltas, que depois de encontrá-la na Academia Mineira, ao lado do novo imortal, pouco faltou para que, primeira-dama do país, a víssemos subir a rampa do Planalto.

C'est la vie...

Enquanto a linda professora deslumbrava os áulicos da capital, a modesta aluna do Grupo *Felício Brandi*, do Cláudio, casava com meu pai num fim de semana, sem festa e sem flores, duas testemunhas, apenas, vovó *Cina* e vovô Gibraltar.

Lua de mel?

Quem há de? Uma viagem de trem, ida e volta, a Nova Lima...

Anos depois, no seu colo, pés descalços, tempestade anunciada, trovão e vento, vento gelado, vieram alcançar-nos de volta a casa: ela, aflita, toda molhada, a saia longa embaraçando-lhe a marcha, rumo ao Horto Florestal. Longe do mundo e de tudo, uma pinguela sobre águas revoltas, e eu a gritar: "Ai, mamãe! Ai, mamãe! Ai, o pés!"[11]

---

[11] Cena que sempre me lembrava o *lied* de Schubert, *Der Erlkönig* (*O rei dos elfos*), um dos primeiros a ser incluído no meu repertório. O tema dos versos de Goethe é o daquela noite em que também eu chorava e gritava no colo de

A meu pai, nunca se referia. Mas fez questão de contar-me que, embora indiferentes, ambos, aos esportes, iriam conhecer-se num campo de futebol!, obrigada a acompanhar a irmã, mais o namorado, a um jogo do Atlético…

E ele? Ali chegara arrastado por um amigo, torcedor fanático: sua primeira e única tarde num campo da várzea. Indiferente aos esportes e aos jogos de azar, o de que gostava era do trabalho na Secretaria de Agricultura.

Nas funções de agrônomo, empenhou-se num cruzamento de mangas, dando origem a uma nova espécie, muito apreciada, a "Soares de Gouveia", batizada com o nome do diretor do Departamento.

A manga, criação do subalterno, sobreviveria a ambos…[12]

Dedicado à profissão, meu pai tivera direito, após o casamento, à moradia no Horto Florestal. Ali nasci e ali continuariam a morar até que o chefe, Dr. José Cavalcanti de Souza,[13] também agrônomo, lhe acenasse com a gerência de um posto de gasolina na av. Amazonas, centro de Belo Horizonte.[14]

Veio a Segunda Grande Guerra, de 1939 a 1945: à míngua de combustível, requisitado pelo comando europeu, o tal colega,

---

minha mãe: tal qual o menino enfermo, a quem aterroriza, embora no colo do pai, a cavalgar, a visão alucinante do rei dos elfos.

[12] Pude certificar-me de que o nome do diretor, Soares de Gouveia, se mantém nos guias de produção da fruta. Não há, contudo, qualquer referência ao seu posto e, tampouco, a seu principal subalterno, na Secretaria da Agricultura.

[13] Já nessa época os títulos eram mero enfeite. O que chama atenção é que jamais se desse, como não se dá, o título de doutor ao farmacêutico, embora com formação superior, universitária. O mesmo título conferido, sem escrúpulo, a dentistas, veterinários, arquitetos, advogados, engenheiros, desprovidos do título fornecido aos alunos dos cursos de doutorado (o que era de praxe, até o início do século XX, nos cursos de Medicina: daí, o uso corrente do título aos doutores em Medicina. Sem embargo, são raros, ainda hoje, os acadêmicos de Medicina inscritos nos cursos de doutorado. À exceção, é óbvio, daqueles que se destinam às cátedras universitárias).

[14] Posto Jaú, na esquina de Amazonas com Bahia.

pretenso amigo, o encarregaria da aquisição de um novilho da raça zebu, de nome Turbante, à venda no Triângulo Mineiro.

Entretanto, antes que partisse em viagem, para entender-se com a proprietária, D. Ebrantina, sobre as condições da venda do animal, meu pai sofreria acidente ao manejar arma de fogo: um revólver velho e sem uso, que levaria *por si acaso* para defender-se no sertão sem lei, de *lunfas, jagunços* e *capangas*.[15]

Internado no Hospital São Lucas, para extirpar a bala alojada na coxa, passaria oito meses com a perna levantada por um fio de aço. O médico responsável, Dr. Cílio de Oliveira, cumulava o exercício da Medicina com o manejo do gado no interior de Minas. Nas constantes visitas às suas fazendas, deixava os pacientes aos cuidados de um acadêmico, Dario Faria Tavares, então seu assistente. A ausência do cirurgião, ao qual cabia não só a responsabilidade como a iniciativa dos procedimentos, redundaria em grave risco à convalescência de meu pai.

Embora um dos meus tios tivesse conseguido, graças a Otto Lara Resende, seu colega, pronta remessa dos primeiros frascos de penicilina, do Instituto Manguinhos, no Rio,[16] tudo se fez tarde demais: a infecção da perna, causada por descaso e incompetência, se convertera em gangrena.

Precipitou-se a cirurgia.

Vinte e quatro horas após ocorreria o óbito: "Choque Operatório."[17]

Dia 20 de fevereiro de 1944.

---

[15] Criminosos, ladrões. No linguajar do interior de Minas, *jagunços* e *capangas* se aplicam aos criminosos a soldo. *Lunfa* seria o étimo de *lunfardo*, o linguajar marginal, codificado, da região do Rio da Prata, o *argot*, linguagem secreta, de uso na Argentina e no Uruguai. Ao longo dos anos, a inícios do século XX, incorporam-se a essa fala marginal, lunfardesca, dos *fuera de la ley*, elementos da fala popular, de imigrantes italianos, perdendo, então, a conotação criminosa.

[16] Destinados, prioritariamente, aos pracinhas brasileiros, feridos no *front*.

[17] *Nota bene*: a perna amputada seguiria no caixão.

Meu pai completaria 33 anos em 31 de agosto; minha mãe, 28 a 6 de agosto. E seria a ela, jovem viúva, que o irmão primogênito de meu pai se apressaria a declarar, ali mesmo, no velório: "Nosso cunhadesco terminou."

Órfã de pai, antes dos 6 anos, já alfabetizada por minha mãe, iniciei-me, sem luto, no ABC da vida adulta. Lado paterno, 15 anos mais idoso que a sobrinha, tio Amaro repetia-me: "Menina! Você nasceu velha!"

É possível. Só viria a ter uma amiga, amiguinha, nos últimos anos do ginásio: chamava-se Terezinha, Maria Terezinha Cunha – Pitucha, nossa Pituchinha.

Natural de Congonhas do Campo, Pitucha era aluna do internato do mesmo Colégio Sacré-Coeur *de Marie*, onde uma segunda Terezinha, Terezinha Gonçalves, sua conterrânea, namorada de seu irmão, Nicola, era minha colega de turma.

Anos dourados, aqueles, os anos Cinquenta, a meados do século XX, quando Pituchinha passava conosco suas "saídas".[18]

À noite, só aceitava dormir com minha mãe, pois eu, ao que dizia, pegava no sono e ela, desperta, tinha medo do escuro. Ao lado de minha mãe, sentia-se defendida de tudo: até de fantasmas, nos quais eu não acreditava. *Pero que los hay, los hay...*

---

[18] Os fins de semana, sábados e domingos, em nossa casa, por consentimento exclusivo dos pais, D. Larica e Sr. João Borges da Cunha.

Do princípio ao fim

Não éramos mãe e filha – nem eu, a filha, nem ela, a mãe. Éramos parceiras, cúmplices, tanto no cotidiano – ouvindo música, lendo ou cozinhando, à luz amena do verão parisiense ou ao sol crestante de Copacabana...

Em canto e contracanto, antes sós que acompanhadas, cada qual no seu timbre, entre primavera e inverno, na alegria como na dor, cultivamos nosso jardim, cruzamos países, mudamos constelações.

Leitora diária da *Bíblia* e assídua, também, nos ensaios de arqueologia – sobre o Egito e a Grécia antiga, sobre Roma, gregos e bárbaros, hititas, maias e astecas, chibchas ou incas, mnha mãe lia "desencadernadamente", na definição do professor Frieiro.

Mas sua paixão pela arqueologia ganharia especial alento quando abri conta na Livraria Itatiaia, cujo proprietário, Édison Moreira, aluno bissexto das letras clássicas, fora nosso colega na Faculdade de Filosofia.

Bissexto, sim, pois raramente assistia às aulas, embora frequente nos corredores da escola, sobraçando livros à venda.

Iniciado nas melhores e mais abundantes bibliografias de literaturas hispânicas e de filosofia, indicadas por um José Carlos Lisboa e um Arthur Versiani Velloso, mestres de grande notoriedade, escolhia a dedo as matérias que trazia. Entre uma e outra aula invadia as salas do décimo nono com as melhores edições da Gredos, da Espasa Calpe, da Losada, da Aguilar, da Gallimard, da Oxford Press e outras mais para oferecer e vender livros, das mais diversas disciplinas, todos, ou quase todos, incluídos nas bibliografias citadas pelos professores ou indicados como incontornáveis, para o estudo das matérias ministradas nos cursos de Filosofia, Ciências e Letras.

Ao abandonar a venda ambulante, exaustiva e sujeita à perda de exemplares, o colega instalara-se numa pequena loja, na passagem entre Amazonas e Tamoios, tornando-se livreiro. Não tardaria a subir Bahia. Duplicada em editora, a livraria adotou, sob novo registro comercial, o nome de Livraria Itatiaia Editora Ltda.

A mudança não se deu da noite para o dia. Mas a relação informal com o vendedor de livros, à sombra dos livros, nossos amigos, se converteria em amizade duradoura.

À míngua do diploma do então segundo grau e da prestação de exames do vestibular, Édison pôde prevalecer-se da prerrogativa de obra publicada, de notório valor, para matricular-se no curso de letras clássicas.[19]

Eis o trampolim que haveria de convertê-lo em mercador de livros.

À imediata expansão do círculo de relações universitárias, após bem-sucedida iniciação, Édison já pensava estabelecer-se por conta própria numa pequena sala.

Nada de grande porte. Mas o irmão, Pedro Paulo Moreira, ambicioso e avisado, vislumbraria benesse farta, marcê do carisma e da formação literária do poeta.

Assim é que, oportuna e discretamente, a ele se junta na pequena loja da passagem do Edifício Dantès (entre Amazonas e Tamoios). Muito não demora para que ali ocorresse o lançamento da edição brasileira de *Doutor Jivago*, romance de Boris Pasternak, numa tradução da edição francesa, dirigida por Oscar Mendes, assistido, na época, por Milton Amado e Heitor Martins.

---

[19] O seu livro *Cais da eternidade* recebera, em 1951, os prêmios de poesia da Secretaria de Cultura de Belo Horizonte e da Academia Mineira de Letras.

A atribuição do Nobel a Pasternak, obrigado por Stalin a recusá-lo, aumentaria, febrilmente, o interesse pela publicação: em poucas semanas, a edição da Itaiaia lançava na praça cerca de 150 mil exemplares, disputados por todas as livrarias do país!

E houve mais, nesse mesmo ano de 1958: entre a Caixa Econômica Federal e uma longa fila de leitores, quem se postaria à soleira da porta? Nada mais, nada menos que Jorge Amado! Ali se encontrava para autografar a primeira edição de *Gabriela, cravo e canela*, de que guardo um exemplar com assinatura de página inteira.

Best-seller de sucesso mundial e roteiro de filme com Sônia Braga e Marcelo Mastroianni como protagonistas, a história do turco Nacib e da baiana Gabriela levaria ao cinema, em 1983, em menos de duas semanas, cerca de 20 milhões de espectadores, repondo o livro nas estantes e vitrines da Itatiaia.

Como se vê, tudo corria de bem a melhor. No entanto, a modéstia das instalações da livraria, limitada à passagem da agitada avenida Amazonas, sufocava o novo empresário. Que mal víamos! Pois desejoso de estender seu domínio; ocupava-se da contabilidade e da busca de novos contratos.

Entretanto, ao vir ao nosso encontro, mostrava-se bem humorado. Feliz na sua moldura, recebia os amigos, oferecia-nos as excelentes publicações da Colección Austral e da Losada, da Barna e da Gustavo Gill, da Revista de Occidente e do Fondo de Cultura Económica.

E os que pagávamos a crédito, mais felizes ainda ao acertar, mensalmente, os teres e haveres. E... de quando em quando, ei-lo a perguntar-me se não queria ceder-lhe o livro ou dicionário adquirido. Uma pândega!

Certo dia, não mais que de repente, qual não foi nossa surpresa ao ver-nos convidados a descer Tamoios, acostar Afonso Penna e subir a emblemática Bahia, dos dourados anos 1920, para conhecer a nova Itatiaia, no número 916!

E não apenas isso. Saída da pasta do colega bissexto das letras clássicas, a livraria, duplicada em editora, a Itatiaia, acabara de crismar auspiciosa parceria com a Universidade de São Paulo!

Então, sim. Da noite para o dia tivemos a notícia do lançamento da Coleção Reconquista do Brasil, de que faria parte a tradução do clássico de Gaspar Barléu, *A história dos feitos praticados durante oito anos no Brasil*, pelo nosso Cláudio Brandão, o mais tímido dos professores das clássicas e o mais sábio dos mestres de grego e de latim.

Estávamos, portanto, nas novas instalações da Livraria Itatiaia Editora Ltda, no cotadíssimo ponto do Café Estrela e da Casa da Lente – da juventude de minha mãe, e do Parc Royal, do tempo de minha avó –, *pignon sur rue*, sob cujo selo apareceriam as coedições da editora mineira com a USP, acesso soberbo ao mercado editorial e às aquisições do MEC.

À mudança para a berlinda da capital, nosso poeta voltaria à poesia e, insuflado por amigos pintores, sobretudo por um colega e amigo de García Lorca, Carretero, passou a interessar-se por pintura, tornando-se *marchand de tableaux*.

Após investir o irmão da função de *Public Relations* da Livraria Itatiaia Editora e da galeria, Pedro Paulo deixaria sua sombra, assumindo, em plenitude de direitos, o domínio de tudo.

Pelo menos, assim o víamos: poderoso chefão, mandava e desmandava, aparecia, dava-se a conhecer, comentava livros, mostrava o *vient de paraître*, encomendava prefácios, recebia originais, publicava-os, mas não acertava contas. O caso Frieiro foi um dos mais comentados. Temperamento arredio, mestre Frieiro recebera convite do editor para publicar um dos seus manuscritos.

Esquivo, esqueceu-lhe a Regra do Casmurro: caiu no laço. Tudo de palavra. Sem contrato. Hábito seu, mestre Frieiro acompanhara toda a composição. Tipógrafo, conhecia o ofício como ninguém: escolhera tipos, encarregara-se da diagramação e da capa.

O livro pronto, esperou que lhe entregassem os exemplares destinados ao autor. Nada. Que fizessem prestação de contas. Nada. Aborrecido, aparece na livraria e reclama o que lhe era devido. Pedro Paulo procura enredá-lo.

O escritor não se deixa envolver.

Nunca mais apareceu. E se descia Bahia, pois mudara-se para a avenida Augusto de Lima, atravessava a rua, dirigia-se ao passeio da direita, evitando mau encontro. E morreu sem que acertassem as contas.

E dizer que as memórias de Eduardo Frieiro lhe caíram nas mãos e devem permanecer *per saecula saeculorum* nos arquivos do espólio do editor! Lamentável!

Voltemos a Édison Moreira. Foi à sua roda e à vista dos quadros que começaram a povoar as paredes do longo corredor da entrada da livraria e editora, à guisa de galeria, que se resgatou, de certo modo, a vocação dos encontros da geração modernista, ali mesmo, a alguns passos do antigo "bar do ponto".

O poeta, tanto como os *habitués* de conversa amena, um José Bento, um Soares da Cunha, um Mário Mendes Campos, um Moacyr Andrade, e o irmão Djalma, este, de raro em raro, mais o Pimentinha, mascote querido de todos nós, ou, de passagem, Morse Belém Teixeira, Edmur Fonseca, Iglézias e Xisto, numa parada antes da subida ao "Inácio", na confluência de Bahia com Guajajaras, para o encontro com o mestre filósofo Arthur Versiani Veloso, secundado por Theobaldo Oppa.

Belas tardes que terminavam, nos fins de semana (quando me tocava "assinar o ponto"), numa mesa da Dona Paula, na Espírito Santo, em frente ao Comércio e Indústria (banco de Magalhães Pinto), ou na Tupinambás, Cantina do Angelo, cuja escada, segundo Mário Mendes Campos, catedrático de patologia geral, fazia vagas na Academia: glutão cardíaco, o professor avisava, ao primeiro degrau, que subia, sim, apesar de ciente de que iria morrer do coração.

A cena se repetia, com as mesmas palavras, se, em vez de ir à Cantina do Angelo, Édison rumava Amazonas abaixo, na contramão do Mercado Municipal, para entrar no Tavares, de higiene nada católica mas onde se comia boa caça.

Conviva fiel, o professor Mário se resignava a abrir vaga na AML, só para comer paca, tatu, cotia não!

Solteirão irredutível, o poeta se deixou encantar por uma paulista de Ibitinga, reencarnação de Iracema, jovem e linda. E ela, Jandira, nos adotou a todos, de bom grado, abrindo-nos, de par em par, a porta de sua casa, verdadeira fazenda colonial, varandão à frente, capela e imensa biblioteca, sete, oito quartos, já não me lembro, recebendo-nos na longa mesa da sala, onde Édison pontificava: quadros e quadros na parede, entre eles, o retrato de García Lorca e livros e mais livros.

Nos domingos, pelo meio-dia, costumávamos deixar a varanda para tomar o aperitivo à sombra das mangueiras frondosas. Dali, onde minha mãe tinha cadeira cativa, podíamos ver Edinho brincar com os amiguinhos ou nadar na piscina azul.

Tinha, e tenho, por ele especial carinho. Pois não foi a mim que, recém-nascido, brindou com o primeiro sorriso? Menino igual nunca vi. Bonito como a mãe, passava o dia correndo e jogando bola no quintal. Aparecia às pressas para almoçar. Cumprimentava a todos, fazia alguma pergunta impertinente, como a que fez à minha mãe: "Você não tem carro, vovó?" E ela: "Não, filhinho, não tenho!" "Então, você é pobre!"

E desaparecia de cena, sempre com meia dúzia de companheiros, negros, brancos, ruivos, japoneses, todas as etnias do Havaí…

Sempre afetuosos, Édison, Jandira e Edinho tratavam minha mãe com ternura filial, chamando-a Dona Honorífica, corruptela criada pelo poeta livreiro.

E o mais grato: quando, apesar de sua insistência, eu me recusava a comprar o último best-seller para minha mãe, sobre História ou Arqueologia, ele acabava por desistir da venda e mandava embrulhá-lo para presente – presentes guardados na biblioteca de minha mãe, relíquias entre relíquias, de dois amigos dos livros.[20]

Depois desse longo desvio por endereços que já não se anotam, os moradores estão dormindo, dormindo profundamente, revelo, sem escrúpulo, que minha mãe cometia o vício impune da leitura e *pecadillos más*.

Alheia a qualquer preconceito de gênero ou autoria, entretinha-se com deslumbres, lendas e façanhas de Carlos Magno, de Ben-Hur, do rei Arthur e dos pares de França, e também se empolgava com as peripécias de João de Calais e as desventuras da donzela Teodora, aquela que tinha por pai o saber e por mãe a inteligência... E... mais, muito mais!

Pois havia, ainda, o Conde de Monte Cristo, o Máscara de Ferro, os Três Mosqueteiros e outras intrigas de Dumas, Ivanhoé, Robinson Crusoé e Robin Hood, Arsène Lupin, Balzac e Zola, Ponson du Terrail, Antero de Quental, Camilo Castelo Branco e Castilho, Machado de Assis, José de Alencar e Monteiro Lobato, Érico Veríssimo, a Sra Leandro Dupré e Helena Morley, além dos romances de entrega...

Aos quais se juntavam, e por que não?, algum Dostoiewski, *Madame Bovary*, de Flaubert, *A importância de viver*, de Lin Yutang, *Uma fonte de energia*, de C. M. de Herédia e, desde os tempos do cinema mudo, as comédias do *Boca Larga*, do *Carlitos*, o faroeste... As operetas? Que beleza!, com Nelson Eddy e Jeanette MacDonald.

Verdade verdadeira é que, em letra de forma – ensaio ou artigo de revista, documento ou ficção, prosa ou verso, cinema, música e pintura – tudo lhe agradava: gostava de ler, admirava a arte e os artistas.

---

[20] O tempo passou. *Allea jacta est...* As relíquias, acervo precioso da doação que fiz à Biblioteca Municipal de Ouro Preto, seguiram para Minas Gerais no início de fevereiro de 2012.

Amava os livros, no singular e no plural, no sentido próprio e no figurado: fosse peça de coleção, obra rara, brochura simples, pergaminho, encadernado ou simples folhetim, romances publicados em capítulos, vendidos por caixeiros viajantes que cruzavam o oeste de Minas, encarregados da distribuição e venda de exemplares, esperados com ansiedade por mocinhas cujo único entretenimento era a leitura. Tanto como o dos pais, com diferença de gênero. Pois as meninas liam os "romances água com açúcar" e os meninos (mais de 20 anos já lhes pemitiam a iniciação à literatura amorosa, sem ofensa à moral cristã. Mas pais e filhos, o que mais liam eram os livros de entrega, principalmente os policiais ou de aventuras, especialmente os do Zorro, Sherlock Holmes, e dos espadachins franceses, os cavaleiros do Rei Arthur e da Távola Redonda...

Zola, Camilo Castelo Branco, mesmo Sade, procediam de Portugal. Os franceses, e também ingleses, traduzidos, tinham mercado: eram comprados por distribuidores brasileiros, do Recife, do Rio, de São Paulo, em traduções portuguesas, e se compravam e liam-se, também, clandestinamente...

E minha mãe punha-se a ler, se lhe sobrasse "um tempinho".

Tanto apreciava a leitura que costumava apertar contra o peito o que estivesse lendo, numa demonstração espontânea de apreço. Foi o que fez ao livro com que José Mario Pereira, editor, a quem muito estimava, lhe ofereceu, por ocasião da visita ao Brasil, em 1997, do Príncipe Akihito, primogênito de Hiroito, a quem o presidente Fernando Henrique Cardoso presentearia com um exemplar de luxo de *No Japão – Impressões da terra e da gente*, de Manoel de Oliveira Lima, edição da Topbooks.

Mas se a ficção falseasse ou deturpasse o fato histórico, mamãe não se dominava: pegava o lápis vermelho e sublinhava tudo! Que indignidade! Os autores divulgam "mentiras" e "invencionices"!!

Quando se tratava do antigo Egito, não havia deslize que lhe passasse despercebido. Revoltava-se ao ler sobre a "maldição de Tutankamon", divulgada, na Inglaterra, ao falecimento dos descobridores do seu túmulo: "Inventaram a maldição para enriquecer o acervo do Museu de Londres! Toda a Europa está a par do roubo de sarcófagos milenares. Apropriaram-se do tesouro dos faraós, numa compra fraudulenta, tramada por arqueólogos de fachada. Isso é que é! Acusam de pilhagem os lunfas de colares e berloques enquanto metem a unha da ganância em tiaras, coroas e até cadeiras, cadeiras de ouro!

É de chorar! Os piratas de hoje são africanos, pobres e miseráveis. E quem são esses ingleses, travestidos de arqueólogos? São piratas! Isso mesmo! Piratas de *pince-nez* e cartola... São os Drakes do século XX! Nunca arriscaram a vida em mar agitado, como os nossos portugueses!

Encontraram melhor emprego para sua ganância em terra firme... trufada de ouro! Sem qualquer risco, salvo a descoberta do botim... Já não há galeões espanhóis com o ouro do Potosí, nem caravelas portuguesas abarrotadas de pau-brasil e do ouro negro do Tripuí. Sequer cavavam a terra. E, quando se apresentavam, era como *gentleman farmer*..."

Continuava a arenga exclamando: "Quem trabalha duro, aqui-ali, de sol a sol, abrindo buracos enormes e profanando sepulturas, não são eles, não! Engomados, engravatados, a cabeça e a nuca bem defendidas da insolação, o que fazem é ficar de olho bem aberto! A enxada, na mão dos árabes, tal como no tempo do império de Sua Majestade, a Rainha Vitória! Não é que dizemos 'ele trabalha feito um mouro!?' Escravo dos ingleses, é claro! E só não digo o mesmo dos franceses porque não sei o que fizeram na Argélia..."

Depois de um gole de uísque ou de vinho, ponderava: "O que sei, e todo mundo sabe, é que ali, no Egito, na hora H, quando deram com a entrada do túmulo de Tutankamon, pra que e por que convocaram o nobre que custeara a busca? Para a glória do primeiro golpe na entrada fortificada! Se não, como é que entraria em seguida? À força do braço de egípcios, indus e paquistaneses, pobres coitados! Sequer receberam de lembrança uma tira que fosse do pano das múmias!"

Melhor parar por aqui. Nunca chegarei a relatar tudo quanto ouvi de sua boca contra os ingleses. Daí, minha birra contra os piratas enobrecidos pela Grã-Bretanha.

Enfim, *il faut de tout pour faire un monde!*", exclamava tia Marthe. Nada mais certo. Passemos.

À vista do interesse de minha mãe pela leitura, comprava-lhe coleções de livros de arte, fartamente ilustradas, o que ela a-do-ra-va! Tenho na biblioteca a Coleção Museus, com encadernação de couro, mas também *pocket books* sobre pintores do Renascimento e do Barroco, os impressionistas, Dalí e os grandes mexicanos Orozco, Rivera, Siqueros, o nosso Aleijadinho e dezenas de outros.

Se se tratava de Michelangelo, Rafael, Fra Angelico, Giotto e Rembrandt (o incomparável, mais amado entre os amados), seus olhos se enchiam de lágrimas num culto devoto dos "maiores"…

E como a presenteava com coleções desses "maiores", ela própria me traria da Europa três catálogos de exposições, por ela visitadas, na companhia da irmã de meu pai, a querida tia Carmem.

No entanto… guardava antipatia adstringente por Picasso e mais "borradores de telas" que "rabiscam como meninos de quatro anos!" Incluía-os, sem piedade, num desprezo unânime "por essa gente que paga milhões por suas garatujas!"

Na música, entrincheirava-se em território exclusivo: de Beethoven a Schubert, Chopin, Khachaturian e, depois, Debussy e Ravel, o Ravel de *O bolero* e *A valsa*. Mas não se constrangia em confessar que, embora a *Valsa* de Ravel fosse, por excelência, a primeira entre as primeiras, nem por isso desprezava as de Lehar e as de Strauss, Johann, com as quais se deliciava (era o termo) ao ouvir, de manhãzinha, no rádio, a emissão *Valsas e mais valsas*.

Entre os cantores, todos, todos, um nome lhe vinha à memória: Caruso. E tanto, tanto o admirava que confessava ter sido seu maior desejo "o de ter um filho *homem* [grifava] para chamá-lo Caruso".

Ar resignado, concluía: "– Deus escreve certo por linhas tortas, me deu uma soprano e fiquei satisfeita."

No altar a Caruso surgiram, no correr dos anos, novos nichos: para os melhores, é claro! Vozes dignas de Wagner, Verdi e Puccini. O primeiro deles? Mario del Monaco. Além de estupendo barítono, belíssimo homem e capaz de descer às notas graves, de baixo, no *Prologo di Pagliacci*. E mais: um Beniamino Gigli, que veio ao Brasil, e o ouvimos cantar *Mamma*, sem esquecer Tito Schipa, tessitura primorosa, tom justo, o preferido de D. Celina, professora de Canto. Por último, mas não o derradeiro, o quase anônimo Gino Becchi, de quem só conhecíamos a voz natural e sem portamentos, na interpretação de *La strada del bosco* e *Malinconia – Malinconia di un cuore senza pace*.

Tampouco me esqueço de que ao ouvir as árias antigas, *lieder* ou canções francesas, de Schubert, Schumann, Duparc, Fauré, Chausson, Mahler, que lhe cantava ao piano, minha mãe, toda ouvidos, repetia: "Uma beleza, filhinha! Que beleza!"

Embora com enfermeira em casa, após a cirurgia do fêmur e da ameaça de enfarte, nunca deixamos de ouvir nossos discos e CDs. Sempre. Às vezes, a enfermeira se valia de minha presença, ao lado de sua paciente, para bater papo com a cozinheira. Outras vezes, sem companhia para diálogo, permanecia na sala. Certo dia, depois de *Una furtiva lacrima*, virei-me para ela, e perguntei-lhe se havia gostado...

Minha mãe se adianta, interpelando-me: "Que ideia, minha filha!"

Sem embargo, a enfermeira me olha e responde: "Gostei, sim. Gostei muito!"

Num tom de acolhida generosa, ouço a reação espontânea: "Como fico contente, minha filha!"

E voltando-se para mim: "De hoje em diante, vamos por bons discos para ela ouvir comigo e aprender a gostar da boa música."

E à enfermeira: "– Você não pode imaginar a alegria que me deu!"

Investida de função pedagógica, a música não mais seria considerada em nossa casa simples terapia.

Entre mãe e filha, a cumplicidade não terminava na música nem na pintura, nas letras ou na história. Quando me embaraçava entre linhas e agulhas, era ela quem vinha em meu socorro: "Deixe por minha conta! Eu cuido disso!"

E cuidava. Os fios se desenredavam, e à noite eu saía de blusa nova ou com o *fecho éclair* reposto. Se as *quenelles*, à moda de Lyon, me grudavam nos dedos, cabia-lhe, sem demora, terminar o almoço, enquanto eu recebia os convivas.

Ocupadas na decoração da casa, as flores eram atribuição sua; os arranjos, a meus cuidados. Os quadros na parede, todo um capítulo: do alto da escada, eu lhe ditava ordens:

"Olhe mais de perto! à esquerda! à direita! Afaste-se um pouco! Tenho certeza de que ainda está torto, mamãe! E a senhora não vê? Eu tenho de arredar ainda mais, só não sei, daqui de cima, se prum lado ou pra outro! Não tenho a visão que a senhora tem! Procure melhor perspectiva! Será que não enxerga? Afaste-se! Meu Deus do céu!! Como é que não vê que está torto!"

"Mas se está torto, por que você mesma não põe no prumo?"

"Ora, mamãe! Aqui do alto, não sei se está um pouco ou muito inclinado! Só posso centrar o quadro se me disser pra que lado!

Preste atenção! É o que lhe peço! Apenas isto: um pouco mais de atenção!"

Só que esse diálogo de incógnitas, Ah!, meu Deus!, não se restringia ao círculo doméstico. De modo algum.

Que dizer da escolha dos pratos no restaurante? Minha mãe nunca sabia o que queria e pedia-me escolhesse por ela e para ela. Inútil insistir. Ela não demudava:

"Você escolhe! Você escolhe"

"Peça o que quiser, mamãe!"

"Não, não peço! Você escolhe!"

Por fim, enviesada, ela vencia, alguma vez, o retraimento.

Decidíamos por pratos diferentes. Alguns minutos após, à vista da minha escolha, entre encantada e frustrada, murmurava:

"Oh! Mas que coisa! Tem boa cara! E… parece gostoso!!! Melhor que o meu!"

Para sairmos das aparências e suposições, eu sugeria a troca de pratos. E pronto! Ei-la feliz, o olhar agradecido da mãe única de filha única! Esse olhar me fazia esquecer o prólogo, passar ao *Incomminciate*!, e chegar à sobremesa.

É esse olhar que levo gravado na retina, para sempre – olhar de infinita ternura com que ninguém, salvo ela, nesta ou noutra vida, conseguiria nem conseguirá expressar o querer bem.

Aí, sim, no momento auspicioso da sobremesa, sequer uma dúvida ou disputa: o pedido na ponta da língua, se em francês: "*Une crème brûlée! S'il vous plaît.*"

Se em português: "Creme de milho verde" ou "Arroz doce. Por favor!" (Ou o que constasse do cardápio).

A cada prato, uma descoberta.

Exclamava: "Uma delícia!"

Se reticente, balbuciava: "Mais ou menos…"

Mas se ruim, francamente ruim, condescendia, irônica: "Ruim…mas vai!"

Contudo… diante de uma "delíííciaaaa", não sossegava enquanto eu não provasse, pouco que fosse, para não ver-me excluída do imenso prazer que sentia. Por isso mesmo, sentar-me à mesa é tormento de cada dia; imaginando tê-la ainda comigo, faço os mesmos pedidos. Ah, minha mãe...

Recebi, faz algum tempo, convite de minha amiga Marie Claude para ver, no Petit Palais, a exposição "Yves Saint Laurent", uma retrospectiva pontual, "em *crescendo*", sobre a contribuição do grande costureiro à HISTÓRIA DA MODA (com maiúsculas).

Uma galeria de obras-primas! Suas magníficas criações ofereceram à arte de vestir do século XX um novo conceito de elegância e de comportamento, intuído e transmitido pelo que se veste.

Vale dizer que "o hábito faz o monge" ou… "dize-me o que vestes e eu te direi quem és".

Com um grau superior de bom gosto e de discrição, Saint Laurent cronometra com fineza e intuição inequívocas o momento certo, no tempo e no espaço, para o lançamento de suas coleções: o que se deve usar dessa ou daquela maneira, numa íntima correspondência entre o *esprit*, a epiderme, isto é, o traje e a estação do ano.

O que só ocorre quando aparato e aparência confundem, sem atrito, no fundo branco, negro, neutro, o que mais seja – da altura dos ombros à queda do tecido, na exuberância de cores, estampas e linhas, pregas e franjas, franzidos, flores ou broches – o ego e o id.

Chaque chose à son temps, chaque chose à sa place: cumpre-se o que já dizia Matias Aires: "Os homens mudam-se todas as vezes que se vestem; como se o hábito infundisse uma nova natureza."

É o que se vê nessa retrospectiva: inteiramente alheia à soberba da virilidade que impõe gestos e modas, "caras e bocas", a natureza se expressa numa nova epiderme, num novo porte, num corpo transfigurado pela arte.

Nesse modo de usar que é a moda, perfila-se a nova mulher: longa, bela e insinuante, na medida certa da elegância e do pudor. Nada de produto siliconado, objeto esfuziante da publicidade do desejo – a "mulher melancia", a "mulher *filet*".

Saint Laurent não se enganava: os tempos eram outros e tanto a cidade como os costumes exigiam novos códigos, inspirados pelo progresso, pela técnica, pela eletrônica.

A civilização e a cultura subiram com esses códigos aos bastidores e aos palcos, meteram-se nos auditórios, nas arquibancadas e nas arenas, nos hipódromos, nos teatros, nos palácios imperiais e nas salas e antessalas da democracia. Mas não se confinaram no território do privilégio, pois desceram à rua e passaram a frequentar o subúrbio.

Que fez a *Maison SL*? Abriu de par em par suas vitrines na *Rive Gauche* para o vestido do dia a dia, o *prêt-à-porter*. Como se à véspera da metamorfose social e política por que passaria o século XX ele se contaminasse pelo vírus do momento – o vírus da HORA H, a hora da mudança. Um gênio!

Embora cidadão francês,[21] nunca deixaria de manter os olhos voltados para o seu século e sua contingência nem de empenhar-se no resgate do ido e do vivido por vária gente – de terras próximas ou distantes.

A exemplo dos estudiosos do velho latim, hoje reconstituído, Yves Saint Laurent ousou recuperar o fasto do passado, na dicção e fabulação do "romance" moderno, próprio do seu território.

Assim foi. Suas coleções desfilaram, com pompa e circunstância, o *up to date* do passado revisitado, o rico folclore da Europa

---

[21] Yves Henri Donat Mathieu-Saint Laurent, gênio criativo da alta-costura, considerado um dos maiores estilistas franceses do século XX, nasceu na Argélia, então possessão francesa, em 01/01/1936; faleceu em Paris, em 01/06/2008.

central, o vestuário típico regional da Rússia, os adereços multicores, os colares de vidro: o óbvio sofisticado.

Na era dos "emirados árabes" e da alta do petróleo, resgatou o luxo das mil e uma noites nas transparências do Oriente, tudo reinterpretado pelo olhar do século XX, sem risco de falsidade ideológica...

A filosofia da arte e o bom senso do *honnête homme* permitiram-lhe reapropriar-se do legado ancestral tanto como do folclore alheio: toda essa riqueza, convertida em coisa própria, sua em si, "moderna, audaz, cosmopolita", como diria Rubén Darío, passou ao patrimônio do Ocidente depois da primeira e espetacular exposição das criações do mestre da costura que teve a audácia de elevar o traje masculino da *vamp* Marlene à nobreza do *smoking* feminino. O que viria a confirmar a atualidade do antigo nos figurinos modernos, *made in Paris,* e, muito principalmente, a novidade singular de tudo quanto sua assinatura exibiria até os alvores do século XXI.

Entenda-se. O patrimônio da alta-costura entronizado na HISTÓRIA DA MODA.

Por que resgatei do limbo a visita à exposição monumental do Petit Palais consagrada, em 2010, à retrospectiva da carreira de Yves Saint Laurent? Hoje reconheço, o famoso costureiro francês despertara, em 1971, tão grande admiração na minha mãe que uma amiga italiana, generosa, se apressou em presenteá-la com três peças da *boutique* Saint Laurent *Rive Gauche*!

Ao ver-se no espelho, "tão bem arreada", diria mestre Frieiro, minha mãe exclamara, encantada: "Que belo arreio! Logo se vê que é um Saint Laurent! Estou me sentindo tão bem! Um verdadeiro manequim!"

Diante de sua reação, a amiga italiana retrucou-lhe: "*Se non è vero, è bene trovato!*

E era mesmo.

Aos 60 anos, minha mãe guardara, intactos, a jovialidade, a alegria, o senso do equilíbrio e do bom gosto que sempre cultivara.

Daí, a imensa tristeza que passei a ver no seu olhar após a fratura do colo do fêmur, seguida de cirurgia e longa hospitalização. Além da fraqueza e da dificuldade de locomoção, o envelhecimento trouxe-lhe a consciência aguda da perda de tudo.

Repetia, em lágrimas: "Deus se esqueceu de mim! Eu sou um lixo, um lixo!"

Para afugentar as más lembranças, lanço ao Lete as misérias do cotidiano e tento resgatar os episódios felizes, as horas alegres ao longo da década de 1950, tanto como nos derradeiros idos do século XXI, os 355 e 356 dias que passamos unidas, entre 2001 e 2005, nos dois hemisférios.

Aonde fosse, o "anjo guardião" colava-se à minha sombra; onde quer que estivesse, lá estava, à minha espera.

Até que me perguntassem, num repto de surpresa, inquietamente ferino: *Est-ce que vous la trambalez partout?*; ou... senão quando, numa sentença inapelável, me condenassem: "*Tu sei una asesina!*

A própria vítima não lhe alcançou o sentido. Nem eu, tampouco.

Houve quem acusasse a mãe de montar quartel à filha, impedindo-lhe a aproximação de galanteadores, desejosos de fazer-lhe a corte...

O tempo não passou na janela. Consumiu-se na dedicação exclusiva ao ensino público, federal e estadual – sessenta e quatro horas por semana.

Antes de partir a trabalho fora do país, "Carolina" lecionava e preparava-se para o exame final de Canto no Conservatório Mineiro de Música, estudava e fazia concursos para o exercício do magistério no ensino público.

No entanto – e apesar de –, nem as asperezas do trabalho, nem a preparação de aulas e provas orais, além da correção de provas escritas, representavam empecilho a que cultivássemos nossas amizades, recebêssemos em casa os amigos e com eles celebrássemos lançamentos de livros, datas festivas, premiações, centenários, o que mais fosse, sucessiva e reciprocamente, pois nosso círculo social era, também, o dos colegas e confrades, professores ou escritores – gente do livro. Estávamos unidos pelos mesmos interesses e igual entusiasmo pelas mesmas letras.

Nesse "trem" de vida, a que viriam juntar-se colegas e amigos europeus, sempre tivemos, em Paris como no Rio e em Belo Horizonte, um lugar à mesa: mesas dos mais diversos molhos e paladares – nunca exóticas!, pois se reina a gastronomia, estamos "em casa".

Antes que a Indesejada nos separasse, passaríamos a desfrutar, a partir de 1993, nosso "cochicholo" durante as estadas na Europa, prolongando e encurtando-as, à revelia, como recebendo amigos, para um aperitivo, café ou chá.

De 1993 a 2005, durante 12 anos, 12 idas e voltas, passamos, religiosamente, parte da primavera e todo o verão na Europa (em Paris, sobretudo). Em 2003, a terrível canícula nos alcançaria, entre abril e setembro, sob o telhado de zinco.[22] Prova irrefutável do bom temperamento de minha mãe.

Reclamávamos, ambas, do calor, é óbvio. Mas, brasileiras acariocadas, tínhamos a pele crestada pelo sol do Rio. Aguentamos. Firmes. Regressaríamos, contudo, antes do outono. E, ao passar o

---

[22] Só se emprega o termo "canícula" no sentido próprio, meteorológico, quando, seguidamente, durante três dias a temperatura não desce a menos de 35 graus. Outros estudiosos falam de seis dias e apresentam gráficos com alterações entre as temperaturas máxima e mínima. Os meteorologistas franceses, encarregados do estudo do fenômeno, definiriam, no século XVI, o sentido físico do vocábulo: o fenômeno se manifesta quando a estrela Sirius se levanta e a sua exposição coincide com o sol, nos meses de verão, isto é, nos períodos de mais forte calor do ano [o que é, quanto à intensidade, uma redundância].

Natal com tia *Preta*, em Belo Horizonte, contei aos parentes que tínhamos voltado antes do outono porque não queria que minha mãe fosse um número a mais na lista de óbitos, entre 1º e 15 de agosto de 2003: 15 mil idosos!

No último ano de nossa estada, em 2005, a fratura de duas costelas, numa queda, me fez ouvir o segundo toque de recolher: à última travessia do Atlântico.

Caberia, portanto, ao ano da comemoração do Brasil na França a coincidência aziaga da fratura das costelas com a ruptura da linha do tempo e da celebração da vida às datas de nossos aniversários: o meu, em maio; o de mamãe, em agosto; o meu, na primavera; o de mamãe, no verão.

E não bastaria aos maus demiurgos a fratura sem outro recurso que o do repouso absoluto: passada a quarentena, mal recebida pela mulher de ação que sempre fora, os mesmos demiurgos uniram-se para conjurar-lhe nova queda, sujeita a longa internação hospitalar.

De si e por si, mais grave que a primeira, fez-se, também, sob o mau augúrio da espada de Dámocles, a ameaça de infecção hospitalar, de que minha mãe, praza aos céus, escaparia *in extremis*, ao inteirar-me, no mesmo corredor, da existência de contágio pelo *Enterobacter baumanii*.

Solicitei, sem perda de tempo, uma ambulância.

Enquanto aguardava o aviso da chegada à garagem, comuniquei-me com o médico assistente para que enviasse à sala de internação o pedido de alta de minha mãe.

Tudo se fez num abrir e fechar de olhos.

Exultante, mamãe me elogiava e agradecia a Deus, exclamando "Deus é maravilhoso! Deus é maravilhoso! Graças a Deus! Não disse que não tenho nada? Se você não estivesse aqui e se Deus não a tivesse iluminado, eu acabaria morrendo... Já estaria morta..."

Mas o pior estava em marcha: "em *crescendo*".

Começaram a tornar-se raros os episódios felizes, quando seu olhar revelava o prazer de estar bem-vestida para um concerto ou para os almoços "decadentes"[23] do Sabadoyle.

Charles De Gaulle já provara a iminência da desgraça, na melhor definição da velhice: *La vieillesse est un naufrage*.

Apesar de todos os pesares, minha mãe não permitiu que o *dies ire* nos privasse do vinho de cada dia, nem da celebração das datas festivas, com uma taça de *champanhe* ou espumante. Mas já não havia, de sua parte, o brinde espontâneo: "*Salute!* Viva!"

Depois, a tragédia: à aurora de um dia de julho de 2009, encontrei-a, na cama, inerme e inerte, os olhos parados, a boca torta. Chamei-a, falei-lhe. Nada. Corri ao telefone. Comuniquei ao médico o seu estado. Ele me disse que não havia razão para sobressalto. Que esperasse. E assim foi. Durante toda a manhã e parte da tarde. Minuto por minuto, hora por hora, voltava a telefonar-lhe, insistente, e ele repetia, impassível: "Isso já lhe aconteceu. Não se aflija".

Às 3 da tarde, Valda, a cozinheira, reclama: "Isso não é possível! Nós, que estamos com saúde, já almoçamos! Só D. Honória, tão mal, nem comer comeu?! Não é possível!"

Caí em mim. Sua observação me despertou para o absurdo a que assistia como se coubessem ao médico a primeira e última palavras. Minha mãe tinha plano de saúde hospitalar e nada me impedia transportá-la, imediatamente, ao hospital.

Só então, e quanto me pesa!, chamei a ambulância e partimos, as três, minha mãe, Valda e eu, para o Hospital da Ordem Terceira do Carmo.

Lá chegando, tivemos de esperar pelo médico de plantão, Dr. Ricardo Matos. Minha mãe em repouso, cuidavam das formalidades de inscrição enquanto os paramédicos providenciavam os

---

[23] De dez em dez anos, à comemoração do aniversário dos *sabadoyleanos*: as décadas da idade.

primeiros exames. Confirmado o diagnóstico do AVC, o médico solicitaria a internação no andar dos "Irmãos remidos".

À noite, instalada num modesto mas confortável apartamento, o soro a gotejar na veia, seu médico apareceu. Disse-me algumas palavras, de que não me lembro, e dirigiu-se ao posto de enfermagem, no mesmo corredor, para consultar a papeleta e dar instruções compatíveis à contingência.

Minha mãe estava condenada à paralisia e à mudez absolutas.

Embora não tivesse sofrido o AVC hemorrágico, o atendimento tardio – lamentaram os plantonistas –, absurdamente prorrogado, da madrugada ao início da noite, reduzira a "milagre milagroso" qualquer chance de recuperação.

Aprendi, amargurada, que cada minuto, cada segundo movem, nessa hora, o pêndulo da vida: minha inconsciência chegara ao limite da insensatez. E "o milagre milagroso" não ocorreu. Muito pelo contrário...

Não cesso de acusar-me não só de omissão como de ignorância: sem perdão! Induzida, antes, a cometer o mesmo descalabro, não providenciara imediatamente a internação, tal como ocorreria após o AVC.

Por ocasião do acidente anterior, de fratura do colo do fêmur, ocorrera-me telefonar a uma amiga, a fim de comunicar-lhe o acidente, e, em seguida, a um médico conhecido, Dr. Miguel: estarrecidos, ambos, ante a demora do socorro, censuraram-me por deixar minha mãe à míngua de tratamento.

Alheia à aquiescência do médico, tomei providência de imediato socorro, embora tarde, sim, mas não tarde demais, quando do acidente vascular cerebral.

A internação hospitalar, acarretaria, poucos dias depois, a exposição a novo risco, o de infecção pelo vírus já citado, pesadelo dos corredores hospitalares: o *acinetobacter baumannii*.

Um ano após a fratura do fêmur, seguida de cirurgia, o AVC, embora não hemorrágico, condição propícia à recuperação do paciente, o atendimento à 25a hora tornara-o implacável. E invalidante.

Tardiamente socorrido, precipitaria a degradação do organismo.

Teve então início, após a primeira alta do hospital, a via-sacra da cadeira de rodas. A inércia, após cirurgia do fêmur, comprometeu-lhe o bom funcionamento dos órgãos vitais, e a falta de uso dos membros inferiores, anterior ao acidente vascular cerebral, impediria não só a pronta reação dos sentidos como o resgate da temeridade, que lhe havia marcado a existência, no *stress* do combate diário.

Não lhe bastou dar-me à luz: avançava só, servindo-me de escudo. E, diante da senda aberta, instigava-me a ir além: *Caminante, no hay camino, se hace camino al andar.*

Não fora a perseverança da mãe coragem, jamais chegaria a realizar o que de mim esperava: estudar, trabalhar, preparar-me para seis concursos, enfrentá-los, todos, com êxito, sem sucumbir à pesada carga horária de 64 aulas por semana.

Diante da obrigação do pagamento e resgate do empréstimo concedido pela Caixa Econômica Federal, não havia senão um recurso: o trabalho. Não havia outro meio de comprar e pagar casa que nos abrigasse, mais escritório, biblioteca e… piano.

Mas … o tempo de si mesmo faz mudança.

Missão cumprida, o mero existir traz, a cada dia, sua pena: na velhice, o peso dos anos. A cirurgia do colo do fêmur não se resumiu em mera ida e volta ao pronto socorro. Foi, porém, como minha mãe a considerou, não lhe despertando qualquer apreensão: risonha, bem-humorada, acenou-me com a mão quando a conduziam ao bloco operatório.

Terminada a operação, encontrei-a com igual ânimo. Comportou-se, sempre, com dignidade estoica.

Em casa, ria e brincava com a enfermeira, propondo-lhe casá-la com o zelador do prédio, o bom João Paulo, que a retirava do leito para o banho de sol, diante da janela, na "sua" cadeira de balanço – "comprada por mim!", afiançava.

Ali, território seu, descansava e lia.

Contudo, a manipulação diária e a presença de gente estranha – enfermeiras, médicos, fisioteraupeutas – acabaram por incutir-lhe o sentimento humilhante da impotência: os retratos que guardo lhe mostram nos lábios o rito da amargura – o que não correspondia, de modo algum, ao seu temperamento nem ao espírito indomável.

"Eu quero ir para a minha casa!"; "Esta não é a minha casa!" – costumava repetir quando a demência senil começara a manifestar-se. A casa a que se referia era a da rua Juiz de Fora.

Que fazer, meu Deus? Desembarcadas à margem do rio Sena, passamos a residir, a partir de 1993, entre abril e novembro, num sala e quarto na *rive droite*, no prédio que também abriga uma das casernas de bombeiros de Paris, o endereço parisiense que se interpôs entre nós e a "nossa casa", – a da rua Juiz de Fora, 979, em Belo Horizonte, casa de todos os fantasmas e de todos os sonhos de minha mãe, onde nos visitavam, aos sábados, mestre Frieiro e D. Noêmia e onde, à mesa da sala, mesa longa, de vidro, bebíamos o bom vinho da amizade com Mário Mendes Campos, Dirce Vieira França, Jandira e Édison Moreira, Milton Freitas e Lívio Renault e, em cujo salão, o maestro Magnani me acompanhava ao piano.

Nessa casa, morada da alegria, banhada de luz e de sombra, à copa frondosa de uma mangueira, comemoraríamos, entre amigos, após noite de autógrafos, os lançamentos de meus primeiros romances. Aí, também, hospedamos *Monsieur et Mme Bourdon* – ele, diretor do Institut des Etudes Portugaises et Brésiliennes de la Sorbonne.

Na saleta da entrada dessa mesma casa, amiga e hospitaleira, nos fizeram visita de praxe acadêmica o presidente Juscelino Kubistcheck e o governador Tancredo Neves, aos quais tivemos o privilégio de eleger e acolher, na Academia Mineira de Letras, em 1974 e em 1978, respectiva e sucessivamente, em solenidades de pomposo ceremonial, oratória tribunícia e salões apinhados de políticos...

Ni temps passé ni les amours reviennent... Sous le pont Mirabeau... coule la Seine...

Nada tão doloroso quanto deparar-nos com o rosto, a fisionomia – tão conhecida e tão amada – cuja penumbra do olhar, perdido no horizonte, manifesta, à míngua de toda esperança, a consciência da ruína física.

Na fase mais tormentosa do nosso Gólgota, quando a paralisia levantaria, entre nós, a muralha do silêncio, embora mantivesse a postura nobre e altiva, minha mãe nunca mais abriria os lábios num sorriso nem esboçaria qualquer comoção, dor ou sentimento.

Horas e horas, sentada, ereta, o queixo imóvel, os olhos muito abertos, as mãos cruzadas sobre o colo, eu a acompanhava, segundo por segundo, nessa rotina de descrença e desalento a que Deus, ou a natureza, nos condenou.

Não eram a sonda e o alimento líquido, via nasal, nem a paralisia que nos mortificavam: flagelada e consumida por três escaras profundas, mas soberana e firme na envergadura das asas, seus olhos anunciavam o adeus definitivo no instante solene em que o albatroz, em véspera de voo, desafia o horizonte...

Assim era e assim foi... Até que um dia, em desatino, eu pedisse a Deus que a levasse, que a levasse, e que nosso sofrimento tivesse fim.

Minha amiga Ebe, de quem fui madrinha, em Paris, na década de 1970, veio valer-me, no Rio, no momento atroz da marcha para o desconhecido.

Ao desembarcar, em 1º de maio, de 2009, declara, decidida: "Fico com você. Até o fim."

Veio o fim. Nesse mesmo mês de maio, no dia 19, quando ela, a mulher forte da *Bíblia*, desistiria do esforço prometeico a que se condenara para não deixar-me só.

Eis-me aqui, na minha rocha de granito.

Lamartine tinha razão: "*Un seul être nous manque, et le monde est dépeuplé.*" Que há, no mundo que me possa dar o conforto, a alegria íntima, total que desfrutei ao lado de minha mãe? Ela própria me advertira: "Você não está preparada para a vida, minha filhinha."

Tinha razão: quanto mais o tempo passa, mais me sinto desamparada, *mal dans ma peau*, como dizem os franceses.

Soube, faz pouco, do suicídio de um costureiro famoso, filho único, que não conseguira sobreviver à perda da mãe. Não me surpreendeu. Sei por quê. E quanto!

A Música

Antes do falecimento de meu pai, quando contava sete ou oito anos minha mãe já cuidara de contratar professora de piano para que iniciasse minha formação musical. Não sei o que meu pai terá dito, mas a verdade é que ela descobrira, por obra do Espírito Santo, que a filha tinha talento suficiente para dedicar-se, sem prejuízo do curso primário, às lições de solfejo, ditado e leitura à primeira vista, além dos exercícios diários do Schmoll, do Beringer, Hanon e outros manuais em uso.

Nem tudo ocorreria como previsto: a orfandade, seguida da mudança para a casa de minha avó, introduziria *staccato* e pausa quando tudo avançava, *piano piano* e *legato*, no ritmo natural das coisas.

A música refugiou-se num futuro incerto até que se conciliassem horários, livros, provas, partituras e... o *cum quibus*.

Não foi fácil. Aluna do ginásio, agenda completa,[24] as aulas de música me obrigavam a ler e repetir no colégio, onde a superiora pusera um piano à minha disposição, inumeráveis exercícios cronometrados: escalas e mais escalas, muita vez em tal velocidade que a mão direita atropelava a esquerda, ou vice-versa. Era imperativo: me ocupavam, em seguida, inúmeros deveres escolares – o "para casa".

---

[24] Tínhamos, na ocasião, aulas de Português, Matemática, Francês, Inglês, Ciências, Geografia, História, Religião e, em alguns colégios particulares, como o Sacré-Coeur, aulas de Canto Orfeônico, Economia doméstica e de comportamento (uma vez por semana).

Cumpre lembrar a condição *sine qua non* para o ingresso no ginásio: os exames de admissão não admitiam candidatos menores de 10 anos. Havia, ainda, a opção por um ano letivo seguido de provas escritas e orais. Atingida a idade mínima, os alunos estariam aptos à matrícula.

A conta a pagar era, obviamente, mais onerosa que a da prestação imediata do exame. Que fazer? À vista de um ano pela frente, minha mãe não titubeou: o curso foi pago.

Concluído com louvor, oferecia-se bolsa de estudos aos alunos de famílias sem recursos. Era o nosso caso.

Dotada para sete e mais ofícios, minha mãe nunca deixou de reconhecer como particular deferência da irmandade o prêmio recebido pela filha, anualmente renovado. Não deixava de retribuí-lo: trabalhava nas barraquinhas das Missões, dava aulas de flores às freiras, participava, como ajudante de cozinha, dos cursos de culinária...

Não se distribuem benesses a aprendiz de feiticeiro. É certo.

O privilégio de uma bolsa em educandário conceituado supõe compromisso tácito de aplicação a todas as matérias. A única forma de reconhecimento ao colégio e às mestras, religiosas na sua maioria, era a da excelência: o contrato tácito era com o ensino, sim, a transmissão do saber, e a quem se esmerasse em sobrelevar-se intelectualmente. Terminado o ginásio, as freiras informaram minha mãe que a bolsa seria mantida e que a filha poderia matricular-se no curso de formação.

Exultante, mamãe corre a dar-me a boa-nova. Tive de confessar-lhe, com aperto no coração, que o oferecimento nada significava para mim: não pretendia fazer o curso de formação. De modo algum. Queria preparar-me para o vestibular da Faculdade de Filosofia. Para isso, faria o clássico numa escola pública. Já começara a estudar para concorrer a uma vaga no colégio estadual. Se é assim, minha filha, não se aflija. Tudo se arranja. Você vai ver. Agradeço à madre superiora e explico que você prefere continuar a estudar. Tenho certeza de que ela há de compreender.

Mamãe nada deixava para depois. Vó *Cina* já dizia: "Ela é assim. Vamos matar, vamos fritar, vamos comer."

Agiu como sempre. Passou o pente nos cabelos e me avisou: "Já vou indo. Fique tranquila."

Feita a visita, ei-la de volta: um sorriso de orelha a orelha! "Deus é maravilhoso, filhinha! Você tem a bolsa para o clássico!! Se oferecem a bolsa para o curso de formação foi porque logo começaria a trabalhar, no próprio Colégio, como professora primária, para me ajudar. Eu disse a *mère* Apresentação que não preciso de ajuda. Se dei conta até agora, não ia querer que você começasse a trabalhar para me ajudar! Agora, com a bolsa para o clássico, ainda podemos economizar para a universidade, não é mesmo?"

Aí, sim, nos abraçamos e choramos de alegria!

Embora o Sacré-Coeur fosse, ainda e sempre, minha primeira opção, é claro que cursaria, com igual empenho, a escola pública. No entanto, sem bolsa, sequer me passara pela cabeça sobrecarregar minha mãe. Sobretudo para manter-me num colégio de elevado nível, como também de elevado custo.

Em virtude da qualidade de suas instalações, num belíssimo terreno nos altos da rua do Chumbo, na Serra, tanto quanto pela reputação de rigor, e preocupação com a formação não só intelectual como moral de suas alunas, o Sacré-Coeur de Marie era conhecido, em Minas, como um dos melhores educandários femininos.

Daí, a preferência com que o distinguiam as famílias da TFM – a tradicional família mineira, de formação católica, gente de classe média alta, bem-situada, e mesmo rica: proprietários de lojas de comércio ou de empresas de atacado, confortavelmente instalados nos bairros da Serra e do Cruzeiro, dos Funcionários, Lourdes e Santo Antônio.

Lá estava eu, num *vis-à-vis* diário com as *jeunes-filles en fleur* da sociedade mineira, frequentes nas piscinas do Minas Tênis Clube e nos salões de festas do *Yatch Club* e do Cassino da Pampulha, onde se realizavam os bailes das debutantes.

Tive, contudo, a melhor das convivências com as meninas ricas da cidade. Nem elas me esnobavam nem eu as media, da cabeça aos pés, como animais de *pedigree*...

Convivência neutra, a nossa, sem qualquer manifestação de intimidade. Respeitávamos-nos reciprocamente – o que de fato importa.[25]

Lembra-me bem que para evitar gastos de transporte, eu fazia parte da "fila a pé", a fila das meninas que desciam, alinhadas, a rua do Chumbo, desde o Sacré-Coeur, número 400, até a esquina com a avenida Contorno, em frente ao Santa-Clara, "hospital de loucos", como era nomeado.

Mère Maria de Jesus e *mère* Crucifixo se revezavam na função de anjo da guarda da fila a pé. Detinham-se à esquina da Contorno e esperavam, atentas, que atravessássemos a rua do Chumbo, trânsito intenso, e alcançássemos o passeio oposto, na mesma avenida, despencando pelo bairro Funcionários até a rua Carandaí.

Certo dia, uma das meninas da fila a pé me perguntou, com mal disfarçada malícia, se tinha recebido o boletim mensal. À resposta afirmativa, pediu-me, sem corar, para ver minhas notas.

"Todas acima de nove, nove e meio! Dez! Dez!! Dez!!! Dez!!!!

Surpresa e um tanto frustrada, ela continua, num fôlego:

"Puxa vida! Que é que sua mãe diz quando vê essas notas?"

---

[25] Um parente, a quem fiz essa confidência, me retrucou, com insuspeita mágoa, que se assim me referia ao Sacré Coeur é porque "tinha vocação de rica…". Não devia surpreender-me. O mineiro cozinha, em fogo brando, o "*mal de vivre*". E o serve à mesa, tanto em reticências como em disfarçada ironia. A sentença de Otto Lara Resende – "mineiro só é solidário no câncer" – registra-o cruelmente. Sei disso. Houve, fora da família, quem me brindasse, numa referência gratuita ao século passado, com alfinetada "cronológica" – *in illo tempore* – "naquele tempo em que você era o geniozinho da faculdade."

"Nada!", respondi. E interpelando-a:

"Que havia de dizer?"

E ela:

"Imagine! Se meus pais vissem tanto dez pela frente, aposto que dariam um baile lá em casa. Noite inteira de festa!!!"

E continuamos a descida da Contorno.

Ao lado de Yolanda Bedran, minha boa colega do ginásio, com quem refiz esse mesmo itinerário até o clássico, ela, já no curso de formação, preparando-se para a Pedagogia, e eu, para a Filosofia, cruzávamos apressadas, ainda na Contorno, o bairro São Lucas.

Isto é, deixávamos a avenida fronteiriça ao bairro, endireitando os passos à esquerda, até Brasil, em Santa-Ifigênia.

Densamente constituída por militares da polícia do estado, a população do bairro crescera e expandira-se, em estrela, irradiada às fronteiras de Santa Teresa, Sagrada Família, Novo São Lucas.

Bairro militar, classe média modesta, o seu casario se formou à volta da praça do quartel e do adro da igreja. Graças à imigração de libaneses, muito chegados à mercearia, às miudezas de armarinho e, de raro em raro, à venda de calçados. Mas jamais deixamos de chamá-los e considerá-los *turcos*.

Aos militares e aos *turcos* juntaram-se, depois, uma dezena, talvez, de lusitanos acaudalados, com padarias e armazéns, onde não faltavam o azeite extravirgem, as sardinhas, o bacalhau dito "do Porto", o bendito *Lacrima Christi*, o Alvarinho, o vinho Verde, mais os rascantes e pesados que minha mãe jamais bebeu nem me deixava beber.

Os *portugas*, bem-sucedidos na vida, gentis e cavalheiros, costumeiros na arte de agradar, presenteavam-nos com suas folhinhas, pelo Natal e Ano-Novo, e formavam, sem vaidade, *ghetto* à parte.

Yolanda e eu nos despedíamos antes da praça da igreja, no cruzamento da Brasil, onde ela morava numa bonita casa, construída a uns 3, 4 metros de altura, a cuja entrada se subia por escada.

Ao chegar à avenida, Yolanda seguia à frente, à direita, enquanto eu passava à pista contrária, descendo à esquerda, ao número 495, ao nosso pequeno barracão, nos fundos do lote, na Padre Marinho.

Tal como o fato de estudar num colégio considerado "burguês", no mau sentido, isto é, mineiro!, ou de morar "bem" ou "mal" – numa bonita casa ou num barracão –, nada disso me importava.

Espantou-me por isso saber, faz uns dez anos, que uma colega do colégio, não de sala nem de ano, teria sofrido penosa humilhação na relação diária com as "burguesinhas mineiras".

Revelação perturbadora. Pois os oito anos ali passados foram, para mim, de riquíssima experiência escolar: de vida tão intensa quanto feliz, felicíssimo, aprendizado.

Sinto-me disposta, ainda hoje, a refazer, penhorada, todos os momentos ali passados. E creio dever essa disposição de espírito, de espírito e de alma, à minha mãe, à sua imensa generosidade, à singular força de superação da circunstância, ao seu otimismo inato e à sua fortaleza de ânimo.

Quanto à música, só mais tarde, bem mais tarde, me seria possível resgatá-la do limbo a que fora condenada enquanto me preparava para o exercício do magistério, apto a garantir-nos, apesar do parco salário, o pão de cada dia...

Ao candidatar-me por concurso, de títulos e provas, às cadeiras de Português e de Francês, para a regência de aulas no curso secundário, tanto no colégio estadual como no Instituto de Educação e no Colégio de Aplicação da UMG, submeti-me, em cada um desses estabelecimentos, a uma série de provas e exames, com bancas diferentes e em diversos locais públicos, do estado e da UMG.

Uma vez aprovada, tomei posse e lecionei em todos três, demitindo-me, apenas, por motivo de cumulação de cargos, do Colégio de Aplicação, após a conquista de cátedra no ensino superior.

Não me licenciei das cadeiras estaduais, dividia-me entre três turnos, além de lecionar, por curtos períodos, num cursinho de Francês para o vestibular da Faculdade de Direito da UFMG, num curso de Português para estrangeiros, no ICBEU, e enquanto substituía, na PUC de Minas Gerais, os professores de Literatura hispano-americana e espanhola. Verdadeiro recorde.

Não parei aí. Para antecipar o pagamento do débito à Caixa, aceitei convite para dar aulas de Português no curso clássico do Colégio Santa Maria.

Santa Maria!! A pior das experiências! Alunas indisciplinadas, vaidosas, convencidas de que eram detentoras do saber infuso! Arrepia-me, até hoje, a lembrança desses gênios que me olhavam, com menosprezo, porque sempre me vestia com o uniforme do Conservatório Mineiro de Música. Cochichavam entre si, no fundo da sala, e, à minha entrada, repetiam, com despeito e longa intonação irônica, o "Bom diaaaa, professoraaa!".

Recebi, como graça de Deus, um pedido do professor Guilherme Henrique Lages, para uma substituição, à noite, no colégio municipal.

Em muito boa hora e melhor auspício, a Prefeitura remunerava, pródiga e assiduamente, mais, bem mais, que o Estado, a União e o Santa Maria dominicano.

Livrei-me das meninas.

Nessa nova experiência, os alunos, mais idosos que a professora, enfrentavam, após oito horas de trabalho, as lições do ginásio e do colegial, interrompidos por obrigações profissionais, familiares, financeiras, e outros impedimentos de saúde e fracasso nos estudos.

Apesar de tudo, jamais encontrei cabeças tão ansiosas e receptivas: gente humilde e corajosa – a boa gente mineira...

Atenta às minhas obrigações, jamais faltei às aulas e sempre tive, multiplicadas pelo interesse dos alunos, a resistência física e a capacidade de trabalho.

Minha mãe deixava preparado para mim, numa garrafa térmica, chá preto em abundância, porque não podia dormir, e algumas torradas de pão com queijo de Minas.

Madrugada adentro, as longas bibliografias não me metiam medo. Pelo contrário, não só me davam alento para futuros embates como me instigavam a ler mais e mais. Quanto mais copiosas, mais feliz me sentia. Esquecida da minha tese, em mares nunca dantes navegados, as notas de pé de página me inspiravam rondas filológicas sobre termos exóticos, artes plásticas, pintura, música, biologia, num desenredo sem-fim do novelo do conhecimento.

Comove-me, hoje, a ingênua e infinita curiosidade dos 30 anos, a verdadeira jubilação com que lia Santo Agostinho e me via, não mais que de repente, enleada por temas alheios ao meu trabalho, às letras e ao que urgia estudar e escrever.

Cometo, ainda hoje, o mesmo pecado. Embora concentrada na leitura de um texto, surge-me, ali, se estou na Mazarine, o desejo de informar-me sobre a nota de rodapé ou citação feita pelo autor. Que faço? Ponho a ficha entre as páginas do livro e parto à procura de nova bibliografia.

À tardinha, os livros empilhados à minha frente, o bedel vem avisar-me que dentro de dez minutos a porta será fechada. Num misto de alegria e de tristeza, comparo a pilha dos livros lidos com a daqueles que sequer abri. E ao ver que são poucos os que devo manter em reserva para o dia seguinte, saio feliz ante a possibilidade de terminar, pela manhã, os do dia anterior, retomando a busca no arquivo para novas leituras à tarde.

É um não mais acabar.

Eis o melhor.

Apesar de consciente, deploro às vezes, com certa melancolia, essa desmedida, esse afã interminável. Mas neste *da capo* ao passado, descubro, a exemplo de Chagall, que o amor de minha mãe por mim era tão grande que me fazia superar-me, avançar, ir mais longe, subir mais alto, para justificá-lo.

O que aconteceu à redação da tese para a obtenção do título de doutor e de livre-docente é que nada me parecia excessivo, longo nem inconcluso. O fim estava ali, visível, no obstáculo à conquista da cátedra: a defesa de tese.

Ao longo dos anos, outros motivos se apresentariam. Na ansiedade de tudo aprender nos serões de vigília, jamais me apercebi do passar das horas.

Não havia lugar para perguntas nem para o mal de viver. Era tempo de eterno recomeço: a cátedra, a casa a comprar, a dívida a saldar, as defesas de tese dos alunos, os convites para os States, para a Europa, a ameaça de enfarto de minha mãe e a obrigação de levá-la comigo. Aonde fosse...

C'est la vie... Era a vida.

Boa audição nunca me faltou.

Por isso me intrigou, certa noite, o murmúrio indefinido vindo da rua. Já morávamos à esquina com Grão Pará, e as janelas se abriam sobre a Padre Marinho.

Breu compacto, embora amanhecesse, dirigi-me, pé ante pé, ao quarto de minha mãe: a pobrezinha dormia a sono solto. Que fazer? Despertei-a.

"Mamãe! Me acode! Estou com medo! Há alguém perto da janela! Junto do muro!"

Minha mãe levanta-se incontinenti: abre a janela do quarto e depara-se com dois homens: um, sentado no muro, prestes a saltar ao nosso quintal, e outro, de plantão, no passeio.

Enquanto isso, o telefone ao ouvido, eu tentava, em vão, emitir uma palavra que fosse, a fim de pedir ajuda à polícia. Aos meus grunhidos incompreensíveis, contestavam: "Alô!... Alô! Fale! Desembuche!"

E eu? Grunhia. Não conseguia articular sílabas, formar palavras. De medo!!

Minha mãe? Destemida, debruçada à janela, de modo a ver e ser vista, desafia os lunfas. Em claro e bom som, sua voz lanceta de alto a baixo o negrume da madrugada: "Que é que os senhores estão fazendo no meu quintal?"

Os lunfas se assustaram e fugiram Padre Marinho arriba. Bons tempos! Não foi preciso empunhar arma para afugentá-los, bastou-lhe a voz, sonora e firme.

Duas outras vezes, eu a ouvi, em minha defesa. O timbre era outro.

Primeiro, aos 10 anos, quando, na sua ausência, eu mostrava a um candidato a casa posta à venda. Ele, João Senna, da família Senna, de Belo Horizonte, viria a confessar-lhe que a casa lhe agradara e que pretendia, de fato, comprá-la, mas sob condição: concluir a compra com a mesma corretora.

Minha mãe acedeu num jubiloso "Claro que sim, meu senhor!"

Um dia após, seria assinada a promessa de compra e venda. E foi a mim que o Sr. João Senna entregou o cheque do sinal, ou entrada, até que os trâmites fossem cumpridos para a lavratura da escritura.

Pois é. Metido o cheque na bolsa a tiracolo, parti para a casa de minha tia, para passar o resto da tarde com os primos: entre saltos e corridas, caí dos patins e fraturei o pulso. O meu tio se apressou a levar-me ao pronto-socorro. Como "carro de aluguel" era luxo dispensável, tomamos, os dois, o bonde Santa Ifigênia-Mantiqueira, via Mantiqueira, atual Alfredo Balena, até o hospital.

Ao buscar-me em casa da irmã, minha mãe se inteira do acidente e de nossa ida, de bonde, ao pronto-socorro.

"Meu Deus! Como é que ela não contou que tem um cheque dentro da bolsinha! Podiam ter recebido o dinheiro, tomado um carro de praça, e pronto!"

Que fazer?

Minha tia acalma a irmã, que parte, desesperada, ao encontro da filha.

À sua chegada, o plantonista ainda tentava tracionar-me o pulso para engessar o braço. Antes que isso acontecesse, já me propusera anestesia, "pois vai doer". Explicara-me, então, de A a Z, que seria aconselhável aplicá-la.

Que nada! Mais valente diante da dor que à simples visão da agulha e da seringa, respondi-lhe que era forte e não ia reclamar de dor alguma. Ele insistiu. Em vão.

Minha mãe ali me encontra: estoica, lábios cerrados, o médico a forçar-me o punho a fim de imobilizá-lo na sua posição. Adverte-a, em defesa própria, que a filha recusara anestésico! Mas seria ainda possível injetá-lo, intramuscular.

Minha mãe assume a responsabilidade que lhe era devida e declara, grave e séria: "Minha filha não tem idade nem juízo para decidir. Sou eu quem respondo por ela e lhe peço providenciar a anestesia."

Ao ouvi-la, descerro os lábios, com cara de poucos amigos. Firme no meu propósito (lembro-me bem), tomo a palavra, para fazer-me ouvir e ser obedecida: "Não! Não e não, mamãe! Não preciso!"

Diante da recusa, o médico se dirige a mim, bem baixinho: "Se você me diz que está doendo, eu faço a anestesia. E não precisa ter medo: dói muito mais repor o pulso no lugar!"

E eu: "Não, não senhor, não está doendo nada."

E minha mãe: "– Não faça isso, filhinha! Diga que está doendo!"

"Não senhor, não está doendo."

Durante todo o procedimento, o médico teve de continuar alheio às duas vozes em contraponto. Mas do meu ouvido jamais saiu o tom lacrimoso da insistência de minha mãe:

"Fale, filhinha! Diga que está doendo! Diga que está doendo, minha filhinha!"

Não faz muito, em 2006 ou 2007, antes que fosse vítima do AVC, já diminuída pela fratura do colo do fêmur, seguida de cirurgia, minha mãe se apercebia da luz no escritório. Levantava-se, penosamente, para vir ao corredor e pedir-me que fosse dormir, porque era tarde.

"O sono lhe faz falta, muita falta!"

Leitora impenitente, maníaca, retrucava-lhe, dura e firme:

"Me deixe trabalhar! Me deixe em paz, mamãe!"

O mais inútil, mísero e vil de todos os vícios, que alguns (entre os quais me incluo) julgam impune, e, no meu caso, não levando a nada…

Haverá punição maior? Impunha martírio à minha mãe para aprender meia dúzia de besteiras ou para corrigir provas e trabalhos de alunos, ou mesmo, Deus me perdoe!, escrever e rever centenas de páginas que ninguém, absolutamente ninguém, chegaria a ler…

Sei hoje, porque me fere o coração, a alma, as veias, as tripas, que revê-la ali, no corredor… Eis o maior castigo: mãe dolorosa, mãe piedosa, mãe amantíssima, mãe lacrimosa, ali, no corredor, as lágrimas a correr-lhe pelo rosto, e a filha cruel a repetir-lhe: "Deixe-me em paz! Deixe-me em paz! Preciso trabalhar, mamãe!"

Sei hoje porque estou só e a voz de minha mãe continua a soar no meu ouvido, como o sino do pobre Alphonsus, quando o relâmpago no céu, todo trevas, açoita-lhe o rosto em lúgubres responsos: "Pobre Alphonsus! Pobre Alphonsus!, e o mísero desejo em caos medonho se afunda como astro que morria: "Vá dormir, minha filhinha! Vá dormir!"

Pobre mãe! Pobre mãe! Pobre Maria!

Porque sou, hoje, a "pobre Maria", a exemplo de Cohen, *Pauvre* Albert!, também ele, pobre infeliz, ao descobrir que não há filho capaz de estimar a própria mãe a seu justo valor.

Podemos, todos, tornar nossa a sua confissão: "Quanto somos capazes de fazer sofrer os que nos amam e que terrível poder temos nós sobre eles!"

O livro de minha mãe nada mais seria que flashes de felicidade, bolo de aniversário, arroz-doce, cangica, risadas de mamãe, tudo que nunca voltarei a ter, oh!, deslumbramentos, cantigas de roda, manhãs de abril e noites de maio, primaveras perdidas e férias sem dever de casa, enxurradas de verão nos pés descalços, chutando a água da sarjeta em borbotões…

Quando o tempo passa, as margens do tempo se estreitam e não nos resta senão o barco à margem do Lete, toda memória se tinge de luto e nessa noite longa e fria, quando a vida se faz inteira, descobrimos, enfim, que Sartre tinha razão: abrimos os braços em torno do vazio e apertamos o nada das noites sem "Durma com Deus" e o amanhã eterno sem "Deus te abençõe".

Paixão inútil, a vida... Mas... e a música?

Voltemos no tempo.

Devo à minha mãe mais, muito mais!, que a precoce iniciação musical com D. Glorinha Osório, na Floresta. Devo-lhe as lições que se seguiram, vida afora, tanto em aulas particulares como no Conservatório Mineiro de Música.

Porque fui além do Schmoll e do Beringer. Houve D. Elvira Bracher Prates, houve Celina dos Guimarães Peixoto, a inesquecível mestra de canto lírico, e houve Sérgio Magnani, maestro, professor, compositor, pianista, acompanhador, grande erudito, artista exemplar, o mais afetuoso dos mestres, grande amigo.

Minha mãe se esmerava em abrir portas e alargar horizontes para a minha entrada no mundo da música. Fez da educação e formação da filha o interesse maior (e único, acredito) de sua vida.

Não queria, para mim, qualquer professor. Buscava o melhor, o *primus inter pares*. E graças a essa busca incansável, conversando e indagando nas lojas de músicas e discos, onde comprava partituras e gravações de concertos e óperas para a filha, foi informada da existência de uma "notável professora de canto", D. Celina dos Guimarães Peixoto, carioca e ex-aluna do Instituto Nacional de Música.

O jovem melômano, a quem minha mãe se dirigiu na Casa Victor, loja de discos na av. Afonso Pena, teria sido, ao que parece, seu aluno. Chamava-se Clímaco. Embora não o tenha conhecido, jamais esqueci seu nome, tão raro.

Apesar de dever-lhe a mais preciosa e duradoura amizade de nosso círculo de relações, minha mãe perdeu-o de vista. Preservei-lhe o nome como bem precioso, ligado à memória de D. Celina, a quem amei e admirei por sua grandeza, seu humor, cultura e sensibilidade.

Contou-me ela, entre dois vocalises, que era sobrinha de Iaiá Milánez, intérprete feminina de *Lo schiavo*, de Carlos Gomes, quando da estreia mundial da ópera no Scala de Milão.

Foi portanto a tia quem a preparou para o curso de Canto no Instituto Nacional de Música do Rio de Janeiro, onde a jovem Celina completaria a formação e sairia com o diploma de professora.

Ao receber convite para dirigir o coral de uma missa de bodas em Belo Horizonte, para ali se transferiu durante algum tempo. Empenhada nos ensaios e distribuição das vozes, seu conhecimento da técnica vocal, seu rigor e sua personalidade logo impressionaram os músicos mineiros.

Determinados a convencê-la a mudar-se para Belo Horizonte, sugeriram-lhe a criação de um coral de canto orfeônico.

Era o que faltava à cidade, um elenco de profissionais, sob a direção de um maestro, habilitado a prepará-los para as grandes celebrações litúrgicas: fossem missas solenes, de núpcias ou de bodas, fossem os ritos fúnebres e o *Te Deum*, fosse o portentoso hinário de Semana Santa das cidades históricas, além, é certo, de eventos sociais, aniversários, comemorações de formaturas ou inaugurações de escolas...

A messe era farta.

D. Celina deixou-se arrebatar pelo entusiasmo dos jovens cantores. Regressou ao Rio, requereu transferência do posto que ocupava nos Correios e Telégrafos e passou a residir na capital do estado. Comprou harmônio portátil e resgatou para a cidade, sem pompa e circunstância, a saga dos mestres cantores.

Seu coral era contratado para casamentos, batizados, missas cantadas e outras festividades. Alguns de seus membros procediam das paróquias locais, sobretudo as da Floresta e de Santa Teresa, próximas de sua casa.

Com os alunos cantores, D. Celina marcaria presença onde a música se fizesse necessária. E no ir e vir entre igrejas, palcos e salões, conheceria João Peixoto, viúvo recidivo. Logo casaram e passaram a morar em Santa Teresa. De posse do endereço, fomos visitá-la.

D. Celina observou-me, analisou-me, alto a baixo, achou-me pálida e franzina, o tronco pouco desenvolvido. Terminada a anamnese, perguntou à minha mãe o motivo que a movera a procurar professora de Canto para a filha.

Minha mãe não titubeou:

"Porque acho que ela tem boa voz".

"E a senhora estudou Canto?"

Minha mãe não podia mentir, disse-lhe que não. E ela, curiosa:

"E... música?"

"Estudar, não estudei, mas gosto muito de música. E também minha filha. Ela já está no Conservatório."

D. Celina rendeu-se à petulância daquela mãe única de filha única. Aconselhou-nos então a esperar mais três anos.

Aos 18 anos, ela poderia aceitar-me como aluna. Mas... atenção!, que soubéssemos, antes de tudo, que não iria preparar-me nem preparava os alunos para as luzes da ribalta, os cenários líricos dos grandes teatros, nem para os auditórios de canções francesas, árias italianas, ou para o *cante jondo* da Espanha mourisca, nem para as plateias de aficionados, nas grandes salas de Concerto de acústica impecável. Que não nos puséssemos a sonhar com o Scala de Milão, a Opéra de Paris, o Carnegie Hall, o Albert Hall e outras fantasias. Formava alunos para a música de câmera, para a intimidade das pequenas salas, de poucos espectadores, amantes da boa música – cada dia mais raros –, ou, então, uma vez ou outra, para cantar num casamento, numa celebração religiosa, numa festa de aniversário ou de bodas. Gravássemos suas palavras para não haver, mais tarde, motivo de frustração.

Por fim, olhos nos olhos, frente a frente com minha mãe, aconselhou-a a bem cuidar da saúde da filha.

"Em suma, eis o que penso: sua filha precisa engordar um pouco, ganhar melhor cor, comer bons bifinhos de *filet-mignon*, passar uma folha de alface com creme de leite, ou leite talhado, no rosto, fazer exercícios respiratórios para aumentar a capacidade toráxica, respirar a plenos pulmões e aprender a soltar a voz."

Continuou:

"E há mais. Preste atenção, minha senhora, muita atenção à postura de sua filha, tanto sentada, ao piano, como de pé, para cantar."

Virando-se para mim:

"Faça, com frequência, leituras à primeira vista. Esse é, desde a invenção da música, o primeiríssimo e mais respeitado mérito do bom cantor. Vale dizer, saber ler música é ler tudo à primeira vista: sem engasgar, sem gaguejar, sem pestanejar. Mas isso, só a prática diária da leitura leva à imediata e perfeita reprodução da notação musical".

Entre intimidadas e frustradas, após tais palavras de iniciação ao Canto, voltamos para casa. De todo modo, mamãe não admitia qualquer dúvida quanto ao curso.

Dentro de três anos, lá estávamos, as duas, à porta da casa de D. Celina. Fui aceita!

Meses e meses de vocalises e mais vocalises. À exaustão. E eu resistindo. Quando me rebelava e pensava em abandonar tudo, retomávamos, na semana seguinte, os mesmos exercícios, e assim, *piano piano*, D. Celina afeiçoou e burilou a voz que só minha mãe fora capaz de ouvir e julgá-la digna de suas aulas.

Matriculada no Conservatório Mineiro de Música, aluna do curso de teoria, ditado e solfejo, me desentendi, no primeiro ano, com o professor da matéria: compositor inspirado, mas de língua ferina.

Depois de interrogar-me, em sala de aula, comentaria, ironicamente, que eu "parecia um monjolo" (caricatura desapropriada, e infeliz, na figuração ridícula do gesto de marcação do compasso binário, acompanhado pelo movimento repetido da cabeça, em dois tempos: o moto perpétuo, sobe-desce, do monjolo, cima-abaixo, cima-abaixo...)

"Monjolo? Eu?"

Abandonei o curso. No mais completo abatimento.

Que fez minha mãe? Foi à procura do professor, contou-lhe que eu gostava muitíssimo dele, e acabou por convidá-lo a visitar-nos. Sem qualquer inibição.

Preparou-lhe, de véspera, um bolo de laranja, e, no dia seguinte, pôs a mesa no único cômodo do barracão em que morávamos.

Mas... Ave! Ave! Ali pontificava, novinho em folha, meu primeiro piano – um Carvalho Vianna, mecânica Schwander, montado em caixa folheada de imbuia clara, envernizada, reluzente: uma obra-prima! Metade brasileira, metade alemã!

Pra que mais?

O mestre deixou-se cativar. Coube-nos, ali, no cômodo da nossa meia-água,[26] ouvir, numa *première* para *happy few*, as composições do Schubert mineiro.

Um ano mais tarde, o curso de teoria do Conservatório Mineiro de Música recuperava sua aluna.

Meu piano também tinha, e tem, história.

Piano idolatrado, o mais belo presente que recebi em toda a minha vida, fruto do trabalho, do suor e da abnegação de minha mãe, florista admirável e admirada, que me criou, formou e educou com os modestos ganhos da sua profissão.

---

[26] Permitam-me o eufemismo para o telhado de um só plano, o "puxadinho", que minha mãe fez construir, parede-meia com o barracão que comprara, e reformara para alugar.

Sua arte floral enfeitava a cabeça das noivas nas grinaldas de jasmins, camélias e rosas, enquanto lírios e *muguets*, em cascata, eram levados, em buquês, nas mãos enluvadas das mais belas jovens da cidade.

Foi na rua Pernambuco que visitamos a loja em que se vendiam, em Belo Horizonte, os pianos J. Carvalho & Vianna. O sócio Vianna, representante da firma, era Sérgio Vianna, pianista popular e afinador.

O preço do piano – vinte e cinco mil cruzeiros – convinha ao orçamento de minha mãe. A máquina, novíssima, cordas cruzadas, cepo de metal, teclas de marfim, três pedais, 88 notas, vinha com garantia de dez anos contra defeitos de fabricação e duas afinações gratis. Era tudo que queríamos.

O sonho do piano alemão jamais nos impedira de dormir. O piano era excelente e muitíssimo mais barato que os alemães e franceses de segunda mão.

A compra foi decidida no ato. Já no dia seguinte nós o tínhamos em casa. O próprio vendedor, Sérgio Vianna, pegou o diapasão e o deixou no tom certo, impecável.

Concluída a afinação, brindou-nos com um verdadeiro recital.

Nessa noite, num passe de mágica, o teclado fez vibrar as paredes e o teto do cômodo estreito, conferindo a nobreza de uma sala de concerto ao endereço humilde, a dois passos do necrotério da Santa Casa.

Em estado de graça, sequer ousei tocar nas teclas após a partida do pianista. Minha felicidade era tão grande que dormi ali mesmo, no chão, encolhidinha, a cabeça num travesseiro acomodado entre os pedais.

Só na manhã seguinte, após a vigília inaugural, me armei de coragem e, com infinito cuidado, abri o piano. Como se rezasse, toquei a Valsa em si menor, de Chopin. E mamãe, em jaculatória, repetia: "Que beleza, filhinha!, que beleza! Que beleza!"

Naqueles dias e noites, de contínuo e prosseguido alumbramento, eu tocava e tocava, forçando os dedos para transpor ao teclado o que lia à primeira vista, e lia mal, tentando mostrar à minha mãe que não desmerecia o presente.

Ela, sempre a mesma, repetia, de modo a não melindrar-me: "Você precisa estudar mais, filhinha. Tenho certeza de que ainda vai tocar para mim todas as sonatas de Beethoven."

Toquei algumas, sim, as mais fáceis.

Embora tocasse em casa, para os amigos, jamais me dediquei, corpo e alma, ao piano; faltaram-me o necessário empenho e a disciplina, é certo. E faltava-me o principal, faltava-me tempo.

E a música não admite mediocridade, exige tempo integral. E então, José? Sessenta e quatro aulas por semana! Por semana. Isto é, 4+4+4, nos três turnos, quando a música se recolhia às cinco pautas.

Satisfiz-me, por isso, com o curso de teclado – os cinco anos exigidos dos candidatos ao diploma de Canto. Já professora universitária, foi esse o curso que pude concluir: o exame final, no campus da UFMG, sob a presidência do reitor, Orlando M. de Carvalho, nosso professor de Literatura francesa.

Nessa prova de interpretação de três peças, tive por acompanhador o maestro Sérgio Magnani. Aprovada com a nota máxima, seguida de menção honrosa. Contudo, jamais voltei ao conservatório. Sequer para buscar o diploma.

Apesar dos pesares, nem a música me abandonou, nem a deixei no meio do caminho: *Visiting Professor* na Indiana University, prossegui, com Martha Lipton, do Metropolitan Opera House, o estudo do Canto. Já em Paris, nomeada *Professeur Associé à la Sorbonne*, encontrei tempo para ter aulas com Pierre Bernac, o grande intérprete de Poulenc.

Quanto ao nosso bom e querido Sérgio Vianna, só voltaríamos a vê-lo, para uma afinação, dois anos após. Encontrou-nos no barracão maior, também meia-água, ao lado do puxadinho (alugado a um casal, para arredondar os fins de mês).

Minha mãe providenciara uma boa reforma, acrescentando um quarto ao barracão. Passamos a ter um tanque coberto, para a lavagem de roupa, uma pequena horta, uma jaboticabeira, um abacateiro e, também, um jardim com um laguinho de peixes.

Tudo lindo! Bem à vista, à frente do barracão.

Mamãe tinha sexto sentido para negócios: comprara a preço baixo esse grande lote, de esquina, retangular, cerca de 1000 metros, com frente para duas ruas: Piauí e Padre Marinho, atrás da Santa Casa de Misericórdia.

O hospital ocupava, e ainda ocupa, todo o quarteirão; o necrotério, com largo portão de ferro, abria saída para os carros fúnebres. Poucos metros além, uma imensa cratera, por onde corria, antes do calçamento da Piauí, o esgoto do Arrudas.

Interrompida, naquele trecho, a rua devassava, a céu aberto, a podridão malsã dos dejetos da cidade.

Causa principal da desvalorização do bairro, a paisagem nefasta propiciaria a compra do lotão a baixo preço. Diga-se, em francês, *à quelque chose, malheur est bon*, visto que em nada nos afetava a presença do necrotério.

Muito pelo contrário!, pois os estudantes de Medicina – centenas de aventais brancos, cheios de vida – subiam assobiando, rindo e tagarelando, a rua Padre Marinho, que nada exibia de mórbido nem cadaveril.

Quanto ao canal aberto, havia um adendo a citar: era a residência de um mendigo idoso, bom homem, medianamente lúcido, e que vivia da caridade dos vizinhos.

Nada a denunciar.

O olho financista de minha mãe a despertara para o bom negócio: dois lotes vendidos, uma vez fechada e concretada a canalização; o terceiro, com o barraco, seria preservado. O mais urgente, naquele transe? Alugá-lo.

Moramos algum tempo na pensão de minha avó materna e, depois, uma pequena economia foi suficiente para fazer o "puxadinho".

Tudo a tempo e hora: no início das aulas, os livros nas estantes, minha pasta estava pronta para o áspero ofício.[27]

Logo apareceram inquilinos: um casal sem filhos. O aluguel do barracão nos permitiria sobreviver com dignidade. Foi, porém, longa a espera do saneamento. Terminada a canalização, a rua calçada, logo apareceram compradores para o lote.

Sorte grande! Juntamos o montante recebido ao empréstimo da Caixa Econômica Federal com uma ideia na cabeça: uma casa!

Mamãe rodou o bairro até encontrar nos altos da Padre Marinho, esquina com Grão Pará, um bonito imóvel, com escadas e varanda, a um quarteirão da igreja de Santa Ifigênia.

Fizemos uma visita e voltamos, as duas, encantadas.

Havia, ainda, mas, porém, todavia, contudo…

À proposta, feita e aceita, a proprietária nos confessaria que o imóvel se encontrava em fase de sucessão e partilha no fórum de Belo Horizonte.

Minha mãe não se deu por vencida. Nem eu. E me coube, nessa iniciação à vida adulta, a via-crúcis judicial: percorrida de sala em sala, de juiz a juiz, subindo e descendo, dia após dia, mês a mês, as escadas do antigo e belo prédio do fórum, na avenida Afonso Penna, ao lado do Automóvel Clube.

Mercê de fé e muito boa vontade, procedeu-se ao inventário do espólio e à lavratura do termo de posse: assinamos a escritura.

Tínhamos casa e endereço: éramos proprietárias.

---

[27] Pasta, sim, e não mochila, como nos dias de hoje.

A dois quarteirões do barracão, à rua Grão Pará, 421, os compassos de *Für Elise* se fariam ouvir desde a saleta da frente – "a sala de música", ecoando à parte principal de nossa casa – teto e abrigo.

Não, nunca abandonei a música. Tampouco a música nos abandonaria. Aos domingos, em casa, era o acompanhamento do nosso aperitivo, o "aperitivo sonoro".

Foi esse o nome criado por minha mãe para a *copita* de vinho, Martini ou uísque, aos domingos e feriados, antes do almoço, ao som de um *lied* ou uma ária, que lhe cantava, acompanhando-me ao piano, ou quando ouvíamos disco recente ou antigo, de compositor de nossa preferência.

Era também comum que trocássemos o uísque ou o vinho por uma "Concha Zardoya".[28] Uma festa!

O hábito do vinho às refeições nos veio, estou certa disso, da mesa de domingo, em casa de vovó *Cina*, com quem minha mãe vivera, cerca de sete anos, antes de casar.

Porque Alcina Barbosa de Souza, uma das pessoas a quem mais amei, não era minha avó. Ao mudar-se para Belo Horizonte, na companhia da família, minha mãe tornara-se, aos 13 anos, aprendiz de florista na primeira fábrica de flores artificiais da cidade: a Casa Alcina.

Retida no trabalho, depois das 5, 6 da tarde, os patrões não lhe permitiam partir sozinha para casa, nos altos do *Pipiripau*. Minha mãe pernoitava em casa de minha avó, à rua Rubi, 25, contraesquina de Platina.

---

[28] Coquetel a que chamávamos *Concha Zardoya*, pois diziam de sua "autoria", como os poemas e ensaios magistrais publicados na América e na Espanha (já detentora do Prêmio Nadal). Eis a receita: uma dose de Martini *extra dry*, branco; uma de Martini rosso; uma de Fernet Branca. Gelo ao gosto. Mário Mendes Campos, professor de Patologia Geral, e pai do poeta Paulo Mendes Campos, adaptou a receita à mistura de cervejas branca e preta, dando também a esse drink o nome da famosa professora e escritora espanhola.

Na convivência prolongada, bem além dos três dias em que o peixe apodrece,[29] estreitaram-se em nó os laços de amizade entre a menina pobre, do interior de Minas, e o casal exótico do bairro do Prado.

A menina Honória, minha mãe, ganhou cama e carinho de filha temporona no sobrado dos proprietários da primeira loja de flores da capital de Minas: ele, Gibraltar de Sousa, autodidata, boas letras, franco-maçon, negro, a contrastar com a branca Alcina, de pele mais alva que as camélias de *Mlle.* Chanel.

Nascida Vianna, descendente, pelo lado materno, dos Horta Barbosa – família de alta nomeada –, viúva jovem, sem filhos, Alcina deixaria o centro da cidade pelo Prado, após o casamento com Gibraltar, tipógrafo de profissão, passando a assinar Alcina Barbosa de Sousa.

Instalado numa pequena oficina no térreo da Casa Alcina, porta aberta sobre a Caetés, o marido imprimia cartões sociais e comerciais, convites, panfletos e pequenas publicações.

Anos e anos depois do dia em que ensaiava meus passos no jardim da Rubi, 25, atrás de vovô Gibraltar: "Vô, vô, me espere, vô!" E ele: "Que vô que nada, menina! Não sou seu vô! Não vê que sou preto e você é branca, branquinha?"

A voz grave, à Paul Robeson, soava ainda nos meus ouvidos, quando soube, do professor Frieiro, Eduardo Frieiro, também autodidata e tipógrafo, que o "vô" da menina branquinha era, a inícios do século XX, o mais ilustre dos "homens de cor" da capital mineira.

Gibraltar de Sousa batera-se, temerariamente, pelos direitos não só dos negros mas também das sufragistas, as bravas mulheres que postulavam o direito ao sufrágio universal. Fundador e colaborador de *O Operário*, fundaria outros jornais de inspiração social. Empenhado na defesa dos trabalhadores, sem salário e sem leis

---

[29] Lição aprendida de amiga vietnamita: "Jamais permaneça em casa de parentes ou amigos, próximos ou não, mais do que três dias – o tempo em que o peixe apodrece".

que os protegessem, participaria da fundação da Liga Operária e abriria, na sua presidência, a primeira escola operária noturna.

Entretanto… nem só de pão vive o homem…

Atento a tudo, e à vocação brasileira para a dança e o entretenimento, meu avô entendera que urgia oferecer aos negros, ainda marginalizados, um clube noturno. Funda, então, o primeiro clube de negros de Belo Horizonte – o Original Clube.

Eis, portanto, o par "exótico" da bem-nascida capital de Minas.

Seu Gibraltar e Dona Alcina sempre tiveram, em casa, quem os servisse. E os consideravam pessoas da família. Minha mãe conviveria, sob o mesmo teto, na década de 1930, com uma das empregadas da casa, Palmira.

Verdadeiro "gorila" de minha avó, encontrei-a, ainda, no mesmo posto. Tratava-a por "madrinha", com respeito e devoção filiais. Jamais mediria esforços para atendê-la, e redobrou-lhe, ao longo dos anos, especial cuidado.

Como o casal trabalhava o dia inteiro na loja da rua dos Caetés, cabia-lhe não só administrar a casa como ocupar-se da cozinha e transportar, à cidade, numa maleta de madeira, o almoço dos patrões. Não voltava porém ao Prado.

Dava plantão no centro da cidade para ajudar no que desse e viesse: fosse no atendimento às clientes, numa compra de última hora, fosse no "ponto da goma de polvilho" para a cambraia fina.

Mulher de sete ofícios, pau pra toda obra, de mão abanando é que não ficava. A tudo atenta, aguardava o final da tarde, quando o compadre Dimas, motorista fiel, viesse buscá-los no "carro de praça" (o táxi dos nossos dias).

Após o falecimento de vô Gibraltar, nada mudou.

Vovó descia à cidade no mesmo carro de praça,[30] acompanhada por outra afilhada, a quem a mãe dera o seu nome, e a quem chamávamos Cininha.

---

[30] Ou automóvel de aluguel, o táxi, no vocabulário atual.

Ambas, Palmira e Cininha, voltavam, com o mesmo motorista, à rua Rubi. Cumpria-se, religiosamente, a rotina: Palmira preparava a maleta com as marmitas e seguia, às 11 horas, para servir o almoço ao meio-dia. Muita vez, num pulo à Caetés, a mesa posta, nos ofereciam um pedaço de bife, um anguzinho ou uma colher de arroz doce – sobremesa preferida nas Minas Gerais.

Tudo isso sem vexame, sem-cerimônia ou sumiticaria: não precisávamos "pedir licença". Estávamos em casa.

Cininha casou e foi viver com o marido num prédio vizinho.

Aos domingos, tanto no Natal como no Ano-Novo, éramos seis à mesa. Lembro-me de que bebíamos *Nau sem rumo*.

Vovó dizia: "Não posso beber muito! Se me embriago, perco o rumo do quarto."

No tempo do avô, conta minha mãe, os vinhos eram outros: o alemão Liebfraumilch e o Chianti: o gargalo enterrado na terra, as botijas do Chianti cercavam os canteiros da horta.

Bebia-se bem nos jantares presididos pelo anfitrião.

Os convidados? Intelectuais, políticos, jornalistas e, entre outros, os "irmãos" maçons, do Grande Oriente, para os quais vô Gibraltar costumava reservar charutos Suerdick.

Vovó *Cina* era espírita, ou espiritista, segundo alguns. Dizia-se italiana noutra encarnação; descendente de alta família patrícia, de nome Letícia, distribuíra aos pobres sua fortuna. A exemplo de Victor Hugo, acreditava, piamente, não só na reencarnação como na comunicação com os mortos – "seres de luz".

Do fenômeno conhecido por "mesas girantes" ou "falantes", passara-se entre nós, como na Europa, ao "copo deslizante": os membros da sessão apoiavam o indicador no copo emborcado que, dirigido por força mediúnica, sob o comando de um médium, se movia e ia assinalando, em movimento, uma por uma, as letras do alfabeto, em círculo, de modo a formar frases, numa bem ordenada sucessão de palavras, ditadas, todas, do além, e convertidas em mensagens dos espíritos aos vivos.

Não eram apenas essas frases e notícias dos entes queridos que davam conforto à minha avó. Também a leitura dos livros de Chico Xavier, tanto os de sua autoria como os demais – biografias e memórias de grandes escritores – por ele psicografados, lhe ocupavam as horas de descanso.

Vovó *Cina* lhes creditava a mesma veracidade que aos originais, fossem textos estrangeiros ou brasileiros. Viam-se à sua cabeceira exemplares das obras de Victor Hugo, Bocage, Augusto dos Anjos e Cornélio Pires.

No entanto, e cabe-me confirmá-lo, embora citasse e admirasse Allan Kardec, e me sugerisse, *en passant*, visitar-lhe a sepultura no *Père Lachaise*, jamais se comportou, nem se comportaria, como kardecista engajada.

Ela, sim, a exemplo de D. Carmo, personagem de Machado, irradiava, na sua discrição, a frugalidade e o comedimento. Por isso mesmo, jamais diria ser "doida por morangos" ou… "kardecista convicta".

Em obediência ao seu desejo, apenas formulado, estive no *Père Lachaise* e remeti-lhe uma fotografia da sepultura do fundador do espiritismo. Lembrança recebida com agrado, simples agrado, sem qualquer comentário.

E Palmira? Atenta às necessidades da madrinha, começaria por deixar o quarto dos fundos, onde dormia, para instalar-se no quarto de hóspedes, no térreo, dentro da casa, após o falecimento de vô Gibraltar.

Sensível ao menor indício de senilidade da madrinha, decidiu, anos depois, armar o seu estrado no *hall* do andar superior, parede-meia com o quarto da "madrinha".

Era dali que lhe ouvia a respiração e podia correr à sua cabeceira para ministrar-lhe algumas gotas contra a hipertensão ou ajudá-la a levantar-se.

Determinada a não morrer, para não abandonar o posto de veleira, Palmira resistiria, com remédios, chás e analgésicos, ao avanço do câncer. O mal acabaria por roer-lhe as entranhas e vencer-lhe a resistência, separando-a, definitivamente, da dona da casa.

Vovó, que lhe censurava a indiferença à beleza das "rosas vaidosas" do jardim, aprendeu que as roseiras também morrem e recolhem-se, sem piedade, na pá do lixeiro...

Empregadas e cuidadoras vieram suceder à zelosa companheira. E nenhuma delas se mostraria digna da reencarnação, no Sabará, de Letícia, a bela italiana de Florença.

A mais viva memória que me restou de Palmira foi a de uma visita que fizemos, a convite meu, a Monsenhor Messias, o mais santo dos santos, meu amigo dileto e a quem eu queria, por força, apresentar a minha doce avó espírita.

Alguém diria: "Que absurdo!"

Mas não me era possível aceitar que essas duas criaturas continuassem a ignorar-se e jamais se encontrassem, se num afeto sem fronteiras abraçava-os, no meu coração, com o mais terno carinho.

Assim é que, prevenidos sobre suas diferenças e a distância que os separava na Terra, não no céu nem no meu bem-querer, acompanhei vovó *Cina*, secundada por Palmira, cão de guarda, até o Carmelo, nos altos do Carlos Prates.

Paralítico, mas bem-humorado, recebeu-nos na sua modesta dependência, guardando-se de manifestar qualquer estranheza à declaração de minha avó, decidida a não deixar dúvida quanto à sua crença.

"Sou espírita, Padre!"

O sorriso no rosto, um tanto matreiro, o santo homem não caiu em nocaute; num imediato reconhecimento de campo, vira-se para Palmira e pergunta-lhe à queima-roupa:

"E você? Também é espírita?"

Pronta e senhora de si, Palmira replica:

"Não, não, senhor! Sou livre-pensadora!"

Allea jacta est!

Por essa ninguém esperava! Monsenhor Messias dá uma boa risada.

Liberadas de censura, a enfermeira e uma sobrinha, ali presentes, começam também a rir. Vovó, ela, sim, em nocaute, comenta, estupefata:

"O Senhor viu? Está vendo? Foi preciso vir até aqui para saber que Palmira, com quem vivo há mais de quarenta anos, é livre pensadora!! Imagine!"

"Antes tarde que antes, minha senhora! Já não há Inquisição!", retruca o Monsenhor, com simpatia.

E tentando reduzir os danos: "Melhor aqui, no Carmelo, onde se faz voto de silêncio."

Era indisfarçável: sentia-se que o santo homem dava tom ingênuo à revelação, não só para contrariar a impressão de ridículo, causada pelo riso, como para afastar a suspeita de infidelidade ou traição pela súbita declaração de independência.

Só Palmira, alvo de seus cuidados, parecia ainda atônita à reação da pequena plateia. Naquele exato momento me passou pela cabeça que era ela, sim, nossa Joana D'Arc. E a fineza de espírito do nosso monsenhor tornara evidente que tomáramos alhos por bugalhos.

Depois de fazer sinal a Palmira para que se aproximasse, ele lhe falou com a simplicidade e o discernimento de ninguém mais no mundo, senão ele:

"Venha cá, minha filha. Fique tranquila. Livre-pensadora e pessoa de bem que você é, Palmira, trabalhadeira e honrada como sabemos, claro que não se prende a nada de mau nem de indigno. É assim que preserva a sua liberdade, a liberdade a que todos temos direito, não é mesmo?"

"É o que eu penso, padre… Só não acho que isso seja engraçado."

"E não é mesmo, minha filha. Se rimos, e também me acuso por isso, foi porque você falou de maneira precisa: tom firme, corajoso. Sem deixar dúvidas. Foi o que causou impacto. É o termo. O que surpreendeu foi sua convicção."

Entre mortos e feridos, todos se salvaram. Deixei o carmelo certa de que o "quiprocó", vivido pela livre-pensadora. permitira que cada um de nós fizesse seu *confiteor*.

Monsenhor Messias aceitou de alma limpa a invasão da intimidade. Contou a todos que nesse dia – edificante! – as horas haviam passado mais depressa que a recitação do terço. Pois conhecera, em carne e osso, uma livre-pensadora, pura e sincera. A primeira, e única, jamais vista.

Aí está. O convento que me levara aos altos do Carlos Prates, à procura do taumaturgo cuja fama subira ao coro da Igreja de Lourdes, continuaria a fazer parte da minha vida.

Primeiro, porque a história da fundação do Carmelo se confunde não só com a história de Belo Horizonte, como também pelo milagre que propiciou a instalação de freirinhas tão esquivas quanto alheias ao mundo numa colina que lembra o Monte Carmelo, o Jardim ou os Vinhedos, os Vinhedos de Deus.

Cumpre lembrar.

Foi no século XII que se fundou em Israel, na cordilheira dos Vinhedos de Deus, debruçada sobre o Mediterrâneo, a Congregação dos Carmelitas, os carmelitas descalços da Ordem da Bem-Aventurada Virgem Maria do Monte Carmelo. Isto é, a Virgem do Carmo, ou do Carmelo.

Tudo que cerca a vinda das carmelitas para a capital de Minas se crisma de bem-aventurança, desde o começo. Monsenhor Messias de Senna Batista, diretor espiritual do Seminário de Belo Horizonte, pouco sabia, antes de 1930, sobre as carmelitas e sua vida espartana.

Assim é que, ao ouvir de um padre amigo o inesperado apelo: "Por que não funda o senhor um Carmelo em Belo Horizonte?", ele o entendera como desafio, e tantas vezes o repetira que acabara por tomá-lo, para si, como missão.

Para bem cumpri-la, entrega-se a uma verdadeira ascese a fim de aprofundar conhecimentos sobre as carmelitas e a vida monacal; questiona-se sobre o próprio engajamento. Avalia, à sua volta, em conversas e pregações, a receptividade dos fiéis à tão grave missão: a de fundar o mosteiro e oferecer clausura, a quilômetros de distância da terra natal, a tão jovens freirinhas.

Tudo lhe parecia tão distante da vida secular como se obrigado a iniciar-se nos modos, na fé e nos costumes da Idade Média.

Não era a mesma coisa que fazer um sermão aos paroquianos ou falar de santos a uma dezena de seminaristas, castos e puros que fossem. Nada disso!

Freirinhas carmelitas... Descalças? E... se fossem, também, obrigadas a silêncio permanente?

Enquanto cozinhava medos, arrepios e aflições no caldeirão do futuro, um milagre se incumbe de pôr fim a tudo: um carmelita descalço, Cornélio Pinto da Fonseca – Frei Paulo Maria, mineiro, anunciava-lhe a existência de recurso financeiro para início imediato da construção do convento.

Tudo estava resolvido; uma beata assumira a responsabilidade de doar a soma necessária à fundação do Carmelo.

Pois é. Ela se chama Lali Bueno Salles.

"Mas... Por quê? Por que assume tão grande responsabilidade? Sem falar nos gastos e desgate, físico e moral! Por quê? Será louca de Deus? Ou... maluca?"

"Mas... diante de sua fortuna... é coisa mínima! Quer dizer... se tão grande quanto se propala..."

"De todo modo, como explicar tamanha fé? Não! Isso é caridade!"

"Quem sabe? Talvez impedida, por doença, de submeter-se à regra do noviciado, pense sublimar, nesse gesto de generosidade, sua frustração... Ou, quem sabe ?, talvez espere receber de Deus a graça da saúde, para tornar-se, ao mesmo tempo, fundadora benemérita e postulante do primeiro Carmelo de Minas."

Só que a empolgante surpresa da boa-nova, transmitida com grande vênia ao arcebispo, não demoraria a desandar.

Mistério... A promessa não se efetivou.

Mas, no toma lá dá cá, nem tudo se perdeu.

"A promessa está de pé", comenta um otimista afoito.

Os dias passam, o tempo passa... Nada!

"Nem uma coisa nem outra, senhor arcebispo. O compromisso foi adiado, apenas adiado. Tenha fé, homem de Deus! Vai concretizar-se, em metal sonante, é o que lhe afirmo, sonante! Quando o bilhete de loteria, adquirido pela beata, for premiado na próxima extração da Caixa e, se Deus quiser, for apresentado e..."

"Ainda acreditas, bom e amado cristão, que Deus possa velar sobre nós, em pleno sertão do Brasil, quando o mundo se encontra em véspera de guerra, o Eixo de alcateia às costas do Ocidente – Hitler e a Gestapo, na Alemanha, Mussolini, na Itália, Hiroíto, no Japão?!"

"Não e não, senhor arcebispo, não se trata do apocalipse! Nem se trata de Deus! A beata reza com os sobrinhos, diariamente, por essa intenção. E não é a Deus que pedem o milagre!"

"Não!! A quem, então?"

"Estão fazendo uma novena, Dom Cabral, uma novena poderosa, a novena ao Menino Jesus de Praga. O senhor não conhece? E os meninos, o senhor sabe, Jesus ama as criancinhas, pois é, os sobrinhos, isto é, os meninos, que repetem, todos os dias, firme e forte: 'Menino Jesus, eu quero!', 'Menino Jesus, eu quero!' O Senhor acha que Deus pode deixar de atender?"

Apesar da incredulidade do eminentíssimo arcebispo, ou talvez por isso mesmo, o Menino Jesus atendeu o pedido!

A sorte grande chegou a tempo e hora à contabilidade da empresa construtora.

Não duvidem! É fato!

No dia 12 de dezembro de 1939, data do aniversário de Belo Horizonte, lançava-se a pedra fundamental do Carmelo num terreno cedido por Dom Cabral, situado na Vila Futura, no bairro Carlos Prates.

Escolhido o administrador, eleito por Deus (não há quem duvide), a planta saiu do chão, cresceu, ocupou o espaço. Contudo, houve obstáculo. Isto é, um pequeno problema: alicerces e paredes erguidos, impôs-se a absoluta necessidade de levantamento de mais e maiores recursos, não só mercê da fé inabalável do empresário José Ferreira Gonçalves, mas também do trabalho. Do trabalho e da força física de dezenas de braços.

Braço a braço, no empenho partilhado de engenheiros e operários, o Carmelo se elevou no horizonte para resgatar em Minas a nostalgia dos vinhedos de Deus: ao eco do milagre, o pacto mútuo para a criação de uma sociedade anônima de abnegação ganharia, caído do céu, o *tertius* que faltava.

Entre 1939 e 1940, e até a véspera da instalação da cumieira, em 1941, não se sabia, e sequer se imaginava, de onde viriam as "pedras vivas" que fariam ecoar no concreto a sublime monotonia do gregoriano hino entoado a Deus, no coração.

Entenda-se. Visto que Madre Maria José de Jesus,[31] priora do Carmelo de Santa Teresa, do Rio de Janeiro, encarregara-se de instruir arquitetos e engenheiros sobre a distribuição das celas e do parlatório, da biblioteca, enfermaria, cozinha, do refeitório, da lavanderia e das áreas de serviço, do jardim, da horta, entre jaculatórias e novenas, acreditava-se, ou melhor, supunha-se, pudessem vir de sua casa as monjas fundadoras... Isto é, as formiguinhas, que cuidariam de tudo. Óbvio!

---

[31] Filha de Capistrano de Abreu, o "Príncipe dos historiadores brasileiros". Coube-lhe redigir, a pedido do cardeal Sebastião Leme, a oração de Consagração do Brasil a Cristo por ocasião da inauguração no Corcovado, em 12 de outubro de 1931, do monumento ao Cristo Redentor.

Entrado o ano da inauguração, o que faz Dom Antônio dos Santos Cabral, primeiro arcebispo metropolitano de Minas Gerais?

Solicita, solenemente, a Dom Sebastião Leme, no Rio, a necessária autorização para que um grupo de carmelitas deixasse o Carmelo de Santa Teresa para transferir-se à capital do seu estado. Nada mais justo. E consequente...

Alto lá! O cardeal Leme opõe-se, energicamente, à transferência das monjas, sob a alegação de que eram, em sua maioria, muito idosas e que as vocações estavam em baixa: não era possível desvestir um santo para vestir outro!

Conta-se, à boca pequena, que o grande receio do cardeal Leme era de que viessem a faltar recursos em Minas para a manutenção das freirinhas humildes, incapazes de defender-se.

De qualquer modo, o grande empreendedor que era Dom Cabral, tendo a seu ativo a construção do Palácio Cristo Rei, sede da diocese, e a fundação do Seminário Eucarístico de Jesus e da Pontifícia Universidade Católica de Minas Gerais, não se deu, nem se daria – jamais!, por vencido.

Altivo e seguro de si, dirige-se ao arcebispo de São Paulo, Dom José Gaspar de Afonseca e Silva, que lhe concede, no ato, a licença para a transferência das carmelitas de sua diocese e, em resposta ao desejo de Lali, autoriza a partida de madre Gema da Eucaristia (*née* Galiana Americano do Brasil), que assumiria como fundadora o priorato do primeiro Carmelo em Minas.

Aos 16 de julho de 1941, madre Gema, a quem chamavam "nossa mãe", inaugurava-o sob o nome de Carmelo de Nossa Senhora Aparecida, assinando, em seguida, a primeira página das *Crônicas do Mosteiro*.

Se "Deus escolhe os fracos para confundir os fortes", a escolha de madre Gema, frágil e de saúde débil, confirmaria o Evangelho. Evidenciou-se, à maravilha, que a divisa da carmelita goiana

"Amar e sofrer" ganharia vigor e alento numa nova expressão: "Amar, trabalhar e sofrer".

A presença amiga, o empenho e a vigilância do professor Christóvão Colombo dos Santos, do empresário Ferreira Gonçalves e de monsenhor Messias, "a tríade sagrada", sobre a qual se ergueram e se fortaleceram as bases da fundação, permitiriam à madre Gema cumprir, sem desfalecimento, seu apostolado.

Pude, então, nos idos de 1957, subir o morro que leva ao mosteiro, na esperança de ver o santo que fazia milagres, e curar-me da alergia de que sofria desde a infância.

Em fase de preparação para o doutorado, e professora por concurso do ensino secundário, afligiam-me as constantes crises de rinite e de asma.

Embora não me sobrasse tempo para prosseguir o curso de Canto no conservatório, sempre dava um jeito de ir à missa das 10, aos domingos, na Igreja de Lourdes, para cantar, no coro ou em solo, acompanhada ao órgão por Auxiliadora Franzen de Lima, nossa regente, e de quem me tornei grande amiga.

Pois foi ela quem me aconselhou a visitar monsenhor Messias, recomendando-me a Mirtes, a piedosa acompanhante do sacerdote. Acontece que fui tão bem recebida e abençoada que passei a frequentar a casa do monsenhor e logo fui tentada a ali permanecer. Para sempre. Não na casa onde ele residia com a sobrinha e família, mas no Carmelo, como religiosa.

Informei-me para isso com a veleira sobre as exigências da irmandade, sobre o enxoval e o montante do dote, pois sabia que, ao fazer voto de pobreza, a carmelita se priva de qualquer bem, contando, portanto, com uma doação da família para o período do postulado. Isto é, a preparação à profissão de fé e aos votos aos quais será fiel até a morte.

Apesar do rigor da clausura, da meditação e da oração diuturnas, do silêncio, da frugalidade da vida monacal e da aspereza do trabalho doméstico – tudo pensado e repensado –, sentia-me segura, determinada a testar minha vocação.

Comecei por solicitar entrevista – o que constava das regras do Carmelo – com a responsável pela admissão de postulantes. Nada havia que pudesse contrariar minha pretensão. Mas a veleira[32] deixara para o fim a pergunta crucial: se minha família era numerosa e se meus pais estavam a par de minha decisão. Respondi-lhe que nada havia a temer, pois não tinha família e à morte de meu pai só me restara minha mãe.

"Quer dizer que é filha única?", interroga a monja, grifando a proparoxítona.

"Única? Sim, senhora."

"Então, minha filha, não podemos aceitá-la."

Minha frustração era visível nas lágrimas que corriam.

Compadecida, a religiosa, com quem conversava diante das grades do parlatório, me oferece sursis: pedisse à minha mãe para acompanhar-me numa segunda entrevista. Gostaria de ouvi-la.

Mais do que ciente do meu amor ao Carmelo, embora ignorasse que esse amor me faria cruzar as portas do mosteiro para nunca mais, minha mãe não se fez de rogada.

Nada foi discutido entre nós.

Já no parlatório, a religiosa repertoriou, sem rodeios, os obstáculos à postulação, referindo-se, extensamente, à diferença da rotina no Carmelo e no mundo, entre o cotidiano da filha única e o da religiosa descalça.

Minha mãe tudo escutou em silêncio.

Ao ser chamada a responder, disse que não via qualquer impecilho à minha vocação, porque nossa vida jamais fora de regalias. Eu estava preparada para tudo.

---

[32] A monja encarregada das relações com o mundo exterior e que conversa, pelo parlatório, com parentes das carmelitas, futuras postulantes ou visitantes.

A freira confronta-a com o embate crucial: o filho único não pode desamparar os pais, e tratava-se ali não de pais, mas de mãe – e viúva, o que era mais grave. Que seria dela no futuro? A filha tinha missão a cumprir no mundo: era arrimo de família. E a família, no caso, era a mãe.

Mamãe não dá por menos:

"Nesse caso, irmã, acompanho minha filha."

Reagi, é claro, com a energia de quem defende a própria vida e seu futuro.

"Se vou partir, só posso partir sozinha, mamãe! É um claustro, mamãe! As carmelitas vivem em clausura!"

E a religiosa, aparteando-me:

"Mas isso não se permite!, minha senhora. Vivemos em clausura, longe da família! O mosteiro não é lar nem pensão, é morada de quem rompe todos os laços de sangue, todas as relações sociais e profissionais. Cada uma de nós tem vida plena, sim, mas em Deus e com Deus. Nossa relação com o mundo e com aqueles que aí vivem, é relação em Cristo Nosso Senhor, de oração pelo bem e salvação dos que não têm tempo para orar ou que tenham perdido a fé. A senhora me entende?"

Vi, ali, no rosto de minha mãe, que minha vocação era outra: permanecer a seu lado, para o que desse e viesse.

Agora mesmo, ao relembrar esse episódio que tanto me marcou, me veio à memória outra cena, anos antes, entre meus 15, 16 anos, não no Carmelo, mas no Sacré-Coeur de Marie, na Serra, quando me surgira o desejo de ser missionária na África, onde a Congregação do Padre Gaillac, as religiosas do Sagrado Coração de Maria, mantinha uma missão.

Embalada pelas histórias de nossas missionárias, traçara o curso da vida em terras áridas, às margens de grandes rios e de cataratas fabulosas, como as Victoria Falls, à sombra da fé e do Sacré-Coeur, mas em Moçambique.

Já professora, e iniciada nos percalços da profissão – 64 horas por semana –, é natural que a ideia de passar dias e noites a estudar e trabalhar, escrevendo e defendendo teses, para aprisionar-me entre as paredes das salas de aula, pareceria castigo se comparada, não mais às missões africanas, mas à rígida rotina do Carmelo, entre orações, penitências e silêncio.

Pois de tudo isso tivera notícia, circunstanciada, durante os anos de amizade filial com monsenhor Messias. Não, não havia comparação possível entre a experiência nas missões, rude e ativa, com a ascese das monjas descalças. Entretanto, iria erguer-se, em ambas as situações, a figura de minha mãe: sobranceira e destemida.

Embora entenda, hoje, que ela, ela, sim, era responsável pelo meu desejo de fuga, fosse na ação missionária, o mais longe possível, fosse na contemplação e na oração, no maior isolamento.

Não, não me imaginava, ainda não, a seu lado para sempre. Porque isso implicaria impor-lhe o meu destino, significaria obrigá-la a renunciar à própria independência e à possibilidade de uma nova união.

Mas o anjo da prudência, aquele que nos contempla nas estátuas de mármore, rosto sereno e dedo erguido, impediu que se consumasse na escolha impulsiva o corte do cordão umbilical.

Permaneceríamos unidas, até que a Indesejada nos separasse.

O tempo passou. À livre-docência na Faculdade de Filosofia, tive a alegria de ver convidado à mesa da banca do concurso o meu querido Monsenhor Messias, transportado em cadeira de rodas ao 21º andar do *Acaiaca*,[33] onde assistiria à minha defesa de tese sobre a poesia de Juana de Ibarbourou.

---

[33] O prédio, na av. Afonso Pena, no centro de Belo Horizonte, onde funcionava a Faculdade de Letras da UMG (antes, portanto, da federalização, quando passaria a nomear-se Universidade Federal de Minas Gerais, UFMG).

Trajado de preto, solidéu à cabeça, também preto, e um chale preto sobre os ombros, para defender-se do frio, Monsenhor Messias foi identificado, na plateia, como a própria poetisa, já idosa, ali presente para inteirar-se do debate sobre sua obra.

Certamente, outra pessoa teria replicado: "Não, não é Juana de Ibarbourou, já vi seu retrato, deve ser a avó da Maria José…"

À falta de tão distantes personagens, diante de auditório lotado por alunos e professores, fui aprovada, "com 10 em tudo", conforme notícia de primeira página, no dia seguinte, à manchete do vespertino local.

Estava habilitada a apresentar-me, dois anos após, ao concurso para provimento definitivo da cátedra em que já exercia o magistério como livre-docente.

Não pude ver à mesa o meu amigo, já falecido. O concurso foi realizado no prédio novo, recém-inaugurado, rua Carangola, 288, no Santo Antônio.

Nos altos do Carlos Prates, onde se vê ainda hoje o Carmelo, a Vila Futura mudara de nome, passara a chamar-se Monsenhor Messias. A Casa Alcina, de flores, já não existia, mas, com minha avó ainda viva, pude justificar, perante o prefeito, o pedido, endossado por seu chefe de gabinete, para que se atribuísse o diploma da Ordem dos Pioneiros à proprietária do primeiro ateliê de flores artificiais de Belo Horizonte.

Minha avó, velhinha, não saía de casa. Encarregaram-me, por isso, da entrega da comenda e do diploma de "Florista Pioneira de Belo Horizonte, a nova capital de Minas Gerais".

Como "as glórias que vêm tarde já vêm frias", vovó preferiu que eu mesma os guardasse. Passariam ao museu da cidade.

Ao sequestrá-la de mim, a "Indesejada das gentes" condenou à glacial mudez a mais doce e terna das criaturas. E opôs-se, friamente, a seu compromisso solene: confirmar-me, do além, a existência de outras vidas e reencarnações.

Voltemos, enfim, ao bom hábito do vinho à refeição, adquirido por minha mãe à mesa de Alcina e Gibraltar de Souza e entronizado, nas datas festivas, no seu próprio lar (uma vez assegurada a presença e conivência do futuro marido, João Raimundo Nonato de Queiroz, meu pai, durante o tempo de noivado à sombra do casal).

É certo que João de Queiroz, o noivo, se deu a conhecer e fez-se estimar no sobrado da rua Rubi, pelos únicos convidados, e também testemunhas, do ato civil do casamento. Após breve passagem pela igreja da Floresta, onde receberiam as bênçãos do vigário, os noivos partiram a passeio, de trem, até Nova Lima, a 31 km de Belo Horizonte. Nada mais.

Em data tão especial, os parcos recursos não lhes permitiram, apesar dos pesares, qualquer extravagância. Mas o futuro haveria de compensar-lhes a falta do vinho à mesa: primeiro, nas comemorações do aniversário de minha mãe, a 6 de agosto, quando meu pai fazia questão de almoçar em casa ou, ainda, anos mais tarde, pelos idos de 1940, quando o casal começaria a frequentar a Casa do Baile e o Cassino da Pampulha, durante a gestão de Juscelino como prefeito de Belo Horizonte.

O tempo passou, e já em 1943, as harpias anunciariam luto próximo e a Indesejada bateria à porta, privando minha mãe, em 1944, do marido, e a mim, do pai.

Mal entrado nos seus 33 anos, eu ainda menina, o que dele retive foi o que vi nos retratos em que apareço a seu lado, ou entre ele e minha mãe. O que sei sobre quem foi e o que fez se deixa imaginar na pasta de couro, com seu nome gravado, transportada, burocraticamente, ao trabalho, além de duas pequenas reproduções de uma exposição de orquídeas, por ele organizada, na Feira de Amostras; relíquias que me remetem ao passado, cada dia mais distante, e a lembranças que tento envultar, antes que a memória tudo confunda em massa informe, sem olhos, sem voz e sem alma.

No empenho de resgatar do olvido o que foi gesto e palavra, busco nos traços captados pelo instantâneo a prova do milagre da vida.

Esse museu de imagens se apropriaria de minha torre de papel: meu pai, minha mãe, meus avós, meus mestres, meus amigos, ei-los todos aqui.

E fazem eco a Neruda: *Confieso que he vivido*.

Ao resgate do tempo perdido, lembro-me, quando do falecimento de meu pai, da mão de meu tio sobre a minha cabeça e das lágrimas que lhe corriam dos olhos, molhando meus cabelos e caindo no chão, em círculo, em torno de meus pés.

Nesse mesmo dia, de cinza, luto e de ira, minha mãe receberia arrepiante sentença de degredo: o irmão de meu pai, primogênito dos Queiroz, lhe anunciaria, sem choro nem vela, o "fim do cunhadesco".

Ao revelar a vovó *Cina* tamanha crueldade, esta meteu-a em brios e intimou-a a deixar, imediatamente, a casa do sogro. Chegara a hora de retomar a rotina e viver, por sua conta e risco, com a filha; visto que as aulas recomeçariam em março, não havia tempo a perder.

Dito e feito.

Foi assim que voltamos ao nosso lar – a casa em que morávamos, antes do acidente sofrido por meu pai.

A longa hospitalização, de outubro de 1943 a fevereiro de 44, quando veio a falecer, obrigou minha mãe a fazer-lhe companhia e a deixar-me sob a guarda de minha avó paterna, no bairro do Horto.

Apesar da distância, continuei a estudar no Barão de Macaúbas, na Floresta, onde estava matriculada. Se não cogitaram de minha transferência a uma escola mais próxima, havia fortes razões para isso: a primeira, e principal, porque era outubro, véspera de provas, e o ano letivo terminaria em dezembro; a segunda, e particular, porque eu "adorava" a professora, a poetisa Eurídice Fernandes Goyatá.

As aulas chegariam a seu fim, não as férias. Antes que a escola reabrisse as portas, eu já era órfã. Mas antes de dirigir-se ao bloco cirúrgico, para amputar a perna grangrenada, meu pai pedira a minha mãe que não pusesse luto e preservasse minha infância das penas da orfandade, que o recordasse com alegria, era o seu desejo.

O pedido se cumpriu, tanto por minha mãe como por minha professora, que cuidou de recomendar aos alunos especial atenção à coleguinha que acabara de perder o pai...

Zelo inútil! Raros foram aqueles que não me perguntaram do que meu pai tinha morrido, se eu ia usar fitinha preta na manga, se tinha ido ao cemitério e se tinha chorado muito...

Aprendi cedo o que é a curiosidade mórbida e, o pior, descobri que cabendo à Repentina a escolha da vítima, melhor será que o luto recaia sobre o próximo...

Cabe lembrar: a perda do cunhadesco não nos tornou mais pobres nem mais infelizes. Pouco dada a melindres, minha mãe jamais negou o vínculo civil que a unira aos Queiroz, do meu avô paterno, nem aos Fernandes Vieira, de minha avó materna. Continuaria a assinar, como é de praxe, o sobrenome do marido, o único, aliás, a registrar-se na minha certidão, em detrimento de Camargo e Alves da Costa, seus sobrenomes de família.

Embora fôssemos mais íntimas dos Camargos e dos Costas, não deixamos de frequentar os Queiroz nem os Fernandes Vieira. Houve prima de meu pai que aprendeu a fazer flores com minha mãe, morando em nossa casa, e outra, sobrinha dessa mesma prima, ambas Fernandes Vieira, a quem emprestamos mais de 100 milhões de reais, ainda hoje em débito. E mais: Inês, a matriarca, irmã de minha avó, que residia com o marido e os filhos na "Abadia", periferia da cidade, ficaria a dever aos bons préstimos de minha mãe a mudança para a rua Ceará, no bairro dos Funcionários.[34]

Altiva, soberana, minha mãe se esmerava no trato à família do marido e fazia questão absoluta de que a filha cultivasse, com especial distinção, os laços com avós, tios e tios-avós.

Nenhum deles esteve ausente de minha formatura do clássico, no Sacré-Coeur de Marie, quando recebi algumas medalhas e fui oradora da turma.

Nessa mesma ocasião, lá estava, Leica em punho, o cunhado sem cunhadesco, orgulhoso da filha do irmão, registrando, "para a posteridade, o retrato de família".

Nos lábios, o mais belo dos sorrisos, a viúva de João de Queiroz se deixava fotografar ao lado dos Fernandes Vieira, Queiroz e Camargo da Costa, como entre Osórios e Tymburibá, Assis Assunção e Alves de Oliveira – sobrenomes esses que vieram juntar-se aos consanguíneos, após o casamento das irmãs.

Ao abrir-se, por necessidade e opção, o leque de minhas atividades – de estudante a professora –, nosso círculo de amizades se afeiçoaria à circunstância.

Explica-se: não há quem fique indiferente a uma nova relação, baseada na confiança e admiração recíprocas, à luz do conhecimento e de sua transmissão ao Outro.[35]

---

[34] Em meados do século XX, minha mãe ajustara, como fiadora, o aluguel de um barracão nos fundos da casa de D. Maria Moreira, amiga e vizinha de minha avó materna, com quem morávamos, à rua Ceará, 778, para os Vieira Kelles. Foi então que deixaram a Abadia e se instalaram no bairro dos Funcionários. Ao final do século, em 1996, a generosidade de minha mãe seria correspondida por delito imperdoável dessa mesma família. E tivemos de recorrer à Justiça após dívida contraída por Lúcia Kelles e o marido, Caubi Tupi da Fonseca. Nosso advogado, Maurício Brandi Aleixo, encarregado da defesa, receberia, em pagamento fraudulento, imóvel já arrestado e habitado por um certo Sr. Neme, mais um dos credores do delinquente. *Vade retro!*

[35] Pesa-me contudo admitir que isso nem sempre ocorra: a escola risonha e franca rima, hoje, com enfadonha, senão medonha, e as barbas brancas do mes-

Teríamos fortalecida, ao longo dos anos, essa experiência, desde as aulas particulares de Piano e de Canto, com D. Glorinha Osório, D. Elvira Bracher Prates, D. Carmem Rabelo do Couto e Silva e o já mencionado Luís Melgaço, a que sucederiam D. Celina dos Guimarães Peixoto e o maestro Sérgio Magnani.

Num repetido corolário, entre o dar e o receber, incluem-se os professores de Francês, da UFMG e da Aliança Francesa, que nos dariam a conhecer, nas salas de aula e nos corredores da instituição, em Belo Horizonte, não só os requintes da formação das *grandes écoles* – a elite intelectual – como as sutilezas da *politesse française*.

Apenas os professores de Canto, grandes intérpretes do Metropolitan Opera House – Martha Lipton, e da música de câmera – Pierre Bernac, íntimo de Poulenc, e seu maior intérprete, permaneceriam distantes, se bem que cordiais; com eles mantive apenas relação de aprendizado. Poucos, mesmo raros, os professores com os quais nosso conhecimento, inicialmente profissional, não se convertesse em amizade, grande amizade, partilhada entre mim e minha mãe. Visitavam-nos com frequência, almoçavam conosco, tornando-se, muita vez, amigos de nossos amigos.

Jamais prevaleceria, entre nós, a distância que separa gerações, mantendo, à parte, amigos e amigos, pois aqueles que me distinguiram com amizade duradoura, estavam todos na idade madura, visto tê-los conhecido como mestres, e, precocemente, como colegas.

---

tre, já sem rima, são negras, os jeans rasgados e descorados. O silêncio, propício ao aprendizado, deu lugar ao tumulto e ao crime. Conheço, suficientemente, o magistério, nas duas especialidades – Música e Letras –, como também o meio em que vigem e se trasmitem, após uma breve, antes pomposa, "colação de grau"... Seria por isso oportuno, no caso do magistério, assistir ao filme *La prof*, emissão do canal franco-germânico ARTE sobre o ensino secundário na Alemanha. O meio e origem do filme importam pouco. Embora se trate de ficção, é universal: a arte copia a vida (Cf. Artetv. Realização: Tim Trageser, 27/08/2011).

Entre os contemporâneos – do ginásio, do colegial e do curso superior – como também colegas de profissão, mantive, com raras exceções, relações de amizade.

Que fazer? Entre aulas, concursos e o conservatório, não me sobrava tempo para conquistar amigos nem manter laços duradouros. A simpatia espontânea poucas vezes alcançaria o tom, ou a força do afeto perene, regado pela presença e o convívio que se alongam anos afora.

Só poderia citar o longo e profundo bem-querer a Pituchinha, minha contemporânea, no Sacré-Coeur de Marie, a Zoé Gouveia Franco, da Faculdade de Direito, a Dirce Vieira França, secretária da antiga Faculdade de Filosofia, amigas da vida inteira.

Nesse balanço afetivo, o nosso par resistiria a todas as estações e a todas as mudanças, do hemisfério Sul ao hemisfério Norte, na alegria e no sofrimento, nas apreensões das dívidas contraídas, no ir e vir de compra e venda de uma casa a outra, até aquela que seria "a nossa casa".

Foi com minha mãe que sempre contei para ouvir-me e infundir-me ânimo, nos momentos de maior gravidade como nos de alta distinção e enervante solenidade: por ocasião das provas parciais, dos exames finais e dos inúmeros concursos a que me submeti, de acesso às cadeiras do ensino público – estadual e federal, no momento do cuac, quando as clarinadas do êxito sucediam ao medo e à angústia. Abraçadas, chorávamos… de alegria!

Os concursos, todos eles nos mantinham num *crescendo* de ansiedade, porque públicos, e alguns deles de grande exposição à mídia: os mais árduos, de frequência regimental pelos catedráticos da UFMG, "claustro pleno", destinados à obtenção dos títulos de doutor e de livre-docente, e, pouco adiante, o do concurso para provimento de cátedra na Faculdade de Letras. Esse, praza aos céus, o derradeiro.

Verdade é que, tal como os calouros, expostos a vexame, submetiam-nos, após anos de trabalho, a provas e mais provas, no sentido próprio e no figurado, até a comemoração festiva, tormento dispensável.

Ao último desses exames seguiria, ainda, com pompa e circunstância a solene investidura da cátedra. A tudo isso minha mãe assistia. E resistia, solidária e firme.

Mais tarde, anos mais tarde, a longa jornada nos levaria ao destino final. Lá estava ela, a meu lado, no salão do Institut des Études Portugaises et Brésiliennes, atenta ao discurso de adeus à Sorbonne, proferido pelo prof. Raymond Cantel, *doyen* da Universidade de Poitiers e *directeur* do Instituto.

A esse mesmo discurso sucederiam as palavras de agradecimento em que prestei testemunho de gratidão aos grandes mestres que me haviam precedido naquele departamento – Pierre le Gentil e Léon Bourdon, o mais cordial *"patron"* e meu melhor amigo em dois anos letivos, e mais um, quando convocada a substituir Paul Tessyer, reitor da Université de Dakar, mantido no posto a pedido do *normalien et président* do Sénégal, Leopold Sédar Senghor.

Nessa tarde outonal, fria e nevoenta, o *vin d'honneur*, de doce melancolia, nos serviria de aperitivo.

Jantamos, minha mãe e eu, em frente ao Jardin du Luxembourg. *Les jeux sont faits. Rien ne va plus*, teríamos dito.

Mas os laços com a universidade francesa jamais se desatariam. Voltei a lecionar em Lille e em Bordeaux, como *professeur associé*, e em Aix-en-Provence, como *professeur invité*. Mercê do alerta de uma boa amiga, pude aposentar-me em 2011. Ao ter conhecimento de que não me aposentara como professora, após tantos anos de trabalho, fez questão de acompanhar-me à CNAV para que encaminhassem o pedido de aposentadoria.

Num abrir e fechar de olhos, menos de seis meses!, me foi atribuído o título de aposentada e passei a receber uma pensão (minima, é fato), mas que me permite apresentar-mc, sem ultraje, como *ancien professeur associé à l'Université Paris / Sorbonne...*

Dentre nossas muito queridas e próximas amizades, além de monsenhor Messias, tivemos amigos ternos e eternos, como os casais Noêmia e Eduardo Frieiro, Alaíde Lisboa e José Lourenço de Oliveira, José Carlos Lisboa, Odette e Heli Menegale, pais da pianista Berenice Menegale, a família Borges da Cunha, de Congonhas do Campo, à qual nos ligamos por intermédio da filha, Pituchinha, contemporânea no Sacré-Coeur, que, interna, passava os fins de semana e os feriados comigo e minha mãe no modesto barracão onde morávamos.

A ligação com a família Lisboa vem de longe, bem longe: da década de 1940, quando minha mãe recebera encomenda de flores da poetisa Henriqueta Lisboa, irmã de Alaíde, também escritora, e autora de *A bonequinha preta*, que líamos no primário.

Explica-se, portanto, a estima que nos uniria mais tarde, ao tornar-me aluna de José Lourenço de Oliveira, professor de Latim, e de D. Alaíde Lisboa de Oliveira, professora de didática de Português, como também do seu irmão, José Carlos Lisboa, professor de Língua e Literatura espanhola.

Nessa ocasião, minha mãe revelaria à D. Alaíde e ao professor Lourenço que, ainda menina, ao responder à pergunta que fazem às crianças: "Que é que você quer ser quando crescer?", respondi sem hesitar: "Quero ser D. Henriqueta."

Entenda-se. Minha mãe citava sua obra com tamanha admiração que, ao vê-la, tão pequenina, quase diáfana, eu ficara maravilhada. D. Henriqueta convertera-se, a meus olhos, na essência do poético – o inefável, de impossível definição.

Ao escrever sobre seu livro *Além da imagem*, convenci-me de que tudo quanto descobria nos seus versos tinha para mim o gosto do *déjà vu*: a matéria de que os sonhos eram feitos. E ainda hoje a lembrança que guardo de Henriqueta Lisboa é a de um ser etéreo, um querubim.

Durante os três anos de estudo aturado de Filologia latina, instruída por análise minuciosa dos textos de Lucrécio, *A natureza das coisas* (*De natura rerum*), da *Eneida,* de Virgílio, dos versos de Horácio e de Ovídio, assombrava-nos, é certo, a erudição do professor Lourenço, humanista profundo, ex-caracense, denso e um tanto brusco, é fato, mas operoso, madrugador.

Madrugava na faculdade. Antes das 7 da manhã. Ao entrarmos na sala, encontrávamos, transcrita "na pedra" (assim nomeava o quadro negro), a matéria do dia: textos grandes, manuscritos a giz, e lidos ao início da aula, na bela voz empostada, e dicção fonética exata do latim reconstituído – latim duro, arestoso, ouvido em todo o corredor do 19.

Faltava-lhe a elegância do cunhado, a gesticulação barroca, a cigarrilha e as volutas de fumo que dançavam no ar.[36]

Caballero de verde luna, erudito de grande escola, ao modo e maneira de um Entrambasaguas, seu eminente colega espanhol, José Carlos Lisboa, nosso professor de Língua e Literatura espanhola, preservara, a par do refinamento, o rigor dos *maestros de escuela del Siglo de Oro*: rigor extremo!

Era o mais severo corretor das provas parciais e dos trabalhos de classe: especial e pontualmente, ao avaliar nosso conhecimento e prática dos verbos em castelhano. Era implacável! Devotávamos-lhe, em silêncio recolhido, o mesmo respeito que o seu humilde assistente, Fernando de Freitas, não a mesma veneração.

O professor Lisboa dividia-se entre a cadeira que regia na UFRJ e a da UFMG. Após estada quinzenal em Belo Horizonte, delegava ao assistente, entretempo, o ensino da gramática castelhana: à vista e à leitura em classe, de autores espanhóis, objeto das aulas magistrais.

---

[36] Ainda se fumava em sala de aula (os professores, é óbvio). E, também, durante as reuniões da congregação. O que me obrigava, de volta a casa, a lavar a cabeça, pois sofria crises de asma ao deitar-me. E havia pior: professores que fumavam cachimbo! Alguns deles, charuto!

Era quando nos ensinava a identificar, pelo estudo do texto, à míngua de qualquer indício de época, a escola ou movimento a que pertencia o autor.

Constituía-se nesse enigma o ponto crucial das questões propostas nos exames de fim de ano: cabia-nos descobrir não só o autor do trecho escolhido, como a época em que fora redigido e sob que influências. Vale dizer: à luz de suberfúgios, apenas insinuados, vezos ou marcas identificáveis do movimento ou escola a que pertencesse, fosse pela forma – escolha do léxico, expressões, métrica livre ou não –, fosse pelo estilo – requintado, sóbrio ou vulgar – e por fim, datas ou décadas prováveis da criação.

Em suma, a ficha completa do autor, desde o nascimento – data plausível e, se possível, a região, se comprovável pela linguagem – à forma e ao estilo: seu e de época.

Líamos, todos, um livro por mês: prosa ou poesia, ao gosto de cada um. E com ele, numa dicção primorosa, *castiza*, aprendemos até mesmo a fazer ditado.

Lápis ou caneta à mão, toda-ouvidos, o olhar atento ao movimento de seus lábios, a sala inteira aguardava o alerta do professor Lisboa: *De cada golpe les doy un verso* ou *una linea, un párrafo.*

Atenção! A tudo assistia, boquiaberto, o assistente, Fernando de Freitas.

Sentado, como nós, numa das carteiras da sala, bebia as palavras do mestre. E sabíamos que, além da pasta, quando na faculdade, se encarregava também, de recebê-lo na estação ferroviária ao desembarque do *Vera Cruz*,[37] incumbindo-se da bagagem, antes de conduzi-lo à casa da irmã, com fineza de mordomo.

Não se enganem! O bom Fernando procedia, em tudo, com extrema modéstia, humildade, melhor diria. Era talvez por isso infeliz, muito infeliz. O que se comprovaria por ocasião de um

---

[37] Trem de luxo, noturno, que fazia o itinerário RJ-BH-RJ, e cujo terminal era em Belo Horizonte, a estação da Central, na Praça Rui Barbosa.

inquérito promovido na Faculdade de Letras, já no prédio da Carangola, quando os alunos o criticaram duramente, declarando-o inculto e mau professor.

Fui chamada a participar da Comissão de Inquérito, e pude, felizmente, convocar os queixosos e fazê-los entender que timidez e modéstia não se podem confundir com fraqueza nem incompetência. E quando me tocou também falar ao professor Freitas, ele, quase em lágrimas, me disse: "Eu preferia vender manteiga no Mercado Municipal, Maria José. Não fui feito para isso".

Compreendi, com imensa pena, que o "para isso" tanto se referia à vergonha por que passava, como também à falta de vocação para o magistério.

Depois desse episódio, nosso professor, embora na força da idade, passou a esquivar-se a todo contato: cabeça baixa, subia a rampa a grandes passos, esgueirando-se, como sombra, até o sétimo andar. Assinava o ponto e seguia, imediatamente, à sala de aula, de onde saía pouco antes do soar da campainha, para não deparar-se com os colegas.

Assim procederia até que o câncer viesse livrá-lo do castigo de ganhar o pão de cada dia à expensa da saúde e do gosto pela vida.

José Carlos Lisboa teria melhor sorte. Depois de viver anos a fio com uma senhora desquitada, e impedida de casar, pois não havia divórcio no país, pôde enfim, após a promulgação da lei do divórcio, legalizar a união e apresentar a legítima esposa à TFM.

Mas a satisfação seria breve. Passados alguns meses, a mulher declarou-lhe, à mesa, à queima-roupa, que já não o amava.

José Carlos não esperou que a noite caísse. Voltou a casa, à tarde, acompanhado de escrivão, para legalizar o divórcio. A mulher reclamou, chorou, protestou. Acabou por confessar-lhe que fora coisa leviana. Impensada. Involuntária.

Inútil. Gente do sul de Minas não dorme com espanto.

Antes, porém, da participação aos amigos do novo estado civil, deparou-se nosso professor com mais sério desafio: apresentar-se a concurso para não perder o posto na UFRJ.

Venceu-os, todos, morais e intelectuais. Bravamente.

Propalava-se, nos corredores, que uma bela ruiva, professora de Inglês no Rio, era a mais atenta espectadora das provas públicas do concurso. Havia de tornar-se evidente, à defesa de tese, não só a ansiedade com que ouvia as observações dos examinadores como a satisfação ante a contestação pronta e bem-fundada do candidato.

O *grand finale*? Terminado o concurso, aprovado o candidato (único) ao provimento da cátedra de Língua e Literatura espanhola, foi ela a primeira a abraçá-lo e beijá-lo. Um ano mais tarde, o brilhante catedrático nos participava (aos 68 anos de idade) o nascimento de José Carlos Lisboa filho.

A TFM abriu os braços para acolher com grande alegria o caçulinha do clã, que, criado pelo pai, novamente solteiro, havia de converter-se no mais precoce e num dos mais brilhantes descendentes de João Lisboa, membro da Constituinte mineira.

Que fez o professor Lisboa? Mudou-se para Belo Horizonte com o filho e os livros. E seriam muito felizes até que a Indesejada os separasse.

Nesses dias de vida serena e de muita literatura, minha mãe e eu descíamos frequentemente ao Rio, com o dois Lisboa, pai e filho.

O professor perdera o ar severo. Não mais inspirava apenas respeito, mas afeição, grande afeição, também da parte de minha mãe. E, assim, toda a família Lisboa, nela incluída o queridíssimo professor Lourenço e os filhos, Abigail (Bibi), Zé Carlinhos (o segundo José Carlos), Maria e Silvinho.

Ao fim do concurso de acesso à livre-docência, D. Alaíde ofereceria a casa para que recebêssemos, minha mãe e eu, os cinco examinadores da banca julgadora, além de colegas e amigos da

UFMG que haviam acompanhado, fielmente, durante seis dias, a cansativa sucessão de provas, claustro pleno, auditório apinhado de curiosos, professores e alunos, muitos deles sentados às janelas e no chão.

O concurso de candidatura à livre-docência era a porta estreita pela qual passavam os licenciados e doutores interessados em substituir os professores catedráticos, quando ausentes, por motivo de saúde, ou em férias-prêmio, mais longas que as férias escolares.

A exemplo da *libera docentia*, praticada na Alemanha, não assegurava direitos aos docentes, servindo-lhes porém de título apreciável num futuro concurso para provimento de cátedra.

Iniciavam-se os trabalhos pelo julgamento dos títulos apresentados pelo candidato e avaliados em sigilo pelos membros da banca, passando-se, no dia seguinte, a portas fechadas, à primeira prova – a prova escrita, constituída das matérias do curso de Literatura hispano-americana, a cuja cátedra o livre-docente teria acesso temporário, se aprovado e convocado, posteriormente, para o exercício do magistério.

Apresentei-me, portanto, no segundo dia, sobraçando uma rima de livros de referência, dos quais se permitia a consulta durante duas horas, após sorteio do tema a abordar, não mais que oito horas, numa dissertação manuscrita. Adicionem-se portanto: duas horas de consulta às obras de referência mais oito horas para a redação = dez horas.

Terminada a consulta à bibliografia, recolhia-se todo o material, à exceção do papel ofício em branco, canetas, lápis e borracha, permanecendo o candidato sob estrita vigilância, ainda que manifestasse – pode-se supor – o desejo de ir ao toalete. Daí, a presença, eventual, de fiscais femininas (no meu caso).

À entrega das laudas da prova escrita, o secretário, assistido pelos examinadores, mete-as dentro de um envelope que, uma vez lacrado, sobrescrito e firmado pelos cinco examinadores, é depositado, sob chave e segredo, no cofre da diretoria, até o dia seguinte.

Terceiro dia: entrega, pelo secretário, do envelope lacrado a um dos examinadores, presidente da mesa, que o exibe aos demais, antes de romper o lacre e entregar as laudas ao candidato, enquanto se postava à sua pequena mesa um copo d'água à disposição.

O diretor da faculdade convida os examinadores a tomar assento e abre a sessão, dando a palavra ao presidente, um dos examinadores, que nomeia, em seguida, dois dos colegas para o ato de leitura da prova escrita pelo candidato. Os professores escolhidos ladeiam-no à direita e à esquerda.

A leitura da prova faz-se com uma interrupção: após a leitura de seis laudas, a candidata pede licença para beber àgua. Alguns segundos depois, já retomava a tarefa que seria concluída à leitura da décima segunda lauda.

A prova é recolhida pelo secretário e a candidata tem permissão para deixar o recinto. Tal como no dia anterior, os examinadores depositam na urna uma nova cédula: a da nota atribuída à dissertação.

Sorteia-se, no quarto dia dos exames, o tema para a prova oral. O próprio candidato retira dentre os tentos numerados, e recolhidos numa bolsa, aquele que consta da matéria do programa da cátedra, organizada e mantida em sigilo pela banca.

Sorteado o número correspondente ao tema da aula a ser ministrada 24 horas após, anuncia-se aos presentes, *viva voce*, o conteúdo mais a hora e duração da aula, de 55 minutos.

Quinto dia: aula pública, claustro pleno, cronômetro com campainha já armado. O secretário declara não admitir-se atraso nem antecipação à exposição em aula pública. Cinquenta e cinco minutos – nem um segundo a mais, nem a menos.

Dei a aula com muita calma, atenta, sempre, ao relógio de pulso. O curioso é que a campainha do cronômetro soou quando pronunciava a última palavra. Corri à mesa, agarrei o cronômetro e encerrei a última sílaba.

Sexto dia: defesa de tese. Faculta-se meia hora de apreciação e contestação de argumentos expostos na tese a cada um dos cinco examinadores – dois de casa, da própria universidade, e três de fora, isto é, de outras universidades, de fora do estado ou do país.[38]

Ao candidato se oferece igual prerrogativa: meia hora de defesa, num vis-à-vis com cada um dos arguidores.

Concluídas contestação e defesa, cada um dos membros da banca introduz na urna o envelope com a nota atribuída. O secretário anunciaria, em seguida, 15 minutos de descanso.

No vaivém de gente que entra e gente que sai, ruído de cadeiras e comentários à meia-voz, permite-se também ao candidato um instante de calma.

Levanto-me e vou até a cadeira, à segunda fila, de onde minha mãe acompanhara a defesa.

"Fique calma, filhinha. Não se exalte. Daqui a pouco tudo termina. E termina muito bem, você vai ver."

Os amigos mais próximos e colegas vêm cumprimentar e desejar-me boa sorte. Lembro-me, ainda hoje, de que o mais opressivo nesses concursos é, justamente, o isolamento do candidato. Exposto a todos os olhares, o sentimento de solidão é pungente. Eu podia, praza aos céus, olhar para minha mãe. Mas entenda-se, embora sua presença me confortasse e me infundisse coragem, eu estava só, continuava só! Numa luta íntima comigo e contra mim, na angústia da dúvida. Como é que tudo isso vai terminar?, eu me perguntava.

Somos, ali, objeto de juízo. Estamos sujeitos a julgamento. E não temos a menor ideia do que passa pela cabeça dos juízes. Essa, a realidade, nua e crua. E não foi preciso aprendê-la nos livros.

---

[38] Foi o caso, nesse concurso, do convite ao professor e escritor uruguaio Braulio Sánchez-Sáez, da Universidade de Montevidéu.

Antenor Nascentes, o grande filólogo, autor do nosso primeiro dicionário etimológico, membro da banca do concurso para provimento de cátedra, contou-me que mantinha os olhos cerrados para não dar a conhecer o que sentia ou pensava. Minha angústia tinha razão de ser.

Voltei à mesa.

Alunos, professores e colegas retornam, ao mesmo tempo, aos seus assentos. A sala se enche. Vejo o secretário diante do quadro-negro. Os membros da banca se dirigem à mesa. A congregação reunida, claustro pleno, aguarda a entrada do diretor.

Já sentado, o professor Veloso reabre os trabalhos.

Giz à mão, o secretário divide simetricamente o quadro-negro, dispondo as etapas do concurso – Títulos / Prova Escrita / Aula / Defesa –, objeto de julgamento pelos examinadores, cujos nomes se alinhavam à esquerda, a fim de anotar, à citação de cada etapa pelo presidente da mesa, os valores por eles atribuídos ao desempenho do candidato.

Ao reassumir a direção dos trabalhos, o mesmo presidente convoca um dos examinadores a proceder à abertura da urna e dos sobrescritos que lhe seriam entregues para imediata divulgação pública: em alto e bom som.

O secretário se apruma. O braço direito levantado, espera a leitura da avaliação dos títulos. A tarefa teve início quando, uma a uma, as notas ocuparam os espaços vazios – vinte ao todo. No retângulo traçado a giz, exibiam-se, *piano piano*, os valores da avaliação e qualificação da candidata.

 Aprovada nos concursos anteriores – de títulos, provas e defesa de tese –, habilitava-se, portanto, à diplomação e investidura do título de doutor em Letras neolatinas e de livre-docente de Literatura hispano-americana.

Assinale-se, ainda, a prerrogativa de substituição, embora interina, do catedrático, se ausente, e a da candidatura a concurso para provimento da mesma cátedra à vacância do ocupante, ou de cátedra em que se comprovasse compatibilidade de matérias.

Tudo terminado, coube ao diretor, após encerramento da sessão, agradecimento formal aos presentes, e, no caso, dirigindo-se a mim, felicita a candidata "por haver resistido a essa prova de conhecimento e, por que não dizê-lo?, de resistência física e moral. Tenho dito".

Minha mãe e meu tio Amaro, mais D. Noêmia e o professor Frieiro, além de nossa secretária, Dirce Vieira França, foram os primeiros e abraçar-me.

Era madrugada.

Ambos os concursos foram, de fato, provas de resistência. Não só minha como de minha mãe, que vira o futuro da filha encaminhar-se ao mais alto grau da carreira, já no primeiro concurso, ainda no *Acaiaca*, e firmar-se, efetiva e definitivamente, ao término do segundo, no prédio da FAFICH, na Carangola, ao conquistar, a título vitalício, a cátedra de Literatura hispano-americana, da Faculdade de Filosofia da Universidade Federal de Minas Gerais, vaga à jubilação de Eduardo Frieiro, seu fundador.

O mais curioso é que jamais pensamos no esforço a despender nem cogitamos, minha mãe e eu, fosse de tédio ou cansaço, de penas nem danos por vir. Era o que tínhamos a fazer. E pronto!

Se mudança houve, na minha vida, foi logo após o primeiro concurso: poucos meses mais tarde, o professor Frieiro partiria para a Europa, em gozo de férias-prêmio. Coube-me, então, assumir a cátedra, a título interino.

De qualquer modo, era evidente que o catedrático, muito a propósito, fizera suceder às férias-prêmio a própria aposentadoria: já em 5 de julho, ao completar 70 anos cairia na compulsória e, assim, cronologicamente previsto, não seria obrigado ao retorno à sala de aula.

Tudo se fez, por conseguinte, segundo o seu desejo: o de poder partir sem criar problemas para a faculdade, pois havia docente-livre, apto a substituí-lo.

Procedeu-se, portanto, à imediata nomeação do livre docente para o posto.

Então, só então, entendi a trama em que me deixara prender e a razão pela qual o professor Frieiro, catedrático de Literatura hispano-americana, me aconselhara a não aceitar a bolsa de pesquisa oferecida pelo Capes francês, com vista a um doutorado em literatura francesa.

E… acrescente-se: Maurice Vouzelaud, *normalien*, nosso professor de Literatura francesa, se comprometera, com o órgão responsável pela atribuição de bolsas de pesquisas na França, a incumbir-se, pessoalmente, da escolha de um candidato.

Não bastava, na ocasião, embora exigência *sine qua non*, a conclusão do curso superior no Brasil e que o candidato se mostrasse interessado no estudo da cultura e literatura francesas. O que de fato importava é que tivesse "a firme intenção" de fazer carreira na universidade, tornar-se professor a fim de assegurar, como os demais bolsistas da América Latina, a divulgação da cultura francesa no continente.

Eis o que explicaria o professor Vouzelaud ao nosso diretor, após encarecer-lhe que lhe cabia manifestar não apenas o desejo da instituição francesa à qual representava. Era certo e legítimo que a doação de uma bolsa de estudos no seu país à aluna da UFMG tinha por definida, e definitiva, implicação didática.

Visto tratar-se de doutorado em literatura, atribuía-se especial interesse em credenciar o futuro doutor, de *prime abord*, ao ensino da literatura francesa e… não, por exemplo, à tradução, à crítica literária e tantas outras especialidades que um *doctorat ès lettres* pode propiciar.

Havia a intenção de eleger, formar e encaminhar, fosse ao ensino secundário, fosse ao ensino superior, os novos doutores. Não se gastava dinheiro nem tempo para o puro gozo do ócio. O que representava, de fato, a maior virtude dessa bolsa, além e aquém Atlântico, com sábados, domingos e férias para repouso.

Acontece que o catedrático de Literatura hispano-smericana acalentava, também ele, com igual empenho e maior necessidade, a intenção de desapropriar o colega Vouzelaud, da École Normale Sup, da candidata à cátedra de Literatura francesa.

Embora muito me pesasse a perda de tudo que significava para mim a estada em Paris e a possibilidade de candidatar-me, ao regresso, à cátedra de Literatura francesa, rendi-me à razão e disse a *Monsieur* Vouzelaud: *Malgré tout ce que j'aurais à gagner, les jeux sont faits, Monsieur. Rien ne va plus. Je reste.*

Foi o dia do Fico. Não me era possível renunciar ao que conquistara. Diante do dilema do *To be or not to be*, do "decifra-me ou devoro-te", fugi à dúvida.

Sinto-me, ainda hoje, incapaz de julgar o que teria sido melhor para mim.

Contudo, saímos ganhando: minha mãe e eu.

Noêmia e Eduardo Frieiro se tornaram nossos melhores e mais fiéis amigos. Formávamos, os quatro, uma família. Imagine-se que Frieiro, introvertido, avesso a qualquer convite para almoço, de quem quer que fosse, não só almoçava conosco como frequentava nossa casa aos sábados à tarde, quando mamãe os recebia com bolo e biscoitos de polvilho, suas especialidades. E ainda nos acompanhava em viagens a Ouro Preto, onde minha mãe tinha uma bela casa nos altos do Gambá.

Não se resumia nas sutilezas de comportamento a mudança operada, reciprocamente, no nosso bem-querer. Como eram habituais as interdições de D. Noêmia quanto a bebidas alcoólicas, inclusive vinho, eu tratava de contornar-lhe a obediência, oferecendo às escondidas, *una copita de vino* a mestre Frieiro e um trago de *conhaque*. O que, aliás, não só lhe fazia bem, como lhe dava a impressão de que burlava as ordens da "mandona".

Ao fim e ao cabo, tenho para mim que D. Noêmia visava, antes de tudo, fazer crer ao doce marido que não lhe soltava as rédeas, mesmo em casa de D. Honória...

Conhecido por sua casmurrice, o querido mestre era, na verdade, a mais terna e sensível das criaturas. A infância difícil, num lar pobre, de imigrantes galegos, semi-alfabetizados, os Frieiros, originários de um lugar frio e batido de ventos, daí o nome Frieiro, marcara-o para sempre.

Ainda menino, foi empregado, por um amigo do pai, nas oficinas da gráfica da Imprensa Oficial de Minas Gerais, ali mesmo, onde se encontra até hoje, na Augusto de Lima.

Era tão pequenino e franzino que tiveram de dar-lhe um banquinho para que pudesse alcançar os tipos nas caixas alta e baixa. Cabia ao precoce aprendiz formar e alinhar os paquês, para amarrá-los, em seguida, com barbante ou fio de metal.

E subsistiriam, destemidamente, no interior do Brasil, a meados do século XX, algumas dessas gráficas, equipadas com linotipos e que ainda recorriam ao uso de tipos móveis – as letras escolhidas, manualmente, uma por uma, tal como no tempo dos nossos devotados tipógrafos Machado de Assis e Eduardo Frieiro.

A introdução das máquinas de linotipos na Imprensa Oficial significou a troca da tipografia manual pela mecânica, de enorme rendimento e melhor qualidade. O ex-aprendiz não cresceria muito. Tornara-se, no entanto, indispensável. E no discreto galgar dos postos da gráfica do estado, ali desempenharia as funções de mestre tipógrafo, revisor de provas e, enfim, redator[39] – o que mais lhe convinha.

Os bons demiurgos, empenhados em promover Machado a escritor, trataram também de contaminar Frieiro, o galego de Soledade,[40] com a ilusão literária.

---

[39] Ao qual, cumpre lembrar, Medeiros e Albuquerque não recusaria elogios num artigo irônico, "Alguma tipografia".
[40] Eduardo Frieiro nasceu nas terras da Fazenda Soledade, no município de Matias Barbosa, em Minas Gerais.

E o melhor: fizeram-no transpor o próprio obstáculo com que se defrontam "os indivíduos de curso lento, os introvertidos, os que aborrecem a vida frenética e cobiçosa dos indivíduos voltados para fora e só pedem que lhes seja permitido saborear devagarinho as doçuras e branduras das cousas inúteis".[41]

O menino introvertido, mas da "raça livre e pródiga [a que] pertencem os que preferem a fantasia à realidade", juntou-se aos que "acham que a vida vale a pena de ser... escrita".

Inédito, mas firmado no saber de experiências, Frieiro não se deixaria vencer pelo desalento de "escrever num país que ainda não [acabara] de aprender a ler".

Ao tomar por opção o conceito "quem escreve quer ser lido", encontra remédio para a síndrome do anonimato: cria a *Pindorama*, editora fantasma, sua em si, e converte o "quem se imprime se oprime" em "quem se imprime se desoprime".

A exemplo dos seus livros, *O clube dos grafômanos* (1927), *O mameluco Boaventura* (1929) e *Inquietude, melancolia* (1930), as primeiras edições de *Alguma poesia*, de Drummond, e de *República Decroly* (1935), do seu amigo dileto Moacyr Andrade, sairiam do prelo com o selo da *Pindorama*.

A experiência editorial, ato gratuito de nome fictício, anima-o a comprometer-se, efetivamente, com o destino dos confrades mineiros: funda a Sociedade Editora Os Amigos do Livro, com o lançamento divulgado de *Brejo das almas* (1934).

Alguma poesia e *Brejo das almas* incluem-se, muita vez, como "Edições do autor", ao integrar os volumes de *Poesia reunida*. Contudo, as bibliografias de e sobre Carlos Drummond de Andrade registram, fielmente, as publicações de 1930 e 1934 pelas Edições Pindorama e Os Amigos do Livro.

Dizia Frieiro: "Escrever é fácil. Imprimir o que se escreve, nem sempre o é. Em Minas, onde não existem ainda empresas editoras,

---

[41] Eduardo Freiro, *A ilusão literária*. Nova edição. Livraria Editora Paulo Bluhm, Belo Horizonte, 1941, p. 8.

os originais estão condenados a repousar eternamente no fundo das gavetas, se os autores não os imprimirem à própria custa nas nossas tipografias roceiras."

Convencido do êxito da iniciativa, afirma que "em poucos meses de atividade, Os Amigos do Livro publicaram obras de vário gênero e diferentes autores, sendo estes, em sua quase totalidade, editados pela primeira vez, com decoro literário e asseio tipográfico."[42]

Atente-se: tratava-se de trabalho benévolo, sem interesse de lucro, e o que é principal, assistido e realizado por alguém que amava, fisicamente, o livro.

Devem-se, portanto, a esse autodidata excepcional não só o *imprimatur* à primeira obra de Carlos Drummond de Andrade, como os primores gráficos da Sociedade Editora. Os Amigos do Livro (nome também de sua lavra), que identificariam as brochuras feitas sob seus cuidados.

Ensaísta, romancista, professor universitário – habilitado ao exercício do magistério superior por um diploma de notório saber, concedido pelo Ministério da Educação –, Eduardo Frieiro dedica-se com caprichos de bibliófilo e de bibliômano avisado à divulgação dos escritores mineiros, incógnitos no mundo das letras.

Mercê do seu domínio da arte gráfica e do senso prático contábil de Orlando Magalhães de Carvalho, tesoureiro *ad hoc* da cooperativa, funcionaria, sem atrito e com pontual rateio da despesa, a fórmula engenhosa de imprimir em Minas o que se escrevia em Minas.

Concluída a impressão, procedia-se ao balanço e corria-se o pires.

Imposta a rotina, viriam à luz, entre outros, *Galinha cega* (1931), de João Alphonsus, *A alma dos livros* (1932), de Oscar Mendes,

---

[42] Esta, como as precedentes citações, entre aspas, desprovidas de indicação de autoria, procedem do texto de Eduardo Frieiro, "Quem se oprime" (idem, ibidem).

Ensaios de política econômica, de Orlando M. de Carvalho, *Machado de Assis e o tédio à controvérsia* (1934), de Mário Casassanta, *Escrever certo* (1935), de Aires da Mata Machado Filho, *O último bandeirante* (1935), de Mário Matos, *A antiga melodia* (1935), de Heli Menegale, *Canto da hora amarga* (1936), de Emílio Moura, *O amanuense Belmiro* (1937), de Cyro dos Anjos.

Sob os auspícios desse mesmo selo, o próprio Frieiro publicaria *O brasileiro não é triste* (1931), *A ilusão literária* (1932), *O Cabo das Tormentas* (1936) e *Letras mineiras* (1937). A boa recepção do público descortina-lhe novos horizontes: num esforço de diversificação dos interesses que haviam justificado a fundação da editora, considera oportuna, mesmo necessária, a divulgação de "pequenas obras inéditas, ou mal conhecidas, ou esgotadas, de autores mineiros de notório valor".[43]

Em obediência a esse propósito, faz anunciar a celebração, em 1934, do centenário de nascimento de Lafayette Rodrigues Pereira (1834-1934), político e magistrado do Império, com a reimpressão de *Vindiciae*.[44]

Na seção bibliográfica do *Minas Gerais*, Frieiro informava: "Inaugurando com esse livro a sua coleção de grandes autores

---

[43] *Letras mineiras*. Belo Horizonte. Os Amigos do Livro, 1937, XII, p. 146. Mário de Andrade, em carta a Frieiro, aborda a carência de editores em São Paulo, São Paulo da Semana da Arte Moderna. Confessa: "O país não tem editor pra livro de versos. Carece um esforço e mesmo se preciso um sacrifício. [...] Eu até hoje só achei editores pra *Pauliceia* (por causa do escândalo que envolvia o livro) e pro *Primeiro andar* que é uma porcaria [...]. Todo o resto e ainda agora tudo sou eu mesmo que edito e só eu mesmo sei às vezes com que sacrifício! Faça como eu, vá juntando aos poucos o arame [...]. Ou então edite com editor camarada que vá depois recebendo um tanto por mês. Assim inda é melhor porque obriga a gente ao sacrifício. Uso esse processo atualmente" (*A lição do Amigo,* cit., p. 80, carta de 01/08/1926).

[44] Título da obra, publicada sob pseudônimo. Lafayette Rodrigues Pereira assinava-se Labieno. Sucede, na Academia Brasileira de Letras, a Machado de Assis, a quem defenderia, em *Vindiciae* (1899), da crítica impiedosa, e injusta, de Sílvio Romero.

mineiros, que pelo diante tenciona publicar, dá a Sociedade a justa primazia a um dos nossos mais excelentes mestres da prosa [...]."[45]

No entanto, a nova mineiriana não iria além do projeto. Uma divergência com João Alphonsus levaria Frieiro a desligar-se da Sociedade.

À sua declaração de amor aos livros, o magistral ensaio *Os livros, nossos amigos*, lançado pela Livraria Paulo Bluhm, sucederia, ainda em 1941, uma nova edição do romance *Mameluco Boaventura*.[46]

Não, não é possível apreciar a vôo de pássaro, a importância direta e circunstancial da produção da Sociedade sob a direção de Eduardo Frieiro. Mas os títulos por ele publicados ainda circulam Brasil adentro e continuam a citar-se mundo afora nas bibliografias e nos verbetes das enciclopédias.

Apesar do nosso iletrismo avassalador, seus autores não morreram de todo...

Os Amigos do Livro retomariam, tempo depois, suas atividades, tosca e precariamente. Faltavam-lhes a experiência do mestre tipógrafo, a erudição do bibliófilo, o juízo estético do crítico e o bom gosto do mestre de literatura que afeiçoara a fábrica de leitura à matéria dos seus sonhos. Como imaginar Os Amigos do Livro sem o amigo do livro (*tout court*)? [47]

Voz que prega no deserto, tentei enaltecer-lhe o empenho, seminal e inovador, dedicando-lhe um artigo à feliz coincidência do vigésimo aniversário de sua morte com a celebração do centenário de nascimento de Carlos Drummond de Andrade.

---

[45] *Letras mineiras*. Idem, ibidem, p.147.

[46] Ver entrevista de Eduardo Frieiro a Heloísa Aline de Oliveira, *in O Estado de Minas*, 2ª. Seção, 05/07/79, p. 1.

[47] Cabe ainda lembrar a "economicamente correta" Editora do Autor, de que fizeram parte os mineiros Fernando Sabino, Paulo Mendes Campos e o capixaba Rubem Braga, morador de Belo Horizonte. É certo que terão conhecido, seja nas oficinas da Imprensa, seja nas salas da Biblioteca Estadual, seja nas livrarias da cidade, o criador da Sociedade Os Amigos do Livro.

Primus inter pares, tímido e discreto, sóbrio no falar e, talvez por isso, escritor de estilo enxuto, sem resíduos, empenhou-se Eduardo Frieiro, com humildade e devotamento, na divulgação das obras dos conterrâneos: alheio a tudo que não fosse o livro, buscava favorecer a arte e o engenho, pronto a dispensar horas e finezas a gente bem nascida ou desafortunada.

Imune do pecado da vanglória, guiava-se pelo "puro desinteresse". Porque o resto... Que é o resto? Ilusão literária...

Como é literatura – *cette bêtise!* – a pendenga municipal, verdadeira querela entre antigos e modernos, protagonizada pelo próprio Frieiro – *João Cotó* (pseudônimo com o qual assinava suas verrinas), *versus* "Os rapazes" de *A revista* (1925).

Vale dizer, Carlos Drummond de Andrade, Francisco Martins de Almeida, Emílio Moura e Gregoriano Canedo, aos quais haveriam de juntar-se, mais tarde, Pedro Nava, Milton Campos, Mário Casassanta e Abgar Renault.

Vamos ao caso.

À publicação do primeiro número de *A revista*, João Cotó reagiria, não sem sarcasmo, à "incomensurável petulância dos moços modernistas". Sua crítica, "Brotoeja literária", publicada no Avante, sangra ferida aberta: a vaidade imberbe.

Mas o tempo passou, e com ele, a juventude. De uns e de outros.

Leitor de Croce, Frieiro cumpria, com rigor, o ideal estético da verdadeira crítica, que não invade a arte nem diante dela se amesquinha, redescobrindo a beleza do belo e a feiura do feio, mas sabe, sim, fazer-se grande à vista da grande arte, tornando-se, portanto, superior à própria arte.

Que faz o nosso escritor? Enterra o seu duplo mas não esquece Goethe, porque inclinado a admirar. Senhor do seu juízo, não perde ocasião de apreciar e assinalar o que lhe parece digno de louvor: fiel a si mesmo, reconhece o talento dos escritores antes difamados.

Os olhos postos no futuro, Frieiro jamais se omitiria. Se picado pelo prazer da leitura, ninguém o impedia de manifestar, com inexcedível complacência, sua fé no livro e nas letras mineiras. Só não tolerava, isso nunca!, a arrogância sabichona nem, muito menos, a charlatanice graforreira. E esgrimia suas armas, soberanamente, sem ufanismo e sem xenofobia.

Leiam-se, para comprová-lo, os artigos do *Minas Gerais*, da *Folha de Minas* e do *Correio da Manhã* sobre os autores da sua torre de papel: um Cioran, um Pío Baroja, um Mably, um La Rochefoucauld e muitos outros, mineiros ou não, punidos pela conspiração do silêncio.[48]

Cioso da verdade, não era próprio da sua galeguice fazer amigos nem influenciar pessoas. Contudo, sob código estrito, não se tentasse torcer ou emendar o que pensava. Inimaginável! Visto que postulava, sem pudor, a prática da nobre arte de desagradar.[49]

"Superada a fase da *acnes juvenilia*, justificava-se, seria 'rematada estupidez' tomar a sério 'o *pathos* literário que geralmente acompanha os adolescentes de alguma instrução e temperamento mais ou menos imaginativo e sonhador".[50]

Se assim disse, melhor fez.

Tornando-se editor de Cyro dos Anjos, Mário Casassanta, Emílio Moura e Abgar Renault, Frieiro não voltaria a assinar-se João Cotó.

---

[48] Leiam-se as críticas publicadas em *Letras mineiras(1929-1936)*. Belo Horizonte, Os Amigos do Livro, 1937; *Páginas de crítica e outros escritos (1938-1944)*. Belo Horizonte, Ed. Itatiaia Ltda., 1955; *O alegre Arcipreste e outros temas de literatura espanhola*. Belo Horizonte, Livraria Oscar Nicolai, 1959; *Torre de papel. Motivos literários*. Belo Horizonte, Imprensa/Publicações, 1969; *O elmo de Mambrino*. Belo Horizonte, Imprensa Oficial, 1971; *Encontro com escritores*. Belo Horizonte/Brasília, Editora Itatiaia /INL/FN Pró-Memória, 1983 (livro póstumo).
[49] Leiam-se "Clássicos da arte de desagradar" e "Um mestre da arte de desagradar", *in Torre de papel*, cit.
[50] Avante. Belo Horizonte, 20/08/1925.

Pedro Nava, porém, manteve-o vivo, conservado em formol e "carregado de fel", nas suas *Memórias*. Transcreve, num anexo ao volume 4, em *Beira-mar*, a crítica, por ele publicada no Avante: dois *sic*, venenosos, denotam, transparentemente, a má vontade do autor para com o antigo desafeto.

No seu sentir, isto é, no sentir do jovem Nava, de 1925 – sobrevivente no escritor de 1978, animoso e intacto –, Eduardo Frieiro ainda vomitava fel: era *João Cotó*.

A transcrição, *ipsis literis,* do Anexo III, deveria servir-lhe, ao que parece, de catarse moral. Se eficaz ou não, somente o nosso memorialista poderia informar. A divulgação da lembrança incômoda, até então reprimida, patenteia-se e esgota-se naquilo que Pedro Nava considerara, meio século durante, equívoco imperdoável – injúria de lesa-majestade, melhor diria –, cometido por crítico provinciano.[51]

Ao contrário do amigo, Drummond permaneceria indene à quizila municipal.

Apesar do parágrafo regado a vitríolo em que o Cocteau mineiro o figurava na pele de "mocinho esgroviado, que tem cara de infusório, leitor do *Para Todos* e da *N. R. F.*", o poeta daria testemunho, *urbi et orbi*, de sua grandeza: à notícia do falecimento de Eduardo Frieiro, em março de 1982, rende-lhe sincera e justa homenagem.

Declara na sua crônica: "Morreu em Belo Horizonte o perfeito escritor: Eduardo Frieiro [...]. Escritor apenas. Cáustico, afiado, preciso, clássico entre desmandos de linguagem. Uma das mais singulares figuras da literatura brasileira, a estudar e reverenciar."[52]

Que isso nos baste. Louve-se, à comemoração e à celebração das efemérides dos dois mineiros, editor e editado, a insolência da obra e da personalidade de ambos. Por isso, únicos. Insubstituíveis.

---

[51] Sobre a "brotoeja literária", não menos provinciana...
[52] CDA, "Frieiro", *in Jornal do Brasil,* 27/03/82.

Graças a algumas dessas figuras, insólitas no trato e na palavra, e mais amigos, amigos, todos eles, do livro – Pedro Nava, Alphonsus de Guimaraens Filho, Paulo Mendes Campos e família, Mário da Silva Brito, Joaquim Inojosa de Andrade, Plínio Doyle, José Resende Peres, Ivan Bichara, Heli Menegale –, partimos de Belo Horizonte e tomamos residência no Rio, sozinhas, desde 1985.

E digo graças a eles não porque dependêssemos de ajuda, mas por sabermos (era o que importava) que havia, à beira-mar, quem nos conhecia, nos queria bem, e nos havia precedido nessa megalópole, a nossa decantada Cidade Maravilhosa.

Mas quem me estugou à mudança definitiva, adiada desde a compra do apartamento em que passamos a morar, depois de ter vivido, algumas temporadas, em dois outros endereços, foi minha mãe.

Após a venda do segundo, à rua República do Peru, ela se encarregara de visitas e mais visitas, cansativas e muita vez desanimadoras, até que, escolhidos a dedo, me oferecesse opção entre três, com espaço para nossa tralha, que comportava piano e livros a mancheias.

Vim ao Rio para isso: que decidíssemos, de comum acordo, por aquele que nos parecesse mais conveniente. Isto é, rua silenciosa, igreja por perto, farmácias e supermercados.

A opção pelo silêncio logo se cancelou. Alphonsus, nosso poeta, que vivia numa rua tranquila de Laranjeiras, nos afiançou que silêncio "mesmo" não existia em bairro algum do Rio. Mesmo na sua General Glicério...

Assim sendo, assim foi.

Mamãe não quis intervir. Escolhera três endereços e gostava dos três. A escolha ficaria por minha conta. E o risco, é óbvio.

Ganhou a Paula Freitas, onde vivo durante um semestre (ou menos).

Assinada a escritura, transportamos três móveis que nos restavam na República do Peru. Nada além. Mas o tempo passando...

Cada dia me parecia mais difícil a mudança definitiva, difícil e penosa. Sob certos pontos de vista, de fácil discernimento, e sob muitos mais, de pouca ou nenhuma *espricação*.

E o tempo passando, passando...

Até que uma noite, ao despedir-me de minha mãe antes de deitar-me, ela me lançou ultimato:

"Ou bem você se resolve a mudar para o Rio, ou bem vendemos ou alugamos o apartamento. Onde já se viu queimar vela pelas duas pontas? Arcamos com gastos e mais gastos lá e aqui! Isso não pode continuar!"

À míngua de justificação, desci à sala e comecei a retirar os quadros das paredes. Às 6 da manhã, no dia seguinte, minha mãe encontrou todas as paredes nuas: tanto as da sala de visita como as da sala de jantar e as da copa.

A mudança começara.

Houve quem dissesse que descêramos ao Rio porque a mãe não se contentava em ter a filha na Academia Mineira, queria também vê-la na Brasileira.

Não duvido disso. Mas no real, a mudança me permitiria, quando no país, frequentar o Sabadoyle, reencontrar os amigos mineiros, emigrados há mais tempo, e outros mais, conquistados nas temporadas no Leme e na República do Peru, em Copacabana.

O segundo motivo, tangível, era estar à vista e ao alcance dos editores (instalados no Rio), pois as distâncias não se reduziam, ainda não, sem a internet. E o pior: reviam-se entre cinco / sete vezes as provas gráficas. As visitas ao tipógrafo eram, em muitos casos, imprescindíveis.

Atendida a primeira obrigação — difícil e laboriosa —, a distribuição dos livros nas estantes de um escritório de 20 metros, foi tornar-me assídua, sábado à tarde, às reuniões no apartamento-biblioteca de Plínio Doyle, no 21, Barão de Jaguaripe, em Ipanema.

Ali quebrei um tabu, porque Sônia, filha de Plínio Doyle, era a primeira e única sabadoyleana.⁵³

Pude então conviver, semanal e infalivelmente, com Drummond (o primeiro a retirar-se, por volta das cinco), Pedro Nava (que nos dava carona, a Alphonsus e a mim), Hermes Lima, Cyro dos Anjos, Heli Menegale, Afonso Arinos de Melo Franco, Murilo Araújo, Onestaldo de Pennafort, Américo Jacobina Lacombe, Mário da Silva Brito (quem me introduziu na confraria), Homero Senna, Homero Homem, Joaquim Inojosa de Andrade, Gilberto Mendonça Telles, Ivan Bichara, Eurico Nogueira França, Walter Benevides, Marcílio Marques Moreira, Enrique de Resende e muitos outros.

Foi no Sabadoyle que o conhecimento cordial, com Drummond, durante as estadas no Rio, em casa de José Rezende Peres, amigo dileto, se fortaleceu e ganhou raízes, estendendo-se numa sólida amizade, compartilhada com D. Dolores e Maria Julieta (recém-chegada de Buenos Aires).

Ao encontrar Gustavo Capanema na recepção solene de Juscelino Kubistshek na Academia Mineira de Letras, revelei-lhe, antes da mudança, o meu grande desejo de conhecer, pessoalmente, nosso poeta maior, pois me correspondia com ele desde a publicação do ensaio sobre César Vallejo.

Especialmente solícito, Capanema ofereceu-se a servir-me de "padrinho", tão logo me encontrasse no Rio.

Não perdi ocasião de pôr à prova o gesto de amizade. Um mês depois anunciava-lhe minha presença no Flamengo. No mesmo dia, a empregada da casa me chama: "Telefone pra senhora."

Depois do alô, a voz masculina me pergunta: "Maria José? Aqui é o Carlos."

Esquecida do trato, e, mais que isso, obnubilada, repliquei: "Que Carlos?!"

---

⁵³ Sem falar na eventual presença de D. Esmeralda Doyle, sua mãe, e na habitual passagem de Idalina, com o café, servido antes da partida de Drummond.

E ele: "Drummond."

Não caí das nuvens; caí em mim mesma. Balbuciei: "Como vai o senhor?"

"Muito bem, obrigado. Você aceitaria tomar um conhaque comigo?"

E eu: "Tenho certeza de que meu amigo, José Peres, ficaria felicíssimo de recebê-lo. Seria possível?"

Drummond, é óbvio, recusa o convite e avisa que passaria para buscar-me, no mesmo dia, lá pelas 3 da tarde. À hora combinada, o porteiro pede que desça à portaria: "O Sr. Carlos está à espera." Tomamos o conhaque num terraço de Copacabana.

Tudo isso me parece hoje tão distante quanto inverossímil.

E nada mais me ocorre além dos "Dados biográficos", que sabia de cor e os repeti ao poeta "que encontrou no caminho uma pedra" e "apesar dos pesares / conserva o bom-humor, / caça nuvens nos ares, / crê no bem e no amor".

De que teremos falado? Já não sei. Lembro, porém, "que veio de Itabira, / terra longe e ferrosa / E que seu verso vira / de vez em quando, prosa / Que [era] magro, calvo, sério / (na aparência) e calado, / com algo de minério / não de todo britado".[54]

Ao longo dos anos em que pude vê-lo, ouvi-lo e falar-lhe nos encontros do Sabadoyle, nos aniversários, celebrados por ocasião das" décadas"[55] dos sabadoyleanos, ou nas comemorações nata-

---

[54] *Viola de Bolso* – II.
[55] Eram os números "redondos" da "decadência" dos sabadoyleanos, festejados em almoço festivo da confraria, à mesa de um restaurante, nos arredores da Barão de Jaguaripe, endereço do *Sabadoyle,* nome criado por Raul Bopp: – "Sábado na casa do Doyle é *Sabadoyle*". O nome "pegou". Não nos esqueça que o encontro semanal dos intelectuais cariocas, ou de passagem pela cidade, ficaria a dever sua origem e criação a Drummond, primeiro *habitué* do riquíssimo acervo da biblioteca de Plínio Doyle, um dos nossos maiores bibliômanos, sobretudo bibliófilo. Não só porque adquiria, mas lia, e com devoção, os esgotados e raros exemplares, atrás dos quais ia à caça, Brasil afora, sertão aden-

linas, num restaurante escolhido por Plínio Doyle, Drummond continuaria a dar-me provas de especial apreço.

Chegado o tempo para a aposentadoria do magistério superior, surgiriam, em Brasília, entraves de ordem burocrática.

Entenda-se. Visto que o exercício do magistério no exterior implicava a concessão de licença ao titular da cátedra na universidade de origem, a comunicação da nomeação para o posto de *Professeur Associé à la Sorbonne* (o meu caso) deveria ser encaminhada à UFMG, com o pedido de cessão do catedrático à universidade francesa.

Acontece que o pedido oficial do Instituto de Estudos Portugueses e Brasileiros, endossado pela Sorbonne e endereçado à UFMG, seguira diretamente à Faculdade de Letras. Embora a faculdade se tivesse oposto, *ipso facto*, à cessão do professor, a diretoria não emitira, imediatamente, qualquer parecer.

À míngua de manifestação oficial, que faz a Sorbonne? Dirige-se à embaixada brasileira, que toma a si a responsabilidade dos trâmites necessários ao bom entendimento entre as duas instituições de ensino superior.

Ante a morosidade da resposta, agravada em seguida pela inconveniência da recusa, o embaixador Bilac Pinto determinaria que se desse parte à Universidade Federal de Minas Gerais de sua representação contra a Faculdade de Letras.

"Visto que o posto de *Professeur Associé* [representava] o mais alto grau universitário, e, apenas 11, os professores estrangeiros incluídos nessa nominata", o embaixador brasileiro encarece, na

---

tro onde quer que se encontrassem. E foi ciente da existência do seu acervo que Drummond viria a solicitar ao proprietário a consulta de determinado exemplar, começando, nessa ocasião, a frequentar-lhe a biblioteca. Logo-logo se espalharia a notícia de que o grande poeta, calado e arredio, se deixava ver, aos sábados, "em certa casa da Barão de Jaguaripe". Assim, da linha à agulha, o primeiro curioso teve permissão para uma visita, *à vol d'oiseau*, da biblioteca... A pouco e pouco, outros se apresentaram até que se formasse a confraria dos sabadoyleanos em torno do mais tímido dos escritores brasileiros.

sua exposição, que "o desprimor da recusa recairia sobre a própria Universidade Federal de Minas Gerais".

E termina por ressaltar que o impedimento implicaria, "além do desgaste nas relações diplomáticas, a anulação do contrato de uma professora nomeada pelo próprio De Gaulle, presidente de um país amigo, herói da Segunda Grande Guerra".

Essa, a ponta de espada que decidiria a autorização.

Ao receber a mensagem oficial sobre a correspondência enviada à UFMG, aos cuidados do Ministério do Exterior, tomei um avião e fui a Brasília a fim de entrevistar-me com o ministro Magalhães Pinto.

Embora a saída sem vencimentos não autorizasse a contagem de tempo, a decisão superior do Ministério das Relações Exteriores de "contemplar a solicitação da Sorbonne" concorreria para a solução do possível "incidente diplomático".

No entanto, ao que depois se soube na Sorbonne, nada chegaria a bom termo não fosse a pressão do Ministério da Educação da França à homologação e registro do ato de nomeação, assinado não só pelo ministro Couve de Murville, mas também, como revelara nosso embaixador, pelo próprio De Gaulle, o que determinara seu empenho na solução do impasse.

Em verdade, o Ministério das Relações Exteriores do Brasil assumiria função "plenipotenciária" incumbindo-se de protocolar o ato de saída da professora da UFMG em "missão cultural". E diante da perda dos proventos federais, autorizava, a título de compensação, o suplemento mensal de USD 300,00 em seu favor prova irrecusável de que o catedrático da UFMG continuara vinculado a um órgão público, como professora de Literatura brasileira e hispano-americana na Université de Paris-Sorbonne e no Institut des Hautes Études de l'Amérique Latine.

Vencido o obstáculo da falta de vencimentos, o *Diário Oficial* tardava, e muito!, em dar divulgação do registro do ato de aposentadoria do magistério superior, pelo Ministério da Educação.

Que faz Drummond? Sem que nada lhe pedisse, refere-se, numa de suas crônicas do *Jornal do Brasil*, ao "caso da professora Maria José de Queiroz, que por dar provas em excesso as consideram ainda insuficientes à concessão da aposentadoria […]"

Uma semana mais tarde, publicava-se no *Diário Oficial* a apostila da aposentadoria. Mário Mendes Campos rejubila-se: "Pela primeira vez, a burocracia se rende à voz de um poeta! O Brasil está progredindo, Maria!"

E não foi só isso. Numa crônica de definição de "Fofo, Fofinho", Drummond me incluiria entre os fofos, fofas e fofinhos.

Não é uma beleza?

Os anos de trabalho na França, de enorme repercussão na minha vida profissional, permitiram-me não só aprofundar os estudos de literatura hispano-americana, porque também lecionava no Institut des Hautes Études de l'Amérique Latine, dirigido por Pierre Monbeig, como também concluir o ensaio sobre César Vallejo, poeta peruano de altíssima grandeza. Publiquei-o em Coimbra, mas só o lançaria em Belo Horizonte, em 1973, na Biblioteca Pública do Estado. [56]

Durante essa primeira estada em Paris, minha mãe viria visitar-me. Resolvemos partilhar o quarto em que me hospedava, no Hotel Welcome, Impasse Royer Collard, continuação da rua da Sorbonne, a três quarteirões da universidade e a um quarteirão do Jardim do Luxemburgo, *boulevard* Saint-Michel.

Além do diretor do Institut des Études Portugaises et Brésiliennes, Léon Bourdon, e sua senhora, Hélène, amigos diletos, a quem via diariamente, fiz também amizade com uma dama luso-brasileira, viúva de *Monsieur* De Miranda, riquíssimo português, membro da Académie de Gastronomie e mais academias de cozinha e artes da mesa.

---

[56] É desse lançamento a fotografia em que apareço ladeada por minha mãe e minha avó Quinha, mãe de meu pai.

Ao saber-me só e sem outra companhia que o casal Bourdon, *Madame* De Miranda me convidava com frequência a seus almoços, jantares e *garden-parties,* e cheguei a acompanhá-la numa viagem à Suíça, onde aplicava a gorda herança legada pelo marido.

Entretanto, à chegada de minha mãe a Paris o ciúme envenenou-lhe a alma. Até hoje, passados mais de quarenta anos, desconheço a causa da birra que passou a votar-nos, à minha mãe e a mim.

Tivemos, contudo, requintada compensação. Graças à Sorbonne.

Nossos melhores companheiros, durante a visita de minha mãe, além dos Bourdon, eram o casal Cantel, Laurette e Raymond (ele, decano da Universidade de Poitiers e sucessor de Bourdon no Instituto de Estudos Portugueses e Brasileiros), e, muito principalmente, Marcel Bataillon, o autor de *Erasmo e Espanha*, membro do Collège de France e acadêmico do Institut de France.

Nós nos dividíamos entre esses amigos. Inseparáveis. Nos dias úteis, quando partia cedo para a Sorbonne, ou para o Instituto de Altos Estudos, minha mãe ia para a igreja de Notre Dame ou para a de Saint-Jacques, ou se assentava, à minha espera, em frente ao grande lago do Jardim do Luxemburgo, onde as crianças brincam com seus barquinhos.

Quando me sobravam horas livres, saíamos a passeio, e eu voltava ao trabalho, no Institut, deixando-a num jardim ou numa praça, sempre com uma leitura. Algumas vezes, ela seguia até a Sorbonne, despedia-se e se dirigia, sozinha, ao Louvre: lá passava manhãs, ou tardes, inteiras.

Certa vez, apressada, porque em cima da hora, deixei-a no Trocadero e expliquei-lhe, em duas ou três palavras, como voltar ao Quartier Latin.

E... as horas passavam, passavam, nada de minha mãe.

Bourdon, a quem confessei minha aflição, também se preocupava e a cada minuto vinha à pequena sala de trabalho, que usávamos, ambos, parede-meia com o seu escritório pessoal, para saber se ela havia aparecido. Ao vê-la, de volta, corre a cumprimentá-la e, do alto dos seus 2 metros, exclama "Mas minha senhora, estávamos desesperados por sua causa!!!", e se abaixa para abraçá-la, ternamente.

Esquecer, quem há de?

Só que, curiosamente, não foi essa a reação – do ilustre e sábio *normalien*, um dos nossos amigos fiéis – que mais fundo calou no coração de minha mãe; foi a de Marcel Bataillon, acadêmico, que ao repará-la em silêncio, numa roda em que todos falavam francês, passou ao português para uni-la aos demais.

A estada de minha mãe alongou-se, de Paris à Alsácia, quando, em viagem, nos demoramos em Strasburgo, Colmar, Riquewhir. Mas… Riquewhir – *un des plus beaux villages de France* – tornou-se "sonho de uma noite de verão" no seu itinerário.

Em Colmar, Voltaire deu-lhe o ar da graça: personagem de romance, e de maior presença que em Riquewhir, hóspede de aluguel na casa modesta de *Frau* Goll, rua dos Judeus – sala e quarto, duas janelas sobre a rua.[57]

E o mais curioso, a memória do filósofo colou-se à cidade e à memória de minha querida turista. Ao referir-se à beleza das vinhas, cachos e cachos de uvas, dourados pelo verão, mamãe dizia: "Estivemos ali, pisamos aquela terra, um dia pisada por Voltaire…"

Antes da visita aos vinhedos, nos informamos no Serviço Cultural sobre a estada do filósofo *chez Frau* Goll. E aprendemos que isso ocorrera entre 1753 e 1754, período nada auspicioso às suas finanças.

Persona non grata a Frederico, o Grande, da Prússia, mal iniciada a fuga dos seus domínios, detido em Frankfurt, o filósofo é impedido de avançar, ou recuar, por manter na bagagem o precioso livro de poemas do désposta esclarecido.

---

[57] Sobre esse "apartamento", *avant la lettre,* Voltaire escreveria, ressentido: *J'habite une vilaine maison dans une vilaine ville.* ("Moro numa casa horrível numa cidade horrível"), apud André Hallays, *À Travers l'Alsace*. 1911, p. 76.

Voltaire só receberia o salvo-conduto depois de devolver, em Potsdam, aos cuidados da escolta real, não só os versos do antigo mecenas, como as condecorações e os agrados recebidos no exercício do cargo de conselheiro de Sua Majestade.

Ao que se divulga, o propósito do nobre discípulo não era outro que o de espremer a laranja e desfazer-se da casca.

E Voltaire, por seu turno, julgava-se *au-dessus des royaumes, au dessus des rois*.

Gregorio Marañón explicaria, se os encontrasse, a causa do desentendimento entre o monarca e o filósofo: a vaidade. "Pois a espécie mais temível dos vaidosos é a dos que tem, de fato, motivos para a sua vaidade."

Bom mestre? Melhor discípulo...

Minha mãe não sabia de que lado ficar, pois admirava Voltaire, mas não aprovava, de modo algum, o furto dos versos do poeta coroado. Até descobrir que, após a prisão em Frankfurt, mestre e discípulo se reconciliariam numa nobre e auspiciosa missão: Voltaire seria o intermediário escolhido pela França para restabelecer a paz com a Prússia.

Mamãe dormiu tranquila.

Não se encerrou na noite bem-dormida a visita aos vinhedos alsacianos.

Voltamos a informar-nos sobre Voltaire e as vinhas da luxuriante Riquewhir: bem-situadas, habilmente administradas e melhor tratadas, foram objeto de hipoteca em seu nome, mediante empréstimo ao proprietário, o duque Charles-Eugène de Wurtemberg.

Consulte-se o livro contábil: não só garantiram safras soberbas ao filósofo financista, como o *summum* – rendosos juros do empréstimo.

Havia ainda muito mais a visitar.

Queríamos conhecer a Praça das Três Igrejas – "as três igrejas sobre um cemitério", expressão corrente no século XIV, a Igreja da Paróquia, consagrada a Santa Margarida (séculos XXIV/XV), a Igreja da Peregrinação, dedicada a Nossa Senhora (início do século XIV), e a Igreja de Santo Érard, capela hospitalar (séculos XIII / XIV).

A Reforma converteria a Igreja da Peregrinação em presbitério protestante e a capela do hospital, em escola.

Prosseguimos nosso percurso para admirar os afrescos e as belas arcadas. A Igreja da Paróquia, convertida em presbitério protestante, voltaria ao culto católico, mas acabaria demolida e substituída, cristãmente, por duas igrejas: uma, protestante (1846/1859), outra, católica (1846/1849).

Instalada no interior da primitiva fortificação, a cidade velha concentra num retângulo de 300 x 200 metros uma dezena de monumentos, moradas, sítios e elementos de época, tombados como "Monumentos históricos", e cerca de quarenta construções, casas e conjuntos "inscritos no Inventário suplementar dos Monumentos Históricos", além de inúmeras partes preservadas, das antigas fortificações do primeiro e segundo cinturões.

Por ali flanamos, até nos atrevermos a penetrar em dois pátios de entrada, de onde se podiam alcançar, numa vista d'olhos, altas janelas e portas envidraçadas. No segundo pátio, mais uma descoberta: um antigo poço de pedra e um balde pendente, que fizemos balançar, num aceno ao passado.

Podia-se também ver, ali mesmo, à entrada do porão, uma escada estreita que levava à cave, tradição secular do patrimônio histórico.

De volta ao Brasil minha mãe não se esqueceria de Voltaire. E quis saber mais. Encontrou, na sua enciclopédia, o que mais lhe interessava: uma notícia sobre seus vinhedos na Alsácia, e ficou sabendo que os habitantes da cidade que a encantou se orgulham do seu riquíssimo patrimônio.

"E não podia ser de outra forma! Tudo ali é tão bem preservado!"

Sinto não termos voltado à Alsácia, como sinto, mais que tudo, não ter viajado com minha mãe tanto quanto gostaria. Isto é, ela gostaria. E poderíamos tê-lo feito. Mas a Richelieu estava ao lado e eu passava os dias, as semanas e os meses na sala de leitura. Ela me pedia que voltasse mais cedo, para poder almoçar. E eu sabia que ela não almoçaria sem mim.

Essa paixão impune é, deveras, crime impune.

Ninguém volta atrás. Mas se volta, não sairá impune: erros e pecados nos esperam de alcateia.

O preço é penoso. Em todo mergulho no passado.

A lembrança dos serões, das noites indormidas, e minha mãe a suplicar-me: "Vá dormir, filhinha!"

E os dias, inteiros, na Richelieu, na Mazarine...

"*Tu sei una asesina!*"

Nas demais vezes em que minha mãe me acompanharia a Paris, nossos melhores amigos – o casal Bourdon, Marcel Bataillon e Raymond Cantel – já haviam falecido.

Em 1992, ainda na Alemanha, a convite da Universidade de Colônia, fui subitamente informada de sua hospitalização após ameaça de enfarto.

Aflitíssima, telefonei ao diretor do hospital (Vera Cruz), Dr. Sylvio Miraglia, grande amigo e confrade da AML. Certa de obter resposta franca e direta, porque médico, pedi-lhe, além de conselho, notícia exata sobre o estado da paciente.

Embora usasse de cautela, Dr. Miraglia declarou-me:

"Fosse eu, voltaria, imediatamente, para ficar ao lado de minha mãe. Isto é, se minha mãe estivesse, como D. Honória, em convalescência de crise cardíaca."

Em pânico, chamei Marina, minha prima, em casa de quem minha mãe sofrera o insulto cardíaco. Firme e senhora da situação, ela me tranquilizou, assegurando-me que o pior tinha passado. Não me preocupasse.

"Tia Honória está bem. Palavra de honra. Termine o seu curso. Cumpra o contrato com a universidade. Eu me responsabilizo pela obediência estrita ao tratamento, apesar de que titia seja, a meu gosto, muito independente."

Ao saber que mamãe já dava mostra de rebeldia, vi que poderia concluir o ano letivo. A fortaleza não sofrera abalo maior. Tratei, todavia, de dobrar o número de aulas por semana, a fim de antecipar o regresso ao Brasil.

Tudo terminou bem. Pude passar o Natal e o Ano-Novo no Rio, e, já no ano seguinte, 1993, marcaríamos encontro em Paris.

Iniciaríamos, a partir dessa data, nossas temporadas na França: as duas, sempre juntas.

Depois de longa permanência em Frankfurt, num anexo da *Deutsche Bibliotheke,* o mais completo acervo europeu da *Exilliteratur, o Deutsches Exilarchiv*, me alarmava deparar-me em Paris, na BN, rue de Richelieu, com extensa bibliografia, ainda que menos densa e sujeita a tantos percalços quanto a messe colhida na Alemanha.

Hospedada num apartamento da própria biblioteca, sozinha, em Frankfurt, a vida era outra, bem outra: a extensa bibliografia me deixava feliz, é verdade, embora me obrigasse a esforço aturado. Justamente porque diante de verdadeira prova de obstáculos, dominava-me a euforia de ter de superá-los: as fichas de notas – letras miúdas, concentradas num espaço mínimo, eram meu troféu.

Saía da biblioteca em estado de graça, levitante.

Embora os textos nas demais línguas europeias, dominadas sem maior dificuldade, fosse a perder de vista, eram os redigidos em alemão, de maior resguardo e consulta restrita, que me preocupavam: impedida de consultá-los nos serões noturnos, no apartamento, passei a destinar às vigílias tudo que fosse de livre empréstimo, em francês, italiano, espanhol e inglês, e à claridade do dia o que fosse em alemão, a fim de valer-me do inestimável préstimo de *Frau* Marie-Luise Hann-Passera na solução das armadilhas dos regimes verbais.

Apesar do volume de obras a consultar, ler e anotar, após tão minuciosa quanto difícil escolha de títulos e de autores, só me preocupava a maratona que me havia imposto. Se não, mal maior: não apreender, em tamanho e tão admirável acervo, o que deveria recolher, para grifar a relevância do tema do exílio.

Não o mito e seus fantasmas, mas a densidade e profundidade do vivido, a cruel experiência do expatriamento. Sem cair, alto lá!, no abominável lugar-comum, na elegia lacrimosa nem na ode de exaltação heroica.

Ao fim e ao cabo, tudo correu bem.

Nenhuma fase da minha vida foi tão produtiva. Não havia cansaço nem fome, nem sede, nada que me fizesse levantar da mesa ou me impedisse devorar entre cinquenta a setenta páginas por hora, atropelando, se necessário, as vinte que me separavam das cinquenta, de praxe e de hábito.

Isso, em leitura prosseguida, linha por linha, horizontais. Pois os livros de menor importância, esses, não havia escrúpulo que me obrigasse à leitura plena: o olhar amestrado percorria as páginas sem deter-se no que fosse circunstancial, garimpando verbos e objetos diretos ou indiretos, numa disparada de jogo da amarelinha, pulando da direita à esquerda, da esquerda à direita, uma beleza!

Tenho saudade dessas leituras. Ao fim do dia, ao soar da campainha — ao aviso da saída e devolução dos livros —, como me sentia feliz e realizada com uma rima de exemplares nos braços!

O *Deutsches Exilarchiv* da *Deutsche Bibliothek*, de Frankfurt, permitia o empréstimo de até cinco volumes (à exceção de obras raras e de livros de leitura restrita à sala). Depois de obter os que me interessavam, deixava-os no apartamento, por volta de 6 da tarde, e me dirigia à *Mensa* dos estudantes: tomava uma sopa de legumes ou um caldo com pão. Dava um passeio pela rua, andava até o rio, respirava fundo e… marcha a ré, rumo à biblioteca, porque havia salas de leitura, destinadas ao grande público, abertas até mais tarde.

Já no apartamento, lá pelas 9 horas, abria a porta de vidro, de correr, e ia à varanda admirar as luzes da cidade. Então, preparava-me para a vigília: lia até duas da manhã e dormia um sono só até 6h30, 7h.

Aí, sim, tomava um bom café com pão, ou chocolate, vendido nas máquinas, e subia ao arquivo do exílio.

Nunca me ocorreu que alguém pudesse ter, ali, no prédio, medo de alguma coisa. Até que *Frau* Marie-Luise me perguntasse se não temia dormir lá em cima, no apartamento.

"Mas… por quê?", indaguei sem entender a razão da pergunta.

E ela: "Porque está sozinha!"

E eu: "É claro. Não tenho medo algum, sei que a biblioteca deve estar bem guardada!"

E ela: "*Warum nicht?!* Não há guardas nem vigias. O segundo apartamento, ao lado do seu, também destinado a pesquisadores, está livre! A senhora é a única pessoa que passa a noite aqui."

A inesperada revelação da bibliotecária me fez rir. Retruquei apenas:

"Não diga! Jamais imaginei tão grande privilégio!"

Acontece que o espanto nos olhos e na entonação da fala de Marie-Luise ficaria gravado na minha memória. Ao subir, à noite, ao apartamento, já não tive coragem de abrir a porta de vidro: puxei as cortinas e sentei-me para ler.

Não consegui. Lembrei-me então do que me contara uma estudante cearense, ali mesmo, em Frankfurt. Que me contara ela? Que várias vezes, no campus, lhe haviam dito, entredentes, em inglês: "*Go home, turquish!*"

Ciente, ainda em Bonn, de incêndio criminoso da moradia de imigrantes africanos, alguém me explicara não tratar-se de reação à etnia, mas à condição: via-se no imigrante o intruso, o assalariado responsável pela mão de obra aviltada, o concorrente ao emprego, o faz-tudo, boçal e sem profissão.

Juntei os dois incidentes numa mesma rejeição de xenofobia e... tive medo: morena, cabelos pretos, poderia ser confundida com turcas ou árabes, pouco importa!, de todo modo, imigrante.

E... se tal fosse o caso, na qualidade de hóspede e pesquisadora de uma das mais prestigiadas bibliotecas da Alemanha! Isso, sim, privilégio de estudiosos, alemães!

A partir desse dia, passei a comer no prédio, servindo-me, sempre, das máquinas de sanduíches e bebidas. No entanto, a pesquisa acabaria por retomar minha atenção: a xenofobia foi lançada à cesta do improvável.

Era impossível denunciá-la ante o tratamento que me dispensavam as bibliotecárias e, sobretudo, diante do fabuloso catálogo da biblioteca de Frankfurt, e dos benefícios que desfrutam seus leitores, sem distinção de origem , "de solo ou de sangue": salas amplas, silenciosas e bem-iluminadas, centenas de obras de consulta imediata, instalações para uso de computadores e acesso à internet (o que eu ainda não possuía).

Vivi, de qualquer modo, uma estação no paraíso.

E a quem interessar possa: ao verificar-se a falta do título solicitado, incumbe-se o próprio leitor do preenchimento de nota pessoal, com as referências bibliográficas necessárias à identificação e confirmação dos dados.

No caso de extravio ou de obra inexistente no catálogo, recorre-se, eventualmente, ao empréstimo por biblioteca conveniada, ou, à míngua dessa opção, o título é comunicado à divisão de compras: medidas rotineiras nas bibliotecas públicas como nas universitárias.

Familiarizada com a catalogação europeia e com as cotas das obras que me interessavam, resolvi instalar-me, com minha mãe, em Paris, a fim de dedicar tempo integral ao meu trabalho. E para livrar-nos dos altos custos de hotelaria, logo me convenci de que a melhor solução seria a locação de um pequeno apartamento, um *studio* talvez, próximo à rua de Richelieu. Sem computador, não me seria possível renunciar à frequência diária aos arquivos e às salas de leitura da biblioteca.

Na Alemanha, a agenda universitária me permitia conciliar os compromissos escolares com as pesquisas, dividindo-me entre a pesquisa e as aulas. E como minha mãe estava bem de saúde, podia permanecer fora do país sem maiores preocupações, pois trazê-la para a Europa significaria condená-la a permanente clausura, além de expô-la ao inverno rigoroso.

Por ocasião do Simpósio Brasil / Alemanha, patrocinado pela *Internationes* e pela *Deutsch-Brasilianische Gesellschaft*, sob a direção e coordenação do professor Hermann M. Görgen, bastou que lhe mencionasse a possibilidade de um convite à minha mãe, logo obtive não só o privilégio de convidá-la como o da acolhida hospitaleira na sua bela casa da Rochusweg, 47, em Bonn.

Ali nos receberia Dorli Schindel, sua secretária, que recepcionaria regiamente os hóspedes. Entre eles, nosso amigo comum, o professor Gladstone Chaves de Nelo.

Quando participei à minha mãe a boa nova, a resposta foi imediata: fez as malas e enfrentou o medo num voo direto Rio / Frankfurt, da Lufthansa.

Que alegria! E quanto atropelo! No tormentoso tumulto daquele aeroporto, uma espécie de saguão do planeta, a que convergem todas as etnias da Terra, a turista improvisada, cansada de 12 horas de viagem, senta-se não sei onde e aí esquece a bolsa com dólares e passaporte!!!

Apesar de incontáveis pesares, a fé inabalável em Deus sequer lhe inspirou a mera possibilidade de extravio, perda ou roubo de algum bem.

Enquanto eu remoía a impaciência e a certeza do desastre, ei-la tranquila e segura de si. Como sempre. Que é isso, filhinha! Já entreguei tudo aos três arcanjos, São Miguel, São Gabriel e São Rafael. Não fique nervosa. Já-já ela aparece. Ela – a bolsa, é claro.

E apareceu. Intacta. Isto é, não saiu do lugar onde fora posta em sossego.

"Não lhe disse? Não há tempestade sem bonança!"

Diante do pânico, do medo ou da calamidade a que todos sucumbem, minha mãe jamais duvidava da presença de Deus – que tudo vê, a tudo assiste e tudo providencia. Ela sabia que a um gesto ou aceno da Divina Providência, os arcanjos se precipitariam, sim!, para amparar, socorrer e oferecer lenitivo a quem sofre e clama por socorro.

"Deus é maravilhoso, filhinha! Tenha fé!"

Sob tão bons auspícios, nossa estada foi irretocável: perfeita! Bem-humorada, modesta, mamãe sabia adotar a conduta certa na hora certa, nas mais diversas solenidades. Mas, no que concerne à relação mãe/filha, mantinha-se fiel ao princípio da autoridade materna, é claro. Foi o que se evidenciou durante uma das sessões à qual manifestara o desejo de assistir a fim de ouvir a comunicação da filha (o que lhe foi concedido).

Mas ao ouvir-me falar longamente e, talvez, com certa veemência contra a marginalização da América Latina nos círculos econômicos onde se decide, na Europa, a sorte dos países que "chegaram tarde ao banquete da civilização", minha mãe, sentada à primeira fila, dirigiu-se a mim – em voz baixa, mas audível: "Você pode parar de falar porque já passou do limite!"

Quantos ali estavam e entendiam o português não conseguiram dominar o riso, e os que nada entendiam puseram-se a perguntar de que se tratava.

Diante do sussurro indiscreto e do meu desapontamento, o presidente da mesa, não sei se Roberto Campos ou Bonifácio de Andrada, impôs silêncio, e a mim, como se nada tivesse ouvido, pediu-me que prosseguisse.

Bebi um copo d'água, fixei firmemente o olhar em minha mãe e retomei o fio da meada com um "Dizíamos...", que não teve, infelizmente, nem o timbre nem o eco do "*Decíamos ayer...*", de Frei Luís de León, de volta à cátedra, em Salamanca.

É porém possível que ainda haja quem se refira, com certa ironia, à oportuna, oportuníssima!, intervenção da *mamma*. Impossível censurá-la.

Por que não? Porque tenho consciência de que nunca me comporto *comme il faut*, dentro dos "limites" da "reta razão": a sensibilidade à flor da pele, as contradições e a ansiedade de que dou prova nada mais são que o resultado da soma das tensões vividas no cotidiano, atenazada entre o que sou e o que deveria ser.

A bem da verdade, acredito que, para alcançar o equilíbrio – o trato ameno de quem sabe viver –, será necessário, como queria Cioran, destruir toda certeza, porque já não haverá escolha possível: enfia-se de cabeça no poço sem fundo e... pronto: *È finita la commedia*.

Convenço-me agora, tarde demais!, que minha mãe tinha razão na guerra a todo excesso: tanto no que diz respeito à fala como à escrita: "Fale menos!" "Você fala demais!" "Não há quem se interesse pelo que dizemos!" "Escreva menos!" "E... escrevendo, se insiste nisso, lembre-se de que ninguém gosta de livro grosso!"

Para sua bulimia – pés cobertos, sentada, livro à mão –, não ditava a mesma fórmula; jamais a ouvi reclamar dos vários tomos, com 300/400 páginas, das obras de arqueologia, lidas na cama ao longo do dia e à noite.

Cabo a rabo, deixava, como marcadores, lenços ou tiras de papel entre as páginas. Acontecia, também, esconder cédulas, e anos mais tarde eu as descobria. Mas não se dava por rogada: confessava, ingenuamente, tê-las ali esquecido.

Se tomo por comparação a oratória religiosa, lembro-me de que nunca se referiu aos sermões da Semana Santa nem, tampouco, às homilias dominicais, fossem longos ou enfadonhos. Já entrada em anos, a audição diminuída, nunca reclamava, embora obrigada a ouvi-la, sem entender palavra, "a prática do padre".

Creio, por isso, que a censura aos meus escritos ou conferências não tivesse por alvo o volume dos livros nem a extensão do discurso. Isto é, quanto dissesse ou escrevesse. Seu grande temor era de que, estendendo-me em comentários de temas já de si pouco atraentes, o público se entediasse, fosse a escutar-me ou a ler-me. Não porque pretendesse que meus livros se tornassem best-sellers! Longe disso!

O que queria é que conquistasse maior público. Daí, a sugestão: "Escreva sobre assunto ao alcance de toda gente, filhinha! Você escreve para quem tem cultura e... no nosso país... quem é culto? Nem os livros do professor Frieiro, sobre comida mineira, sobre o Quixote e Marília de Dirceu, sobre a mulher pequena, sobre as cartas anônimas, e coisas mais simples, populares, chegavam a ter leitores... Isso não acontecia!"

E continuava: "Veja o Alphonsus, a quem você tanto admira... Que faz ele? Escreve versos. É inspirado. Você diz. Mas... quem é que lê poesia? Tanto trabalho pra escrever e... depois? O livro pronto, tem de encontrar editor, tem de publicar... Pra quê? Depois da noite de autógrafos, ele, feliz, e nós, também. Mas tudo termina ali, no coquetel entre amigos e alguns leitores. O livro não vai mais longe... Eu sei, e você já me disse, que há bibliotecas e... quem sabe?, dentro de dez, cem anos, seu livro, aquele poema, serão lidos. Um entre milhares. E os outros?, os outros livros? Os que passam anos sem serem abertos: aqueles, de página dupla, que você me pede para abrir com a faca. Envelhecem, mesmo fechados, e ficam por aí, rolando, até que um dia cheguem ao lixo ou sejam vendidos a peso, como jornal! Uma tristeza! D. Noêmia contou-me que o professor fazia pequenos pacotes dos livros e jogava tudo no Arrudas. Por que isso, meu Deus?, perguntei eu, já pensando num acesso de loucura, de desilusão literária. Tão verdadeira que ele entrava em crise. Mal falei nisso, D. Noêmia riu. E me respondeu: que desilusão que nada… Eduardinho já passou da idade. Estamos velhos e temos que mudar, não vamos continuar a viver numa casa grande, que dá muito trabalho… De fato, mudaram. Para um apartamento pequeno: a livralhada desapareceu. Parte vendida, só uma parte. E muito mal. Já imaginou o desconsolo do escritor que tem de jogar seus livros no esgoto da cidade? Pois o Arrudas não é rio, é esgoto! Não vale a pena, minha filha. Você passa as noites sem dormir. Perde a saúde. Daqui a alguns anos, já sem saúde, nem sono terá. Os livros ficam por aí, perdidos. Quando saio e vejo, num passeio, livros e mais livros espalhados no chão pelo camelô, nem olho, de medo de ver o seu nome nalguma daquelas capas sujas, à espera de comprador, que pague um real ou dois, e logo o carregue. Se for pra ler, ainda faz sentido… Vida triste é vida de escritor. Que fazer? Por isso mesmo é que existe a ilusão literária. Vocês vivem de ilusão. Até ele, pessimista, e sabe que o livro e a literatura não passam de ilusão, continua a escrever… Depois de jogar centenas de pacotes no Arrudas… Isso é que não entendo…"

No entanto… o seu combate contra os meus serões, a censura à minha vida, de alheiamento e de trabalho aturado, livros e mais livros, desde menina, comprados por quem? Por ela mesma. Já adolescente, comprados por nós; estudante de Letras, comprados por ela mesma ou por mim; e, já professora, os encomendava às dúzias e eram entregues em casa, à sua revelia, pela Itatiaia.

Tenho certeza de que o rato de biblioteca em que me converti começou longe: veio de sua bulimia, não apenas dos livros de entrega nem das brochuras da casa de vovó *Cina*, surgiu na pequena bilioteca que cumulara, de solteira, e fomos enriquecendo, ao longo dos anos, até ocupar paredes inteiras em três cômodos de nossa casa na rua Juiz de Fora, onde duas estantes, com portas de vidro, fechadas, lhe eram destinadas. Exclusivamente. Além dos livros que não passaram com a minha biblioteca à doação feita à UFMG e, transportados ao Rio, ocuparam [os seus] as estantes com cortinas, hoje na sala do apartamento com as coleções de revistas.

Entre os livros lidos, com marcadores entre as páginas, estava o exemplar dos versos de *Só*, de Antonio Nobre, que ela sabia de cor. Como eu mesma o ignorava, foi tarde, muito tarde, já no Rio, que viria a descobrir na minha biblioteca o seu volume – um exemplar usado, lido e relido.

Lá está o cavaleiro, que conheço desde menina.

Como esquecer "a voz do vento, ao lado dele a ventar"?

"Onde vais tu, cavaleiro, pela noite sem luar?
Não responde o cavaleiro,
que vai absorto a cismar."[58]

Assim era. Assim foi...

Leitora contumaz, minha mãe sofria, estou certa disso, diante do pequeno êxito, mesmo nenhum, dos meus livros e, por que não?, diante da *immensa minoría* de meus leitores.[59]

Jamais me preocupei em saber por que escrevo ou para quem escrevo. Ante o desastre que é a vida, aprendi com Mestre Frieiro e com Emil Cioran (que passei a ler, a conselho seu) que não há motivo para o desejo de ser ou não ser lido: ambição desprezível à consideração de que "vivemos num inferno onde cada minuto é um milagre".[60]

Vou mais longe: após anos de convívio com o absurdo da existência, consciente, portanto, da "inconveniência de ter nascido", não optar pela morte imediata me parece mais lamentável que a própria falta de sentido de continuar vivo.

---

[58] *Só*, de Antonio Nobre.
[59] Era o que dizia, de si mesmo, Juan Ramón Jiménez (Prêmio Nobel de Literatura), ao referir-se aos seus leitores. No seu caso, os *happy few*, Mas *Platero y yo* viria contrariar-lhe a modéstia: tornou-se best-seller!
[60] Emil Cioran, *Le livre des leures. Oeuvres.* Paris, ed.Gallimard, 1995, p. 222.

Em tudo quanto diz respeito a nossa presença nesse vale de milagres e de lágrimas, o mais doloroso é que, cientes da advertência da Bíblia de que não há nada de novo sob o sol, a consciência da desgraça só atiça os condenados ao desabafo.

Que fazer? Todos reclamam da vida, raros os que abandonam o barco. Satisfazem-se, uns e outros, com as migalhas dos banquetes da véspera ou fingem tão completamente que tomam por vida o que não passa de existência.

Na inconsciência dessa impostura, o poeta Musset grifa o faz de conta na jubilação do *mal de viver*: "Sob esse velho sol tudo é presente, tudo já foi escrito. Não por mim!"[61]

Moral da história? Escrever é resgate. É catarsis. Se escrevemos para salvar do esquecimento o que pensamos, também lembramos para esquecer. A página branca é o divã de Freud, o recurso que o escritor tem a seu alcance para o purgar e sangrar.

O que não aprovo, nem aceito, é que isso se faça sem censura nem modéstia, com badalações e fogos de artifício, no circo armado pela e para a mídia, sobrevivente de todas as falências.

Escrever pode não passar, tanto como a vida, de tentativa de transcendência, quase sempre abortada. Acontece, porém, que o exercício cotidiano da busca do êxito e da felicidade leva à obsessão.

Que ninguém duvide: a ansiedade causada pela esperança, sempre adiada, é mal maior que o desespero, o último dos males – o único que não escapou da caixa de Pandora, o mais nocivo à humanidade.

Por isso, e muito mais, a própria vida não passa de repetido, e falido, exercício de metafísica...

E la nave va...

---

[61] Numa paráfrase da frase bíblica, *nihil novi sub soli*, desvela-se o simulacro: "A preguiça nos agarra e os tolos vão dizendo / que sob esse velho sol tudo é presente" (*La paresse nous bride et les sots vont disant / Que sous ce vieux soleil tout est fait à présent*).

Não eram essas, é certo, as apreensões de minha mãe. Nem quanto ao meu presente, nem quanto ao meu futuro. Visto que tudo prevíra e tudo fizera para defender-me dos percalços da existência, fossem eles morais ou materiais, decidiu, depois de devassar os riscos da ilusão literária mal-administrada, que o mais seguro seria prover recursos para minha subsistência após sua partida.

Ciente e convencida de que o salário do magistério jamais poderia propiciar-me aquilo que ela própria me oferecera, isto é, casa, conforto, roupa, música e alegria, a que se juntariam, fatalmente, os males todos da ausência, investiu no futuro: deixou-me aluguel de imóvel para completar os proventos do ensino.

Antes que a Indesejada das gentes viesse visitar-nos, nossa vida já sofrera oportuna transformação: vivíamos o futuro. Completado o tempo de serviço, logo solicitei a aposentadoria. [62]

Após a mudança para o Rio, já em Copacabana, num tombo em casa, minha mãe sofreria fratura do colo do fêmur. A cirurgia, de grande porte, permitiu-lhe recuperar a marcha, deixou-lhe, contudo, grave sequela.

Jamais voltaria a ser a mesma. A falta de confiança no equilíbrio, produzida pela queda, e o horror a nova estada no hospital, obrigavam-na a viver sob vigilância; aceitou enfermeira e empregada, coisa antes impensável.

E o mais triste, viu-se condenada à cadeira de rodas.

Apesar de querer bem ao fisioterapeuta, um belo jovem, particularmente afável e simpático, insurgia-se contra os exercícios e chamava-o diabo.

"Tão bonito! Mas é um diabo!"

---

[62] Tornara-me "professor jubilado", eufemismo criado a fim de dourar a triste sina do "aposentado", cuja subsistência se deve aos "proventos da aposentadoria". Ao correr dos anos, criou-se o título "professor emérito", para permitir a convocação do jubilado para membro de bancas de exame (júri, na França).

Malgrado a decadência física a que leva a dificuldade da marcha, a consciência da dependência para a realização de hábitos diários, como o gosto tão brasileiro de duas ou mais chuveiradas, a fortaleza de espírito lhe impediria a depressão, mal do século XX. Altiva, corajosa, aguentou os trancos.

Durante os cinco anos que nos foram concedidos, combatemos o bom combate: noite e dia, lado a lado, as horas ocupadas por livros, boas leituras, a que mais e mais se afeiçoara. E conversávamos muito, noite adentro.

De plantão, orelha em pé, à escuta, eu estava pronta, sempre, para o que desse e viesse. Tivemos porém de cancelar as viagens à Europa e, uma vez apenas, se me lembro, fomos a Belo Horizonte, quando fez suas despedidas, em Moeda, à casa de campo de Marina, o "fim do mundo".

Visto que nada a impediria de visitar a Pretinha, ia ao fim do mundo. Dominada pela ideia de voltar logo "pra casa".

Verdade verdadeira: gostava mesmo era do "seu canto".

No Rio, o "seu canto" era o quarto, a cama de casal, a metade ocupada, durante o dia, pelos manuais de orações e novenas, e pelos livros que estivesse lendo.

Ali havia, também, uma grande pasta, presente meu para que ordenasse, como num classificador, todos os seus papéis – folhetos, separatas, artigos, sueltos de jornal, destacados de periódicos, e que permaneciam empilhados nas gavetas menores da cômoda.

A pasta lhe pareceu, por isso, excelente ideia.

Passei, então, a vê-la entretida a ordenar a papelada. Como lhe agradava remendar e consertar o que encontrasse rasgado, tinha à mão cola ou grude para enfrentar horas de trabalho concentrado e minucioso.

As caixas de papelão eram sua especialidade. Empregada, na adolescência, numa fábrica de embalagens, ocupara-se da manipulação da prensa, ofício que requeria grande destreza e especial cautela.

Apesar da habilidade no manejo, teve a mão direita arrastada, num descuido imprevisível, até a prancha que descia, em guilhotina, sobre o papelão.

As falangetas do dedo médio e anular foram atingidas: arrancado ao anular ao abrir-se em arco, o anel que usava aprisionara-lhe dois dedos.

Os colegas correram a socorrê-la e a conduziram, imediatamente, ao pronto-socorro.

Atendeu-a, na Emergência, um cirurgião que começava a projetar-se. Reconhecido pela mestria em procedimentos delicados como aquele, deixaram-na a seus cuidados.

Seu nome? Dr. Pitangui (não o filho, famoso hoje no mundo inteiro, mas o pai, que logo alcançaria nomeada nacional).

Ao referir-se aos riscos do acidente, minha mãe articulava, à maneira de pianista, os dedos atingidos pela prensa para demonstrar o uso pleno e firme da mão direita. Tampouco perdia ocasião de dar prova de singular habilidade em qualquer retoque, conserto ou acabamento de caixinhas e caixotes.

Caixas e caixas, de todas as formas e tamanhos, nas quais guardava recortes de jornais, artigos de revistas, versos esparsos, cartas, bilhetes, receitas culinárias, rótulos de queijo, de garrafas de vinho, de uísque ou de conhaque, retalhos de veludo, seda e crepe, miudezas domésticas e, em maior volume, centenas de moldes usados na confecção de flores artificiais.

Bem guardado, num armário, mantenho esse tesouro – lembrança inestimável.

Nos longos diálogos, em Copacabana, no seu quarto, na sala ou ao "aperitivo sonoro" na saleta de música minha mãe repetia, num adeus definitivo, que jamais abrisse a casa, os braços nem a mão a quantos batessem à porta; não começasse a fazer favores a fulano e sicrano nem me pusesse a dar o que ganhara com tanta luta e trabalho. Tomasse cuidado com os falsos amigos. Com os verdadeiros, também. Parentes ou não. Não confiasse em ninguém! Do contrário, acabaria só: sem casa, sem braços e abraços. E o pior: sozinha e pobre.

Após crises ritmadas por espasmos dolorosos, asfixias, bruscas altas de pressão – prenúncio de crise montante de angina – ou quando, ao alerta do termômetro, surgem pela frente febres inexplicáveis, durante três / quatro noites, quando a esperança nos abandona e a fé se converte em jaculatória estéril, compreendi, afinal, que após a partida sem retorno estaria só, absolutamente só. E não teria, com certeza, em quem confiar.

Feliz ou infelizmente não foram meros bocejos de Salomão, mas a experiência aturada e acerbada da velhice, da dor e do sofrimento, que aponta o bom rumo e ensina a ver-nos tal como minha mãe se descobriu mais tarde, que me tem levado a avaliar, tanto no espelho como à minha volta, a caricatura do ser humano que um dia fomos. Ou éramos.

Sob o manto da angústia e do desespero, à sombra de graves confidências, também aprendemos a conhecer-nos, como aos demais, na relação misteriosa do silêncio, terminado, quantas vezes!, no *Libera nos Domine*.

Nas quedas de nossa via-crúcis, acorreram, em procissão, a anemia e a pneumonia, a angina e a nefrose, catarros e infecções, reanimação, transfusões, sondas e mais sondas, antibióticos e corticoides, nebulização, fisioterapia, fonoaudiologia, tudo consumado, após o AVC, numa contaminação nosocomial, que nos afugentou da casa de saúde (que ironia!).

Já em casa, as enfermeiras alternavam-se à sua cabeceira. Durante o dia. Apenas. Porque a noite era nossa, só nossa.

Nesses tenebrosos e sublimes instantes, diante da degradação do corpo infecto, destinado à inumação e aos vermes, diante do horror das escaras abertas, de onde sobe o odor da carne insepulta, não há como não sacrificar no altar das vaidades a crença nos grandes ideais, no futuro e nos mitos.

A lâmina suspensa, a Indesejada se fazia esperar.

Sentinela sádica, mantinha em sursis o golpe afiado em lenta agonia de juízo final: sol negro, noites insones, a solidão do desconhecido, do caminho sem destino, e a lâmina certeira entre mãe e filha, na estreiteza do ventre, que o invisível separa, para sempre.

Ali, entre quatro paredes, na noite fria e sem Deus, onde sequer pulsava a esperança, o horror inconcebível da treva absoluta tudo apaga e tudo invade, deixando atrás de si o inexistente e o vazio absoluto.

Vítima indefesa de tantas e tamanhas agressões ao corpo exangue, massacrado e martirizado – mãe amada, mãe dolorosa, voltei a ouvir de seus lábios o grito de desespero, com a entonação e a dor do *canto jondo*, que me chega, pela segunda vez, às tripas, rasgando e ferindo o ouvido: "Eu sou um lixo! Eu sou um lixo!" "Eu sou um lixo!"

Lembrei-me de Cioran. De nossa capitulação diante da bactéria, do micróbio, da ameba, dum punhado de horas roubadas ao duro *mestiere di vivere*...

Como aceitar que o homem, senhor do universo, possa subsistir numa caricatura de si mesmo, reduzido à podridão moral e física? Meu Deus! Por quê?

Seremos nós, marionetes grotescas nas mãos de um demiurgo alheio à nossa miséria? Por quê? Por quê?

Caí de joelhos. E me vi pedindo socorro: "Leve minha mãe, meu Deus!", "Não aguento mais!", "Leve a minha mãe!"

Passado o choque, terminada a higiene, pelas 3 da madrugada empenhei-me, pela enésima vez, na pesquisa de tratamento contra escaras. E dei com um fórum onde li, no SOS de uma infeliz cuidadora, o arremedo de definição do que acabara de ver e sofrer: "A escara é o fim do mundo."

Porque a escara é mais, muito mais que isso. É a intimidade da ganga de que somos feitos – a borra cósmica da matéria orgânica e inorgânica da soberba humana, dos seus ideais, sonhos e pretensões: baba incandescente que o vulcão vomita das profundezas e ejeta, em lavas, sobre a carne.

E não vem só, faz-se acompanhar do séquito de males escapados da caixa de Pandora, com direito ao *Dies Irae,* mas sem a misericórdia do *Agnus Dei...*

O réquiem solene não consola.

É fácil explicar o motivo da frustração de Max Frisch, após uma visita a Adorno: "Como entender!, exclama atônito, e... ou... mesmo admirar um homem que não se questiona e sequer pensa na velhice e na morte?"

Minha mãe não se deixou iludir. Na plena lucidez da unção dos Santos Óleos, à antevéspera do golpe do AVC, que a imobilizou e amordaçou, declarou com soberana segurança: "Você não está preparada para a velhice nem para a morte. Não se entristeça nem se preocupe, minha filha. Você não ficará só por muito tempo. Pedirei a Deus que a leve logo."

Os dias se alongam sem resposta, me parecem cada vez mais inúteis, a ausência, insuportável. Vivo sem viver em mim e a pena de viver dói mais que a luta com as palavras, luta vã, porque desesperada, entre o Nada e o Absoluto.

Tentada a apreender o inexprimível, não luto com as palavras, porque o que sinto está além da fala e do escrito, jorra em lágrimas.

Acredito, depois da experiência da morte e da perda do amor absoluto, que os grandes romances de amor sofrem, também, dessa falência, isto é, da impossibilidade de expressão do amor na sua jubilação erótica tanto como na grandeza do afeto que motiva o amor: o amor, *tout court.*

Claro que se nota em muitos casos não a falência, mas a fraude da afeição. Basta ler *Don Juan Tenorio y el Convidado de Piedra* para compreender a fraude do sentimento amoroso.

Cabe ainda atentar que em todas as formas de amor – amor, em sua plenitude, ou seja, amor a Deus, amor materno, paterno, filial, fraterno, ao próximo – se intrometem o tempo (como duração), a presença, a ausência e certas condições circunstanciais, de meio, lugar, idade, interesses criados, formação, sensibilidade, saúde, doença, solidão, desgraça individual ou coletiva, que podem interferir na comunhão que o sentimento maior propicia e exige, exaltando-o ou arruinando-o.

À medida que tudo converte em passado, a voragem dos segundos não avisa, entre os dois ponteiros do relógio, o seu *Omnia fluunt*: só a idade, os anos e as doenças dão o sinal de alarme. O futuro chegou.

Apertada entre segundos, a insignificância do presente se mostra tal qual é: cruel e odiosa. Entre o nada e o absoluto descobrimos que futuro não há, porque nele vivemos no átimo de segundo em que deixamos o presente.

Tudo se resume numa *constante*: a fuga ininterrupta do infinitamente pequeno, o presente. O que nos leva a Pascal, à metafísica e mais filosofias, sem, no entanto, salvar-nos do sacrifício da vida à existência.

Nada posso, nada sou. Sinto-me hoje indigna de quanto recebi e, a exemplo de um Albert Cohen ou de um Romain Gary, também filhos únicos, reconheço quanto é desprezível e grotesca a presunção da certeza nas exigências e censuras do tempo, do tempo que corre, do tempo que passa.

Claro que esse *da capo* encontraria melhor timbre se cantado por um tenor: no papel de Don José, na ária em que fala de sua mãe e das lembranças de outrora, na *Carmen*, de Bizet, ou Aznavour, no "ontem ainda" dos "20 anos", ou o nosso Casimiro de Abreu, na "aurora da vida", ou Pedro Nava, barítono de grande fôlego, nas páginas sobre D. Diva, sua mãe.

Mas... que fazer? O filho jamais transcende sua insignificância.

Aprendi, após a ameaça de infarto, em 1992, o que mais importava: não deixá-la só. Nunca mais aceitei trabalho que me impedisse ter minha mãe comigo. Passei no crivo todos os convites, para estarmos juntas, sempre.

Assim é que fomos à Espanha (uma vez) e cruzamos, várias vezes, as estradas da França e da Alemanha. Mas, na alegria de poder apresentá-la aos amigos e passear por montes e vales da Europa, esqueci, muita vez, os sofrimentos que lhe impunha, retendo-a a meu lado, longe das irmãs e, sobretudo, de sua Pretinha, irmã querida, a reclamar-lhe a presença. De qualquer modo, reconheço, no balanço final, que os momentos felizes pesaram mais, muito mais.

Guardamos lembranças inesquecíveis de nossas viagens. Entre outras, a de Madri, na noite mesma da chegada: deixamos nossa bagagem numa pousada e saímos, pouco antes de meia-noite, à procura de um restaurante para jantar.

Andamos, andamos e, de repente, numa *calle* iluminada, um *restorán gallego*. Muito bem recebidas, logo sentimos a cordialidade natural que se entretece com pequenos gestos de simpatia, isentos de afetação e formalidade.

Pedimos *gambas* e *jamón Serrano* e o garçon se incumbiu da escolha de um excelente *rosé*. Comemos tão bem e com tal prazer que recusamos o prato principal.

Ao sair, caminhamos cerca de dois ou três quarteirões. Nossos passos repercutiam no silêncio da noite amena, como se não fôssemos gente estranha em terra alheia, mas hispanos da velha Hispânia, de todos nós, a Hispânia celtibérica e romana.

Antes de chegar à pousada, encontramos o *Sereno* que gentilmente nos acompanhou até a escadaria da entrada.[63] Entramos pé ante pé, pois já passava das duas...

---

[63] Até fins da década de 1960 e início da seguinte, no século XX, "cabia ao *Sereno*, agente da autoridade nas grandes cidades da Espanha, encarregar-se da ronda da noite nas ruas do perímetro que lhe era atribuído, velando pela segurança das pessoas e das coisas". Além disso, cantava as horas e informava sobre o tempo: *Las doce y media y sereno... Las cuatro y lloviendo.*

Depois de outras muitas viagens, sempre que nos referíamos a um dia feliz de nossa vida, recordávamos as horas redondas dessa noite escura, *noche madrileña*, de carinho e sossego, do esplêndido luzeiro do *restorán gallego*, onde vimos, à soleira da porta, um grande alguidar, repleto de *gambas rojas*.

Embora a artrose dos joelhos a atormentasse, mamãe não se queixava. E como nos decidíramos, em Madri, a seguir viagem a Andaluzia, com paradas sucessivas em Sevilha, Granada e Córdoba, que fazíamos para evitar-lhe maior pena e cansaço? Eu me precipitava à procura de hotel para o pernoite, e ela ficava à espera no bar ou no café da estação.

Esse recurso nos pareceu tão bem combinado que passamos a agir da mesma maneira em Paris, quando se tratava de descobrir se esse ou aquele trajeto do ônibus ou metrô nos convinha: mamãe descansava num ponto de parada, enquanto me informava sobre a direção a tomar.

Tudo dava certo. Até o dia em que fui roubada, dentro de um banco, o BNP, na mais bela avenida do mundo, a Champs Elysées.

Tudo se passaria em poucos minutos. Uma vez que nosso destino era o Quartier Latin, minha mãe esperaria por mim no banco do cais do metrô. Tudo combinado, parti em direção à agência bancária, para a compra de francos, evitando-lhe subir as escadas da estação Franklin Roosevelt.

Acontece que, já no banco, ao abrir a bolsa para retirar os dólares, vi que tinha sido roubada. Queixei-me à bancária e ao gerente, e o vigia correu à porta para tentar alcançar o homem que estava na fila atrás de mim. Tarde demais... Convite irrecusável, a bolsa, a tiracolo, servira-lhe de Caixa.

O ladrão se escafedeu no meio da multidão com mil dólares — a quantia com a qual pagaria um mês de aluguel do apartamento em que nos hospedávamos.

Ao convencer-me da perda definitiva dos dólares, olhei o relógio: eram passados mais de 40 minutos: corri ao encontro de minha mãe, descendo de dois em dois os degraus da estação.

Ela, aflita, se perguntava que teria acontecido à filha.

"Fui roubada, mamãe!"

"Mas como? Isso não é possível! Ou, então, sua bolsa estava aberta… Bem que lhe digo: você é muito desatenta!"

"Se estava dentro do banco!!"

"Nesse caso, o banco é que não presta! E o vigia?"

Contei-lhe tudo. Não me lembro se chorei. O que sei é que estava inconsolável.

Recuperada do susto, mamãe retoma o comando da situação.

"Você não vai entrar em desatino por causa de mil dólares, filhinha! Mais tem Deus pra dar que o diabo pra carregar. Pago o aluguel com o dinheiro que trouxe para nossos passeios. Se não pudermos fazer outras viagens, paciência… Volto no ano que vem e vamos gastar muito mais que esses miseráveis mil dólares. Você vai ver. Se vim à Europa foi para ficar com você. Não para passear. Foi para ficarmos juntas. Para matar saudade. Pense nisso. Deus é maravilhoso! Vamos é agradecer a Deus porque nem eu nem você estamos doentes. Paga-se o aluguel e pronto! Não se fala mais nisso."

Minha mãe não fomentava nem partilhava desespero, jogava água fria na fervura com boas doses de bom senso. E como tinha sempre reservado e bem escondido o seu dinheirinho, para presentes às irmãs, para comprar cristais, prataria ou peças bonitas para a casa (o que eu julgava supérfluo), me salvava nos apertos de fim de mês ou numa situação como aquela. E quando saía às compras, procedia como meu pai: só adquiria o melhor. Quase sempre caro.

Pelo que me contou, meu pai dizia não ser rico o bastante para comprar barato. Porque o barato sai caro, pois sempre obriga a novo gasto.

Por ocasião de minha formatura no curso colegial, fomos à cidade para comprar tecido para um vestido. Brigamos na loja. A seda, por ela escolhida, seda pura, custava caro, muito caro. Eu não admitia que gastasse tanto num vestido. Firme na escolha, mamãe queria fazer valer sua autoridade, eu me rebelava.

Estarrecido, o caixeiro lhe disse: "Minha senhora, é a primeira vez que vejo a filha brigar com a mãe para não comprar-lhe um tecido de qualidade! Vamos fazer o seguinte: para a menina não brigar com a senhora em casa, vou agora mesmo conversar com o gerente e ver se autoriza um desconto."

O caixeiro conseguiu o desconto e mamãe me disse baixinho: "Viu só? Deus é maravilhoso! A Noca vai fazer um lindo vestido e você ficará linda".

A misericórdia do Deus maravilhoso não ficaria nisso.

Empenhada em não aumentar a despesa, consegui, emprestadas de uma contemporânea, formada no ano anterior, a toga e a beca para a sessão solene da formatura, de que era a oradora.

No entanto, ao contar à mestra de classe, *mère* Ligouri, que conseguira, emprestada, a veste completa, usada uma única vez, novinha, novinha, *mère* Ligouri replicou: "Nada disso! Fui encarregada por *notre mère* [64] de avisar à D. Honória, sua mãe, que o colégio lhe oferece a toga para a cerimônia. Você não perdeu o primeiro lugar e foi, por isso mesmo, escolhida como oradora. Então, essa honra não pode resultar em gasto extra para D. Honória: o prêmio tem de ser integral. Você terá toga e beca, já encomendadas ao alfaiate do colégio. Bem-acondicionadas e bem-guardadas, ficarão para empréstimo, nos próximos anos, às meninas que não tenham meios para adquiri-las. Todos saem ganhando!"

Desse jeito e maneira, as duas famílias, materna e paterna, puderam ver-me e ouvir-me no traje talar, feito na medida para

---

[64] A superiora, *mère* Maria Apresentação Santos.

a formatura, em dezembro de 1952, no salão nobre do *Sacré-Coeur*.

As fotos – na época, retratos – foram coladas no álbum e a vida continuou.

Até que me defrontasse, à véspera do vestibular, com dúvida angustiante, insuflada, à queima roupa, por um primo de meu pai:

"Como é que você, tão inteligente, põe a perder a feliz ocasião de optar por uma carreira muito mais auspiciosa e adequada ao seu talento? Por que não se submete ao vestibular para o curso de Química? Você está mais do que preparada para isso. Não foi aluna brilhante de Henrique Luís Lacombe, professor catedrático da Universidade de Minas Gerais? Pois é! Com a Engenharia Química seu futuro estaria assegurado! Bons empregos, excelente salário! Enquanto na Filosofia ou nas Letras... Pura perda! Tanto para o seu talento como para a sua formação!"

Fiquei impressionada.

Minha mãe furtou-se a comentário. Não tomou partido.

Disse, sem retoque: "A escolha é sua. Carreira é como casamento: até que a morte nos separe. Escute seu coração. Claro que poderá, mais tarde, fazer outra coisa, mas terá perdido tempo se tomar o caminho que lhe aconselharam em vez daquele já escolhido. Não digo A nem B. Não estou aqui para opinar. Só para ajudar."

Ponto final. Uma semana depois, já estava matriculada num cursinho de férias, gratuito, mantido pela Faculdade de Filosofia, no 19º andar do *Acaiaca*. Nesses poucos meses, entre a formatura do clássico e os exames do vestibular, conheci professores com os quais dividiria tempo e espaço, no calendário letivo, até que, à aposentadoria das cátedras que ocupava, me fosse possível atender a convites para lecionar fora do país em períodos mais longos que os das férias regimentais ou férias-prêmio.

A escolha definitiva da carreira se confirmaria com a opção pela Letras Neolatinas. Entenda-se. Tratava-se do antigo curso de Letras, destinado a formar alunos e conferir diplomas de bacharelado e licenciatura para o ensino secundário e superior, cujas matérias fundamentais eram Latim, Português, Francês, Espanhol e Italiano, mais as disciplinas genéricas e específicas de História da Filologia e das Línguas e Literaturas ministradas em cada currículo.

Para acesso ao magistério superior, exigiam-se, como expliquei, além dos títulos de bacharel e licenciado, o de doutor e / ou livre-docente, sujeitos a concurso, ambos públicos, com provas e defesa de tese.

Graças a bem-guarnecida retaguarda, chegaria ao termo de meu esforço. Minha mãe rezava e velava, pronta a assumir, sempre que necessário, a frente de combate.

Quando me candidatei à cadeira de Português do colégio estadual, não me classificaram no primeiro lugar, porque... (justificaram-se) o Ministério da Educação e Cultura não me havia expedido a carteira do registro de professor de ensino médio, apesar da apresentação do diploma, já registrado, aceito e validado, para a inscrição a concurso de títulos e provas.

Inconformada, minha mãe não aceitou as explicações "esfarrapadas" do presidente da banca. Uma semana depois, talvez menos, nos encontraríamos em frente ao Parque Municipal, na Avenida Afonso Penna, com dois de meus ex-professores, Mário Casassanta e Aires da Mata Machado filho.

Bom e afetuoso, Mário Casassanta a cumprimentou pelo êxito da filha nas provas. Minha mãe desabafa: "Êxito, professor? Minha filha foi passada pra trás! Ela não é bonita nem filha de gente importante! Por isso!"

Ao que o professor Mário, interrompendo-a, toma-me a cabeça, aconchegando-a ao seu peito, e retruca-lhe "Feia é a senhora! Ela é muito bonita!"

Entre risos, tudo terminaria ali.

Não me faltaram, felizmente, outras muitas ocasiões de oferecer prova pública de que não só tinha a carteirinha do MEC como o conhecimento necessário ao exercício da profissão, no país e no estrangeiro. Só lamento que a necessidade tenha prevalecido sobre a vocação. Não restaram à música senão minguados momentos, roubados ao livro e às salas de aula.

Contudo, nunca me queixei, como Flaubert ou Pascal Quignard, pelo muito que de nós se exige e pelo pouco que nos resta ao sacrificarmos a vida aos "trabalhos e aos dias".

Que fazer? De nada valeu a lição de Hesíodo nem o alerta de Jorge Manrique, Mestre de Calatrava, que nos intimam a usar do juízo e ver *como se pasa la vida y como viene la muerte, tan callando…*

Embora órfã, a morte não me amortalhara à perda de meu pai. Não apenas pela sua proibição, *in extremis*, de vestir-me de luto ou impressionar-me com a orfandade.

Lembro-me ainda, e creio tê-lo mencionado, o episódio no seu velório, dia 20 de fevereiro de 1944, o Ocidente ainda em guerra.

Morávamos numa casa enorme, com salas e quartos espaçosos, no bairro Floresta, em Belo Horizonte. É provável que a memória do tempo perdido exagere as dimensões: entre 7 / 8 anos de idade, tudo nos parece maior.

Embora consciente da perda de meu pai, não me resta, do velório na grande sala, qualquer lembrança fúnebre. Muito menos mórbida.

Relevo, hoje, desse rito de passagem, que a marca do *pathos* se concentra no morto, corpo presente: ele, protagonista; minha mãe e eu, personagens do drama sem luto, a quem se devem cumprimentos formais. Nada além.

Devo confessar que ao ouvir, faz pouco, a canção de Marc Lavoine, *Reviens mon amour,* foi que comecei a entender por que a dor da perda de meu pai e de outros entes queridos jamais se crispara da mesma densidade que a de minha mãe.

Se me apropriei da emoção desses versos foi porque lhes inoculei o mal da solidão sem remédio, *a solidão sem minha mãe,* a partir de 18 de maio de 2009.

Eis o início da canção de Levoine:

D'abord, j'ai perdu ma langue et puis j'ai perdu mes clefs / Ensuite, j'ai perdu le nord, la tête un soir d'été / J'ai perdu mon adresse et puis j'ai perdu mon âme, j'ai perdu mon chemin / J'ai perdu d'avance, j'ai perdu la guerre / J'ai perdu le sens de l'humour, des affaires / Et puis j'ai perdu la mémoire, j'ai perdu le sourire/ Le jour où j'ai perdu mon père [...][65]

As perdas já sofridas não me pareciam devastadoras, pois continuara a viver. E respondera, sem conhecê-lo, ao princípio do *The show must go on*...

Tal prerrogativa, sei agora, devo-a à minha mãe: *mi vida en mí*, assegurada pelo privilégio do ventre materno. E, ademais, filha única. Tudo se encaixa na ordem das coisas: estávamos vivas. E com saúde. O *show* não teria fim.

E... agora?

Isto é, há quatro anos...

Como foi o *day after*?

Ainda que acompanhada, de minha tia querida, duas primas, um primo civil, duas amigas, senti, como jamais sentira, a imensa falta dos meus mortos, todos eles! Já lhes pressentia a permanência na treva da solidão, apenas começada.

Aqueles mesmos cuja ausência não me maltratara tanto: o meu santo monsenhor Messias; minhas avós – Alcina, Joana e Mariquinhas; meus avôs – Solídio e *Sojuca*; meus tios – *Juquita*, Amaro, *Palita*, Expedito e *Timbu*; *Noca*, minha comadre; Eurídice Fernandes Goyatá, minha professora primária; *mère* Ligouri e *mère* Apresentação, religiosas do *Sacré-Coeur*; meus professores

---

[65] "Primeiro, perdi minha língua e depois perdi minhas chaves, / em seguida, perdi o Norte, a cabeça, numa noite de verão./ Perdi meu endereço e, depois, perdi minha alma, perdi meu caminho./ Perdi o antes, perdi a guerra./ Perdi o senso de humor, dos negócios / e depois perdi a memória, perdi o sorriso,/ no dia em que perdi meu pai [...]"

do Conservatório, Luís Melgaço e Carmem Rabelo do Couto e Silva; meus colegas de faculdade, João Camilo Castilho, Regina Bastos Pereira, Norma Alvarenga; meus mestres queridos – Eduardo Frieiro, com D. Noêmia, Mário Casassanta e Aires da Mata Machado Filho, Lourenço, com Alaíde, Orlando de Carvalho, com Lourdes, José Carlos Lisboa, Roberto Giusti...

E... por que não, meu Deus? Toda a música, a minha música, partira com D. Celina e Sérgio Magnani, o maestro; os queridíssimos amigos da Academia Mineira, Mário Mendes Campos, Moacyr Andrade e Édison Moreira; os amigos do *Sabadoyle,* Plínio Doyle, Pedro Nava, Drummond, Heli Menegale, Alphonsus, Joaquim Inojoza de Andrade, Mário da Silva Brito, Olímpio Matos, Gabriel Vandoni de Barros; meu editor, Ênio Silveira; o amigo fiel, Paulo Mendes Campos; os amigos de Indiana, Josep Roca-Pons, Kyra Stevens, Concha Sardoya, Sérgio Buarque de Holanda; os colegas e amigos da Sorbonne, Léon Bourdon e Hélène, Raymond Cantel e Paulette, o Abbé Roche; Marcel Bataillon, do *Collège de France*; as tias francesas, Yvette, Marthe, Andrée, Renée; o imenso Hermann Görgen, que também era "trezentos / trezentos e cinquenta"; o mais doce e terno dos casais, Beatrix Reynal e o pintor José dos Reis Júnior; e, *last but not least,* meu amigo fazendeiro, bacharel, jornalista e poeta bissexto, de quem era amiga e hóspede no Flamengo, sempre que ia ao Rio, e fazia questão de apresentar-me como "a única mulher que dorme lá em casa e não dorme comigo...

E... agora, José? E agora, José Peres?

Estão todos dormindo, dormindo profundamente.

Mas não deixarão de velar por mim, e ele, também.

Vêm-me e ouvem-me, cada dia, a cada hora, ao abrir um livro, à mesa do escritório. Os poucos, que me restam, ainda de pé, cerrados e encerrados nas páginas escritas, lombadas e títulos à mostra; de corpo inteiro ou de perfil, nos seus retratos: sérios uns, risonhos, outros, sós ou acompanhados, pela família, por Egon e suas personagens.[66]

Resgatei-os do limbo a que os rejeitara, e ali estão eles: à minha espera, com mamãe e *Pituchinha*, recém-chegada, lado a lado, e me acenam da eternidade.

Ao deixar o Rio, somavam, mais *Pituchinha*, 42. Isso mesmo: 42 imagens, tal e qual, sempre, sem retoque; contei-as, todas, uma por uma.

Temo, agora, o pior: que um novo amigo, ceifado pela Repentina, me preceda antes da consoada, vindo a alongar a lista dos que já se encontram, além do Lete, do outro lado...[67]

De uma ou de outra forma, que fazer? Responderemos ao preceito: *The show must go on...*

Houve um momento crucial na minha vida – a hora em que ouvimos o ultimato da esfinge: "Decifra-me ou devoro-te."

Eu acabara de receber uma bolsa de estudo de Canto para o Festival de Música de Teresópolis, no Rio.

Grandes cantores líricos, professores, maestros, do Brasil e do exterior, ali marcaram presença. Minha professora do conservatório, Carmem Rabelo do Couto e Silva, tanto como Celina dos Guimarães Peixoto julgavam que a bolsa para Música de Câmera chegara na hora certa: depois de submetida a provas e exames do doutorado e livre-docência para a cadeira de Literatura Hispano-Americana.

Todos eram unânimes: no último ano do conservatório, era a vez e hora de soltar a voz: a hora da música, minha primeira escolha. Um privilégio! Minha hora e vez.

---

[66] Neste setembro de 2013, as prateleiras das estantes estão vazias. Quase todas. Fiz doação de meus livros à Biblioteca Municipal de Ouro Preto, cujo prefeito é o escritor e acadêmico Ângelo Oswaldo de Araújo Santos, meu ex-aluno e neto de José Oswaldo de Araújo, professor da Faculdade de Letras da UFMG.

[67] O que acaba de ocorrer, à revisão destas páginas, à partida de tia Carmem, irmã de meu pai, "uma santa", a exemplo de vovó Joana, minha avó materna.

Não jogue fora o presente que Deus lhe dá! Ocasião rara! Sobretudo para os estudantes de Belo Horizonte, longe da efervescência cultural do Rio e de São Paulo! Só se aceitam alunos efetivos dos cursos de Música, com conhecimentos de teoria, ditado, solfejo e aptos à leitura à primeira vista! Por que se amedronta?

Era o convite ao vim, vi e venci. Optava-se, após teste, *in locu*, por *Master classes*, ministradas por cantores famosos e especialistas de técnica vocal. Tudo *gratis, pro musa*. Só havia a pagar a taxa de matrícula e as despesas de hotelaria.

Tomei coragem. Fiz as malas, com partituras e mais partituras, disposta a conquistar um lugar ao sol entre os artistas da música de câmera do país.

Era minha primeira viagem. Sozinha. Sem colegas nem professores do conservatório. Despedi-me de minha mãe, do Prof. Frieiro e de D. Noêmia, embarquei para o Rio num ônibus da Cometa.

Fim de tarde, segui noutro ônibus para Teresópolis.

Ali mesmo, na rodoviária, fui de taxi até o hotel. O quarto sob reserva, subi para um banho e trocar de roupa.

Às 8 horas da noite, desço para jantar. Refeitório cheíssimo.

Depois de espera, me apontam mesa livre. Passo ao *buffet*.

Em meio ao tumulto de vozes, começo a observar os convivas: músicos e artistas. Barbados, cabelos longos, desgrenhados. As moças, igual. Nenhum conhecido no meio daquela estranha fauna!

Ouço as conversas, reparo nas roupas, nos gestos e... me vem o estalo: todos hippies!

Hippies? O meu mundo não é esse. Aqui não fico!

Que inventar para tão súbita partida?

Se acabara de prestar concurso para a livre-docência... Estava portanto habilitada a substituir o catedrático! Isso mesmo! Fosse num impedimento de saúde, fosse durante as férias-prêmio...

Insone, a cantora "de primeira viagem" doura a pílula na longa noite desse arrastado dia, iniciado às 5 horas da manhã, em Belo Horizonte.

De modo a arrazoá-la com um bom pretexto, procurei, depois do almoço, o diretor responsável e disse-lhe ter recebido, pela manhã, um comunicado de Aluísio Pimenta, nosso reitor, solicitando minha presença na universidade a fim de substituir o catedrático durante os dias em que deveria ausentar-se para participar de uma banca de concurso no sul do país.

No dia seguinte, à noite, já estava em casa.

O desencanto e a surpresa estampados no rosto do professor Frieiro e de D. Noêmia me mostraram que as grandes frustrações podem vir da coragem trágica da renúncia ao combate. Por isso mesmo Cioran confessava ser *un regret ambulant*, pois a nostalgia do que fizera ou deixara de fazer o perseguia. Sem trégua.

"Mas... minha filha! Por que você se despede de uma carreira do seu agrado e abandona tudo para ficar nesta roça, sem outro futuro que uma modesta universidade no sertão de Minas?", perguntava Frieiro sem entender a minha volta.

Dona Noêmia protesta, valentemente;

"Não faça a menina sofrer! Ela agiu muito bem! É aqui o seu lugar. Você tomou a decisão certa, Zezé. E não pensou duas vezes. Se não fizesse isso, ia passar a vida lamentando ter jogado pela janela toda a luta para chegar onde chegou. E vai fazer uma bela carreira: Eduardinho cai na compulsória e você é logo chamada, de verdade, a assumir a livre-docência. Se Deus quiser!"

Um anjo disse amém. Teresópolis passou a retrato na parede, ao lado de outro, desbotado, em que apareço com Martha Lipton, minha professora de canto na Indiana University.

Mas essa é história breve, tão breve!, de que *acordarme no quiero...*

Não abandonei o conservatório nem o canto. Após o falecimento de D. Celina, passei a fazer repertório com o maestro Magnani. E foi ele mesmo, Sérgio Magnani, quem me acompanhou por ocasião do exame final, prestado no *campus* da Pampulha, na própria reitoria, durante a gestão de Orlando de Carvalho, nosso ex-professor, no posto de reitor.

Habilitada, portanto, por prova pública, após a interpretação de três peças – uma brasileira e duas outras em alemão e francês, ou em inglês e italiano, uma delas clássica, e outra romântica ou contemporânea –, ao diploma de professora de canto, se já concluídas, com êxito, as demais disciplinas do curso de Música, iniciadas por teoria, ditado e solfejo, durante 12 anos de frequência às aulas ministradas no nosso antigo Conservatório Mineiro de Música.

Sequer voltaria ao conservatório para receber o precioso certificado de tão longa permanência numa única instituição. Tampouco sei, e sequer posso imaginar, qual fosse o juízo de minha mãe acerca de minha relação com a música, depois de tantos anos de estudo aturado, submetendo-me a concurso, provas escritas e exames, de harmonia, fuga e contraponto, história da música, canto coral, piano (curso de teclado, para os alunos de canto) dicção, pedagogia etc…

Como foi isso possível? Eis o que me pergunto. Abandonei a música, a paixão da minha vida. Ou pior, enterrei o talento que me foi dado por Deus. Comecei a trabalhar noite e dia, dia e noite, das 7h às 23h45. Sobravam-me, aos sábados, algumas horas: depois das três, à tarde, na Faculdade de Filosofia, no *Acaiaca*, onde, já professora, lecionava no 19º andar.

Ignoro mesmo que avaliasse, nesses dias inteiros, noites intermináveis, a privação que significara o abandono do canto para a dedicação, *full time*, ao magistério: tudo o que poderia ter sido e que não foi, no sacrifício da juventude, o melhor da vida, a carreira e a casa própria.

Claro que tive outras alegrias, mas se o conhecimento é minha armadura, não deixa tampouco de ser meu elmo de Mambrino.

Nada me parece, hoje, mais melancólico do que o esforço para atingir um alvo que, alcançado, se esgota no êxito. Talvez porque todo empenho pela conquista daquilo a que aspiramos não passe de uma corrida de obstáculos movida pelo êxtase do imaginário…

Em Sausalito, na baía de São Francisco, na inesquecível Califórnia,[68] pude entender o que significa tornar-se autor da própria vida: conheci, *de visu*, as comunidades hippies, no ato e entreato da recriação do mundo à sua imagem e semelhança, "na realidade sonhada", isto é, "a felicidade nas casas flotantes da baía de São Francisco".

Nas décadas de 1960 e de 70, a comunidade das casas flotantes era vista, apenas, como confrarias de artistas – *beatnicks* e hippies, isentos de preconceitos de cor ou de origem, alheios aos conflitos sociais.

Que buscavam eles, longe das megalópolis? A natureza e a liberdade: a verdadeira vida, por preço abordável, longe do capitalismo e de Wall Street...[69]

Então, sim, vi, de perto os hippies e a cultura *underground* – "a energia da década de 1970". Entre os que ganharam notoriedade, um Sterling Hayden, ator de cinema, Shel Silverstein, poeta e escritor de livros infantis, além de autores de música folclórica, integrantes desse inimitável estilo de viver engajado apenas com a natureza, isento de compromisso político.

Infelizmente, nem tudo eram flores...

Induzido pela formação como pela disciplina a considerar o caráter demoníaco dos movimentos de esquerda, o FBI veria nos hippies e *beatnicks* "ingênuos úteis" à esquerda radical marxista: infiltrada nos *campi* universitários e, regionalmente, no litoral californiano, entre os estigmatizados, a organização *Weather Underground*, definida pela Direita como incentivadora da "guerrilha urbana", logo figuraria entre os TEN MOST WANTED.

---

[68] Convidada por um amigo, o professor Luis Monguió, da Universidade de São Francisco (UCLA), a quem dediquei o ensaio sobre o poeta peruano César Vallejo, *César Vallejo: ser e existência*. Coimbra, Atlântida Ed., 1971.

[69] *The floating houses communities*, "*the energy of the seventies*", que ali viviam a "realidade sonhada" – *the happiness in the bay of San Francisco at an affordable cost!*"

A lupa usada pelo FBI deformaria em ato ideológico o interesse e os meios dos *Weather Underground*. O que se tratava, no entender dos chefes de fila, como "propaganda do fato", antagônica à "propaganda armada", se converte, aos olhos do Pentágono, em movimento revolucionário, liderado por perigosos terroristas.

Aos alarmantes e consecutivos bombardeios sobre o Laos e o Vietnã, a guerra se alastra num trilho de napalm, pólvora e sangue – de Hanói a todo o sul do Vietnã. Então, aos avisos do comando, seguem-se, com a fita negra de luto, as condolências do Estado Maior ao *home sweet home*: a América desperta.

As passeatas se multiplicam país adentro e a morte justifica a luta pela vida. Encena-se, na capital do país, a metáfora bélica da demência assassina dos *marines* no genocídio premeditado pela nação mais poderosa do mundo.

Em três atos, em três sedes do poder, três bombas – imediatas, todas três, a três assaltos das três forças americanas contra um país asiático, pobre e dividido entre irmãos – repercutem em Washington: a primeira, à invasão do Laos, em 1º de março de 1969, contra o Capitólio; a segunda, ao ataque aéreo a Hanói, de 19 de maio de 1972, contra o Pentágono; a terceira, à sucessão de bombardeios ao Vietnã, após os acordos de Paris (1973), contra o Departamento de Estado, em 29 de Janeiro de 1975.[70]

À luz da metáfora, David investe com uma funda, ou bodoque, contra Golias. Não faziam senão resistir à própria violência da história, numa legítima reivindicação em favor da luta pelos direitos humanos.

Por isso mesmo, chamou-me a atenção o papel de Otis Redding, antigo intérprete de hinos religiosos e autor do *hit* da época, a canção [*Sittin'on*] *The Dock of the Bay*, que tive a ocasião

---

[70] Nos bombardeios de Hanói e da trilha chamada "trilha de Ho Chi Min", em 1965 / 1968 / 1972, e após o Acordo de Paris, em 1975, as bombas suplantaram, em número e destruição, às que foram lançadas durante a Segunda Grande Guerra.

de ouvir em 1967, na voz de Redding, no palco do campus de Indiana, ao som das bandas de alunos.

Poeta e intérprete do *way of life* em Sausalito, Otis Redding canta nessa mítica "marinha" o que era a vida numa casa flutuante: *Sittin' in the mornin' sun, I'll be sittin' when the evenin' comes. Watchin' the ships roll in, and then I watch 'em roll away again...* [71]

O horizonte abria-se largo diante da casa de Redding, ancorada no Waldo Point da Marina, de onde se podia acompanhar a rotina modorrenta do ir e vir dos barcos ao cais.

Embalado pelo ritmo das águas, sem pressa, e em sossego, o cantor escreveria aí mesmo "os versos imortais do [*Sittin'on*] *The Dock of the Bay*".

Já conhecido, admirado por suas baladas desde os começos no *blackgospel*, Redding domina a arte da composição: rabiscara em guardanapos de papel e no papel de cartas de um hotel da baía o poema, levado ao palco, na primeira cópia, letra e música, no Festival Pop de Monterey, em junho de 1967. Êxito imediato.

A versão definitiva seria gravada, em vinil, num *studio* de Memphis.

Em dezembro do mesmo ano, vindo ele a falecer, os jovens se apropriariam da canção. Honrando-lhe a autoria, fizeram-na sobreviver à inclemência do tempo. Se é hoje mencionada como presença radical na história do *Pop* – a "virada *Pop*" – não lhe incendiou a obra: grifou-a, para sempre. [*Sittin'on*] *The Dock of the Bay* assegurou a Redding a liderança de audiência e projetou-o à posteridade. Associada ao seu nome, houve quem lhe atribuísse o êxito à publicidade do acidente de avião em que falecera, após a gravação. Tudo bem armado, como se encenasse um diabólico golpe de *marketing*.

---

[71] "Ao sol da manhã eu me sentava, até que a tarde viesse, contemplando os barcos que passavam e eu os contemplava até que fossem embora outra vez".

Donde se vê a que ponto leva o cinismo dos que gravitam em torno da fama e dos índices de audiência. Redding encontrava-se no ápice do seu prestígio e a mídia não chegara, ainda não, ao círculo de fogo onde a fama exorciza seus demônios. Julgavam possível exorcizar, para sempre, o sonho de toda uma geração.

Não atingiram o alvo.

[*Sittin'on*] *The Dock of the Bay* inscreve-se no livro inaugural da música americana do século XX porque anuncia, no seu clímax, a excepcional inovação na carreira do autor.

Consagrado como um dos maiores intérpretes da *soul music*, sensual e áspera, Otis encarna, hoje, o patrimônio legendário da cultura afro-americana, expresso no *southern soul*, mais próximo das raízes negras sulistas.

Antes tarde que nunca, foi o que aprendi, nessa passagem pela Indiana University. E o melhor, penitenciei-me pela heresia cometida. Os músicos de Teresópolis nada tinham de hippies. Eram artistas: flautistas, violinistas, pianistas, barítonos, tenores, sopranos...

Só a mineirinha, malformada e informada, se enganaria ao ver nos descabelados de Teresópolis a cópia tupiniquim do poder da flor. E pagou por isso, ao forjar um pretexto que a afastaria da música da sua geração.

Tudo começou cedo. Muito cedo. Desde a opção pela Faculdade de Filosofia, em vez do curso de formação, de acesso ao magistério primário, que a superiora do Sacré-Coeur julgara, bem-intencionada, o mais indicado à menina pobre.

Assim era e assim é. O conhecimento, produto fisiológico, funciona em moto próprio, perpétuo. Se o estudo leva ao conhecimento, o conhecimento não acaba. E como o livro nunca vem sozinho, inicia-se, em parafuso, o circuito sem fim: do livro aos livros, dos livros à bibliografia, da bibliografia à biblioteca...

Uma vez inoculado o mal, não há quem se livre nem do primeiro nem do último fuso: um livro, todos os livros. Até pensei em usar esse título no meu ensaio sobre este trabalho.

Passemos.

Antes que declare, a exemplo de um amigo escritor, serem os livros um câncer, pois também se reproduzem por metásteses, que se expandem pelas prateleiras, alastram-se paredes acima e abaixo, saem da biblioteca em busca de ar fresco e invadem a sala de jantar. Ali onde promovem brigas homéricas entre marido e mulher, diante da importância e valor dos privilegiados ocupantes do espaço, cuja avaliação se faz por *marchand de tableaux*, à vista da assinatura como da data, fase e dimensão da tela. E, se vendidos em leilão, alcançam quantias superiores às arrematadas como raridades bibliográficas.

O gênero em alta, a notoriedade do pintor e a importância dessa ou daquela fase elevam e superfaturam a avaliação, até que se proclame o aviso do leiloeiro, *Les jeux sont faits. Rien ne va plus.* Arrematam-se quadros por soma faraônica, superior à do lance final de preciosos incunábulos e palimpsestos milenares.

À véspera da tomada de posse do espaço habitado, as belas lombadas justificam, pela aparência, o despejo dos quadros, até mesmo da sala de jantar, enquanto no living, se as estantes acolhem sem reserva os livros, é porque figuram, ao olhar ingênuo, a cultura dos anfitriões.

Natural. Pois além de presença constante nos templos de comércio, tampouco se leva em conta, se em leilão, o valor da tela. Isto é, como "obra-prima na história da pintura".

E os livros, à falta de impedimento maior, na multiplicação das metásteses podem chegar ao hall da entrada, pois cabem numa console de mármore, onde se escoram entre duas cabeças de elefante.

Chegamos, pois, ao elevador.

Embora inimaginável, já pude admirar, num elevador particular, duas belas telas. Não creio, porém, que os livros aí se equilibrassem em prateleiras.

À lembrança de Kien, sinólogo eminente, personagem de *Auto de fé*, de Elias Canetti, precavenham-se bibliômanos, bibliófilos e bibliopiratas, a biblioteca, que lhe ocupara a casa inteira, acabaria, um dia, por despejá-lo.

Apesar de insinuado, nas entrelinhas, que outro fosse o intuito do autor e criador, não creio depreciar-lhe a obra cujo epílogo confirma as palavras de um estimável leitor: "Em nenhum lugar, neste livro consagrado aos livros, se trata do tríplice prazer da literatura, da leitura e do texto."

E... por quê?

Eis a resposta do mesmo leitor, e blogueiro, sobre Kien, o estranho bibliomaníaco: "Porque a bibliofilia [de Kien] [não passa] de uma forma de fanatismo tirânico".[72]

Talvez sim, talvez não! Pois parecem interessar-lhe a posse e a quantidade desse objeto que é, aos nossos olhos, o livro. E é bem provável que a tirania diagnosticada em Kien pelo blogueiro Robert F. não passe de uma espécie de perversão do desejo sexual de posse.

Um fetiche? Só Canetti sabia.

Freud explicaria.

Quanto à resposta, é claro.

Não nos esqueçam, porém, de que livros, cadernos e blocos continuarão a ter lugar cativo na cozinha, onde as donas de casa passam a maior parte do tempo e onde se consultam livros de culinária e cadernos de receitas.

E mais: tenho amigos cujos livros chegaram ao WC: falta de respeito? Bulimia intelectual? Não iremos além.

Já no exercício do magistério, na Universidade Católica, onde lecionava, interinamente, Literatura Espanhola e Hispano-Americana, fui procurada pelo padre Valentino Bahillo, adido cultural do consulado espanhol e representante do Instituto de Cultura Hispánica, que me veio oferecer, em nome da instituição que representava e da embaixada da Espanha, uma bolsa de estudos para curso de especialização, o pós-doutorado, em Literatura Espanhola, na Universidade de Madri.

Empenhada em aprofundar o estudo de língua e literatura francesas, para candidatar-me a uma cátedra no ensino superior, obtivera endosso do professor de Literatura francesa, Maurice Vouzelaud, para uma bolsa da Sorbonne.

Os trâmites já em curso, recusei, sem pena, o privilégio com que me distinguia o bom colega da Católica. Uma semana mais

---

[72] Robert F., apud *Le Blog Littéraire de Robert F.* Domingo, 10 jan. 2010.

tarde, recebia, em casa, a resposta do adido cultural da França: a bolsa fora concedida. Era assinar os papéis e fazer as malas.

Mas informado, à última hora, de que a Secretaria de Educação me recusara licença da cadeira no ensino médio, o que faz Maurice Vouzelaud, responsável pela indicação da bolsista? Deixa o Rio de Janeiro e vem, imediatamente, a Belo Horizonte.

Determinado a abreviar os entendimentos para a liberação da candidata, procura desatar a trama burocrática em que me enredara: embora nomeada e registrada no quadro permanente do Estado, após dois concursos públicos, faltava-me a estabilidade funcional. A condição *sine qua non* à licença exigia cinco anos de exercício do magistério.

Era agarrar a bolsa e perder ambos os cargos que acabara de conquistar. Diante do dilema e não tendo com quem aconselhar-me, telefonei ao professor Eduardo Frieiro, de quem fora aluna nas neolatinas e perguntei à sua senhora, D. Noêmia, se poderia falar-lhe pessoalmente.

Ela própria marcaria a entrevista, em casa, na avenida Francisco Sales, 1.610, não longe de onde morávamos, na Padre Marinho. E veio receber-me à porta no andar térreo do belo imóvel, estilo colonial. Depois de introduzir-me à biblioteca, disse-me, com carinho, que ali esperasse o marido.

Um tanto constrangida, por incomodá-lo, confesso ao professor Frieiro o dilema, crucial no momento.

Nunca estivera tão perto da realização de um grande sonho: completar a formação em Paris e preparar-me, na Sorbonne, para a carreira no magistério superior, como professora de língua e literatura francesas. Ou, então, optar pelo mais simples e rasteiro: despedir-me do sonho e contentar-me com o que tinha de definitivo – o salário de professora do ensino médio, o que não era de desprezar-se porque trabalharia nos melhores estabelecimentos da capital: o Colégio de Aplicação, o Instituto de Educação e o Colégio Estadual Milton Campos.

Professor Frieiro declara-me não ter filhos: nunca se vira como pai nem conselheiro. Tampouco lhe agradava assumir tamanha responsabilidade em se tratando de compromisso quanto ao futuro de uma menina já preparada para enfrentar a vida como professora, carreira penosa e malremunerada. Contudo... antes mesmo de conhecer-me, ao ver meu sobrenome na caderneta de presença, dissera a si mesmo: "– Se é Queiroz, é bom!" E continuou: "– O tempo se encarregaria de confirmar-me a suposição".[73]

Já decidido a abordar o assunto, explicou-me que, embora imprevisível, o destino me seria propício. Por isso, e naquela circunstância, poderia assegurar que melhor seria permanecer em Minas. E acrescentou – Não para candidatar-se à cátedra de Francês, mas à de Literatura Hispano-americana.

Revelou, então, "em confiança", que dentro de pouco tempo cairia na compulsória e a cátedra seria posta em concurso. Para isso, os estudos seriam feitos no Brasil. O que não me impediria de conhecer Paris: no futuro e a passeio. E, então, sem dilema: escolhesse tema para a tese, a fim de estudá-lo a fundo e me prepararasse para o doutorado.

Não lembro, de modo algum, qual tenha sido minha reação às suas palavras. Sobretudo porque mudariam, inteiramente, o rumo de minha carreira, obrigando-me a aprofundar os estudos hispano-americanos e precipitando-me na inesperada e imediata preparação para a defesa de tese. E não apenas uma, mas duas!

Surpreendida pela avalanche de contradições a tudo que previra para a entrevista com o professor Frieiro, sequer me ocorreu dizer-lhe que não poderia obter a licença do ensino público e

---

[73] Assim reagira por conhecer, pessoalmente, o irmão de meu pai, Amaro Xisto de Queiroz, também professor universitário e seu colega na Faculdade de Filosofia da UMG.

que perderia os cargos conquistados por concurso se aceitasse a bolsa para Paris.

De qualquer modo, o abalo não me permitiria rever e reendereçar ali, em poucos segundos, o roteiro já traçado para a minha vida. E não se tratava, apenas, da minha vida! Minha mãe estaria, ela também, implicada em tudo isso: haveria tempo suficiente para conciliar trabalho, estudo, teses? Eu não podia abandonar, de uma hora para outra, os meus alunos!

"Antes um pássaro na mão que dois voando", sentenciou minha mãe. E ele ali estava, pousado, ao meu alcance. Era o pássaro inesperado. Os outros dois, pouco importavam! Logo partiriam em revoada.

E tudo se fez da noite para o dia, durante muitos e longos serões.

Convenço-me. Embarcada no sonho de seguir para Paris, não me tornaria, em 1960, a mais jovem professora catedrática do Brasil, para orgulho de minha mãe e contentamento do professor Frieiro, que teve garantidas não só as férias-prêmio como o gozo do "ócio com dignidade".[74] Isto é, a aposentadoria da cátedra.

Resolvido o dilema, a solução não só permitiria a antecipação do concurso de acesso à cátedra federal como preservaria o em-

---

[74] Ao tornar-me a mais jovem professora catedrática, por concurso, do país, não passaria, é certo, da notícia veiculada na imprensa de Belo Horizonte. Mas na Sorbonne, em Paris, nomeada *Professeur Associé*, antes dos 40, criaria problemas a Léon Bourdon, diretor do Institut des Etudes Portugaises et Brésiliennes: não se admitia, entre os velhos *scholars*, na prestigiada escola fundada pelo Abbé Sorbon, *un professeur titulé avant 40 ans*. Que me aconselha *Monsieur le Professeur* Léon Bourdon? Não me apresentasse, imediatamente, ao *Secrétariat*, pois haveria de ocorrer-lhes a informação transmitida, na última reunião do Conselho, sobre a idade da professora contratada. Era certo que à apresentação do passaporte verificariam a discrepância. Deixasse passar o tempo: não haveria qualquer prejuízo. Cerca de dois meses seria o suficiente para que passasse despercebido o capricho dos *sorbonnards*. Foi o que aconteceu. Anotaram o número do passaporte e… mais nada.

prego no Estado. Lembro-me bem, muito bem, de que mamãe repetiu sua frase antológica: "Deus é maravilhoso!"

Respondi-lhe: Amém.

Começávamos, sob novos e bons auspícios, dura e longa jornada. Após a porta estreita, a carga horária *full time*: pela manhã, à tarde e à noite. Desafio vitalício à resistência física, moral e intelectual. Sessenta e quatro aulas por semana. Não fossem a proteção divina e a presença de minha mãe não teria resistido. Desdobrava-me entre várias séries, graus e disciplinas – do ginásio ao colegial e do colegial à universidade, em aulas de Português, Francês, Literaturas brasileira, espanhola e hispano-americana, de sala em sala, entre duas, três, quatro escolas, entre três, quatro cinco endereços, a pé e de ônibus. [75]

E se me aparecia alguma substituição, ou convite para outros compromissos, não pensava duas vezes: aceitava sem pestanejar. O que costumava ocorrer, e com melhor salário, a exemplo de substituição, à noite, no colégio municipal, vizinho da pedreira Prado Lopes.

---

[75] A carga horária: trinta horas no colégio estadual, 24 horas no instituto de educação, duas horas na Universidade Católica e, aleatoriamente, o tempo restante na Faculdade de Letras, ainda no centro da cidade, no edifício Acaiaca, 19º andar, até que me concedessem tempo integral, com obrigação de 40 horas de permanência para o curso, estudo e assistência aos alunos... Já no prédio novo, no Santo Antônio, durante a gestão da professora Ângela Vaz Leão, a diretoria me atribuíra 12 horas por semana e relutara, cerca de dois anos, a alterar-me o regime, elevando-o a 24 horas. De 24 a quarenta horas, regimentais, a recusa converteu-se em arbitrariedade. Para passar ao regime integral, foi necessária a intervenção direta da reitoria da UFMG. Instruída por um colega, ingressei com a solicitação formal, imediatamente submetida ao conselho universitário. Nomeado o relator, o professor Pierre Santos, a Diretoria não tardaria a receber o comunicado oficial, expedido pela própria reitoria, para que se cumprisse o regimento efetivando-se a atribuição do regime de 40 horas à professora catedrática de Literatura hispano-americana. Foi então que me desliguei, embora a contragosto, do Instituto de Educação, onde havia iniciado o exercício no magistério secundário, como substituta interina, e do Colégio de Aplicação, guardando apenas a cadeira de Português no colégio estadual.

Houve quem me alertasse sobre os riscos do curso noturno numa região frequentada por traficantes: "Isso não é interinidade, menina! É temeridade!" Não dei ouvidos.

Não me arrependo de ter trabalhado ali. Só tenho boas lembranças dessa breve experiência. Entre elas, a de uma noite, quando de regresso a casa, aos trinta minutos do dia Primeiro de abril de 1964.

Depois de atravessar a Praça Sete, rumo à Avenida Amazonas, para tomar o ônibus elétrico, em frente à Perfumaria Lourdes, alguém me interpela: "Maria José! Maria José! Psiu, psiu…!"

Olho para trás: um colega da faculdade estuga o passo para aproximar-se.

"Que loucura, menina! Que é que faz na rua a esta hora?"

Surpresa diante de sua curiosidade, digo-lhe que acabara de dar a última aula do noturno do Municipal. "Pois vá imediatamente pra casa! Você corre perigo! Os carros de combate já estão a caminho do Rio! É uma revolução! A estas horas Minas Gerais é estado livre!"

Nunca me esqueci de suas palavras. Nem do seu pânico. Mas nada vi do que ele acabara de informar. Entrei no ônibus sem temor. Só depois de chegar em casa, número 2.135 da Amazonas, é que, ao fechar o portão, deparei, bem em frente a casa, do outro lado da avenida, com um carro de assalto.

Entrei às pressas, fechei a porta, corri ao quarto de minha mãe para contar-lhe a novidade. O pior é que nosso rádio estava queimado e teríamos de esperar pela manhã desse mesmo dia para obter notícia completa dos acontecimentos no litoral.

Não posso negar que muito me alegrara, pois não acreditava tratar-se, realmente, de revolução nem de golpe militar. Mero boato sem maior consequência. Particularmente auspicioso, pois as aulas estavam suspensas. Graças a Deus! Era fim de mês e tinha um pacote de provas a corrigir.

Que a pátria me perdõe. Mas... *à quelque chose malheur est bon*! Corrigi todo o pacote, preparei aulas, lavei a cabeça. Enquanto isso, os militares e os políticos decidiam o futuro do país, bem longe da avenida Amazonas.

O mesmo acontecera quando da renúncia de Jânio Quadros. Com maior proveito: em plena redação de tese, tive mais de 15 dias para escrever e rever o rascunho.

Ainda morávamos na Padre Marinho, 495, num quarto pequeno, onde me servia, para estudo, de uma nesga da mesinha de almoço. Minha mãe dormia no chão, e eu vergava o foco da lâmpada sobre o texto, para não despertá-la: tal e qual Marina Tsvetaieva, a poetisa russa, que só escrevia de madrugada, também numa banda de mesa, dominada pela ansiedade de perturbar o filho que dormia.

Como não pensar no quanto conquistamos desde 1955 / 56, quando ali vivíamos? Sobretudo após a compra da casa da rua Grão Pará, 421, logo vendida, o que nos permitiria a aquisição do sobrado na avenida Amazonas, para onde nos mudamos, e passamos a ter dois quartos de dormir, dois para a biblioteca e um quarto de hóspedes!

Foi nesse quarto que hospedamos nosso tão querido amigo, o escritor argentino Roberto Giusti e sua senhora, D. Beatriz, e, anos mais tarde, o inventor do trem aéreo francês, Paul Guienne, além do jovem arquiteto nicaraguense, Armando José Araña Lacayo, "filho honorário" de minha mãe.

Não, não era quarto de hóspedes para hóspedes, gente de passagem, gente ilustre, como o casal Giusti e Guienne, mas para acolhida, não de turistas a passeio, mas de amigos, e se parentes, não pelo sangue, mas porque pessoas queridas: amigos e amigas, sim, todos eles, alguns por poucos dias ou semanas – minha avó Joana, Pituchinha e Zoé, além de Armando, os Giusti e Guienne. Embora Pituchinha, de mais remota adolescência, tivesse provado, com o sal de cada dia, nossa pobreza, nos estreitos quatro metros da saleta-dormitório da Padre Marinho, 495.

Pobreza, sim, "remediada", não! Temperada, e quanto!, de imenso carinho pela menina, dois anos mais jovem que eu, contemporânea no Sacré-Coeur.

Aumentamos o tamanho da morada, não para acolher mais e mais amigos, mas para acolhê-los como mereciam: com conforto e privacidade. Fiéis, sempre!, à grandeza do afeto a todos os entes queridos que hoje, nos 40 metros de solidão, em Paris, como nos 240, no Rio, tanto me faltam!

Que grande e fria ausência, essa, que me envolve, inteira, depois de ter abraçado o mundo!!! Até quando, meu Deus?! Até quando?

Tardei a entender, mas vejo, agora, que o carinho e a fortaleza de minha mãe me preservaram, anos a fio, dos males todos da ausência: de meu pai, de tão curta vida, nada lembrava, mas... dos demais!, avós, parentes, professores e colegas, amigos de todos os tempos e todas as idades – com os quais partilhei preferências e gosto.

Sofri, consciente, a perda de todos eles. Mas sem aprofundá-la como perda, mal irremediável. Ao modo da menina que à queda dos patins e à fratura do punho procura afago materno, encontrei consolo para a frustração, para o luto e para a mágoa, no colo de minha mãe.

Ainda adolescente, experimentara a prepotência de *mère* Maria de Jesus, no Sacré-Coeur, e, já professora, em lua de mel com o magistério, ao aceitar, em silêncio, a explosão tirânica da advertência tonitruante, condenatória, do diretor do Instituto de Educação.

O episódio alucinado jamais me sairia da memória: nomeada pelo reitor, prof. Mário Casassanta, e obediente à ordem impositiva sobre a prova escrita, dispensei a colaboração da filha do diretor, professor Francisco Floriano de Paula, encarregada da ilustração para o tema da redação de Português do exame de admissão.

O auditório apinhado de candidatas, ouvi, cabeça baixa, os urros portentosos de montanha em fogaréu, lama e brasa, por causa do ratinho e mais panderecos impressos que as meninas interpretavam, à risca, para obter aprovação.

"No século 2 mil, nem eu nem você estaremos na Terra, e estas meninas ainda estarão padecendo pela sua incúria, pela falta de conhecimento do que seja a prova de Português de um exame de admissão às vagas do Instituto de Educação, escola oficial do estado de Minas Gerais!"

Esse, o prólogo à peroração dantesca que as meninas e eu ouvimos, sem tugir nem mugir. Não me pronunciei, é óbvio, durante o espetáculo do *Dies irae*, mas referi tudo, de volta a casa, à minha mãe.

"Não lamente nem sofra por isso, filhinha!" – começou por dizer-me. E continuando: "Nem ele nem as garatujas que ele reclama justificam seu sofrimento! Você deve cumprir o que manda o reitor. Quem é ele? Um mestre do Direito e professor de Língua portuguesa. E ele, o diretor? Não passa de professor de Geografia. E você, também, é professora – professora de Português! Ex-aluna de Mário Casassanta! Levante a cabeça e... pronto! Não se fala mais nisso!"

Mamãe não chorava comigo, embora o pranto fosse sua catarse: se me via amargurada, investia-se de ânimo, me abraçava ao peito, firme e forte. Enquanto me acariciava a cabeça, seu olhar me interrogava, perscrutando-me o fundo da alma.

Depois de algum tempo, encontrava palavras para falar-me dos desígnios de Deus, terminando por conjurar a tempestade em copo d'água!

Quando se tratava da perda de ente querido, mostrava-me que ele próprio não entenderia o motivo de minha tristeza. Além disso... como sabê-lo?

Sua voz imbuía-se de tal segurança, e ganhava tal entonação, que eu me deixava consolar. E... por que não? Liberto da carne, puro espírito, livre de toda dúvida e de todo mal, nada lhe faltava, lá no etéreo, em paz, feliz e em boa companhia.

Por tudo isso, senti multiplicado o luto após sua partida: não perdera apenas minha mãe. Vi-me despossuída de um mundo inteiro de afeição e ternura – do amor e da amizade de parentes e amigos cuja ausência ela guardara no peito para poupar-me a tristeza e a falta de quantos eu amava...

E ainda há mais. Convertida numa espécie de *souffre-douleur*, mamãe padecia por mim e no meu lugar. Quando não lhe era possível defender-me do sofrimento, ela o retinha, antes que se tornasse insuportável. Tal como no dia em que quebrei o braço e ela insistia para que dissesse que doía, que doía, a fim de que o médico aplicasse o anestésico.

Voltando o olhar ao caminho percorrido, vejo que sem a armadura afetiva de minha mãe e a luz do conhecimento a que me expus, a seu lado, nada teria sido possível.

E nem atino a saber como descobria tempo para ler, estudar, corrigir provas e ainda incumbir-me de exames de admissão ao ginásio ou à universidade, cantando nos concertos do conservatório, interpretando os *lieder* de Schubert em emissões da televisão. E ainda fazia parte do coral universitário, que integrou o imenso coro da *Missa da Coroação*, de Mozart, dirigido por Isaac Karabtchevsky à inauguração da nova capital, em 1961, em Brasília-DF.

Para bem terminar a semana, não faltava à missa das onze, quando fazia algum solo na igreja de Lourdes, acompanhada ao órgão pela regente do coro, D. Auxiliadora Franzen de Lima.

Agenda cheia.

Acredito, porém, que tudo reassumiria com igual disposição: a convite, claro!

Alfabetizada em casa por minha mãe, devo-lhe tanto quanto o que aprenderia mais tarde. Nunca me faltaram a abnegação e o empenho aturado de excelentes professores. Iniciada no culto do livro e, muito particularmente, à poesia, com Lélia Rabelo e Eurídice Fernandes Goyatá, nos grupos escolares Dom Pedro II e Barão de

Macaúbas, e, ao correr dos anos, em *crescendo*, com as religiosas do *Sacré-Coeur de Marie* e os catedráticos da UFMG.

É força ressaltar: preponderava, nos quatro anos do primário, a leitura de versos, aprendidos de cor, de autores portugueses e brasileiros. Mas ao referir-nos à matéria, dizíamos "aula de Português", "curso de Português", "professor de Português", e assim prosseguiria, em todo o ginásio, embora estudássemos, com o mesmo professor, Língua e Literatura.

Só no curso de Letras, à discriminação das disciplinas, é que o ensino do "Português" seria vinculado a várias cátedras, isto é, à de Língua portuguesa, às de Literatura portuguesa e de Literatura brasileira, enquanto que a de Filologia se incumbia da Línguística, no sentido amplo do termo.

Antes da federalização, o Conservatório Mineiro de Música mantinha estrutura rígida e era dirigido, majoritariamente, e com proficiência, pelas irmãs Helena e Yolanda Lodi.[76]

Quanto ao curso que ali conclui, curso de Canto, no que diz respeito as matérias estudadas, em diversas disciplinas, técnicas e práticas, não poderia declarar que me propiciassem a sublime e profunda vivência da música, transmitida e insuflada por uma Celina dos Guimarães Peixoto e um Sérgio Magnani.[77]

Posso hoje confessar que se me formei no convívio cordial e fecundo com os mestres da música e das letras, foi porque com eles aprendi tudo o que ensinavam e, sobretudo, o que não me ensinaram.

Bastava vê-los diante do quadro negro, ou da "pedra," como dizia Mestre Lourenço, nós, alunas – "as Infalíveis", à primeira

---

[76] A mesma família de um dos fundadores da Faculdade de Medicina, professor Luís Adelmo Lodi.
[77] Ver Maria Lígia Becker Garcia Ferreira de Oliveira, *Sérgio Magnani, sua influência no meio musical de Belo Horizonte*. Dissertação de Mestrado. Escola de Música, UFMG, março de 2008.

fila: ou nos calávamos, envergonhadas, ou, num estalo da memória, se a resposta nos viesse à ponta da língua, viam-se, logo, sete mãos levantadas, para espanto dos dois únicos colegas.

Era isso: estávamos com a matéria em dia.

Embora risonha e franca, a escola inspirava-se, nem de outro modo seria, mineiramente falando, "no senso grave da ordem". Temperado, *in illo tempore*, pelo *esprit français* e pelo *duende* de García Lorca, infundido, sem ranger de dentes, pelo *fulgore* da *Divina Commedia* – Inferno, Purgatório e Paraíso, uma estação por ano.

Ainda que tenhamos perdido, ao longo dos anos letivos, a fantasia adolescente, aprendemos que o amor move o sol e as demais estrelas. Chegávamos ao final do curso.

Deixando o céu, desçamos à sustança do dia a dia.

Diante do piano, tocando ou cantando, sempre fui toda ouvidos. E escutava, escutava, até a respiração ofegante do maestro, quando Magnani me acompanhava, e os ss e rrs, se D. Celina ou D. Carmem...

Entendia e compreendia, sem palavras, o que ensinavam, fosse pelo timbre da voz, pela mímica, pelo gesto. E quando não sabia, adivinhava, claro e desafiante, o que devia e o que não devia ser feito.

Porque sabiam tudo, da fisiologia do órgão da fala à impostação da voz – falsete, voz de cabeça, canto sobre o sopro (*sul fiato*), o *legato*, o melisma e o sostenuto, a boa dicção e a pronúncia das palavras nas línguas ocidentais, a prolação correta das consoantes e das vogais, as dificuldades das nasais e das guturais, a notação musical, as partituras e, enfim, a aquisição do repertório e a interpretação. Tudo!

Tinham ciência e experiência da grande música, sabiam guiar-nos na escolha certa para o público certo: a música da intimidade e a música de salão, a música erudita e a popular. Regiam, sempre, no próprio domínio, inspirados pela paixão da arte total, que ia da *lullabay* à *aria italiana*, à *chanson française* e ao recitativo, e das *bergerettes* aos *lieder*. Transitavam, com *aisance*, da música de câmera ao drama lírico.

A ópera era domínio exclusivo de Magnani, porque D. Celina não suportava a teatralidade "descabelada", reservando-se para as árias antigas, o réquiem, os oratórios.

Singular e intransigente, ela ia de Pergolesi, Vivaldi, Carissimi, Haendel, Ravel, Debussy e Gounod a Mendelsohn e Gluck, e, se chegava a Verdi e Wagner, era no limite da interpretação contida, textos densos, entre paredes.

Com D. Carmem Rabelo do Couto e Silva, no conservatório, e em aulas particulares, consagrei-me, quase unicamente, ao repertório brasileiro e espanhol. Mas foi sob sua direção que interpretei os *lieder* de Schubert na TV Itacolomi e dei um concerto de modinhas brasileiras no salão do DCE, rua Gonçalves Dias, quando a robusta Leny Eversong, dona de um vozeirão, pediu o microfone e, após a apresentação, aproximou-o de mim. Surpresa, afastei-o, sob aplausos e risos da plateia, que ignorava, certamente, a razão do meu gesto.

No entanto, assim agira sem outro pretexto que o de cantar, como sempre, à voz plena e livre. Dei um passo à frente, busquei o olhar de Luís Aguiar (pianista e colega do conservatório, alheio, tanto quanto eu, à reação do público). Fiz-lhe o sinal de assentimento e cantei *El paño moruno*, de Manuel de Falla.

Pelos aplausos, redobrados e insistentes, Luís, o acompanhador, teria dito à D. Carmem que ficara comprovado que os alunos do conservatório se saíram melhor que a cantora famosa.

Como se tivéssemos atuado num "programa de auditório", arrematou: "Foi o triunfo da música de câmera sobre a música popular, D. Carmem!"

E ela, rindo-se: "Então, Luís, foi a vitória de Davi sobre Golias. Viva o conservatório!"

Já o recital a convite do maestro Magnani, para cantar na Universidade de Montes Claros, onde ele próprio lecionava, foi para público reduzido – os alunos do curso de Letras. Escolhido a dedo, o programa tinha por intuito apresentar aos alunos a "virtuosa" relação entre compositores e poetas, entre eles, Debussy, Reynaldo Hahn, Ernest Chausson, Victor Hugo, Paul Verlaine, Robert Louis Stevenson, Clément Marot.

Para as apresentações fora do conservatório não se convidavam os pais e parentes, visto que o convite cabia aos patrocinadores. Assim é que raramente se viam parentes na plateia.

Era melancólico, pode-se imaginar, não ver em meio a gente estranha, rosto amigo ou conhecido, porquanto nos bastidores o ambiente elétrico nos deixava os nervos à flor da pele: os futuros artistas representavam cenas histriônicas de medo do público, choravam, sofriam calafrios, queixavam-se de dor de garganta, câimbras nas mãos e nos pés, pediam água com açúcar para acalmar-se.

Havia quem saísse "para esquentar a voz", enquanto os pianistas, congelados pela timidez, esfregavam as mãos nas calças e nos casacos ou calçavam luvas de lã para espantar o frio.

Visto que a paranoia, se não dominada, resultava no *couac*,[78] sempre havia quem lançasse o SOS e logo surgia um professor ou músico experiente para intervir e acabar com o "chilique" coletivo.

Ainda não se falava de histeria. Praza aos céus. Nem se havia inventado o *stress*!!

Finita la commedia, uma ou duas horas mais tarde, todos riam e brincavam, esquecidos do suplício, com direito a bis ao fim do ano letivo.

Pobres artistas! Pobres professores! E me vejo entre eles, transida de medo, fria e muda na rocha de granito, à espera da chamada para o pelourinho.

---

[78] Nota desafinada, reconhecida pelos bons ouvintes (falta grave, cometida por cantores ou instrumentistas).

Ah! Se me lembro... E quanto!

Se os recupero agora e os ressalvo entre tantos outros vultos é porque me trazem, do passado, os sons e as emoções que marcaram durante anos as aulas de canto: desde a ansiedade dos primeiros tempos e, também, o escrúpulo com que estudava os vocalises e repetia, obstinada, compasso por compasso, passando dos graves aos agudos, enquanto tentava dominar o diafragma e baixar, num fio de voz, a chama da vela que se recusava a obedecer-me.

E quando, enfim, o conseguia, era imperativo mantê-la, *illico*, numa horizontal imaginária. Mas isso é impossível, Dona Celina! Impossível? A Malibran o fazia, por que não você?

A pouco e pouco, vencido o diafragma, alcancei o dó 5 e, não mais que de repente, as notas ganharam o ar, chegando ao fundo da sala. Semanas mais tarde, já escapavam janela afora, subindo, alegremente, a rua Itacolomito.

Não eram meus os versos que se ouviam na esquina de Salinas, mas o *lied* de Goethe e de Schubert; a *Invitation au Voyage*, de Baudelaire e Duparc. Precioso e raro encontro da poesia e da música – a música em palavras: dom da vida, da minha vida.

Só a Frieiro, Mário Mendes Campos, Mário Casassanta, Bataillon e Léon Bourdon quis tanto bem quanto aos meus professores de canto. E devo confessá-lo: D. Celina e maestro Magnani surgem nimbados pela aura da música, o que os distingue dos demais. Mas cabe também acrescentar: a eles como àqueles, presto culto especial no meu altar, e ali os mantenho.

Tamanha idolatria não impediria, nem impede, a intronização de capelas votivas à volta do altar-mor, o que explica a existência de capelas de família, como a reservada aos Mendes Campos, que abrigaria Peter Magnani, de quem Eunice é viúva; a dos Mata Machado, a que se elevou Maria Helena; a dos Lisboa, em que coube, também, José Lourenço de Oliveira, marido de Alaíde; a capela dos Maurício da Rocha, que passou a ter em Marcílio Soares, marido de Maria José, o *pater familiae*; a dos Fagundes do

Amaral, que adotou Sérgio Bueno, marido de Belinha; a dos Freitas, que, após a partida do Dr. Milton, de D. Albertina e Déa, abrigaria "as meninas" Lia, Eda e Élodie, hoje francesas; a dos Resende Peres, onde pontifica José, amigo fraterno, acolitado pelos irmãos, a quem muito admiro, embora de longe e sem encontrá-los...

Sem falar nos amigos que foram surgindo, *a la buena de Dios* e de nossas mudanças e viagens, como os Roca-Pons, os Bourdon, os Bérard, os Cantel, os Berjoan, os Lafontaine, os Durand, os Kalb, os Hody, os Mandelkern, os Vallecilla...

A lista se alongaria. Mundo mais houvesse, lá chegaríamos.

E alongou-se: após a partida de minha mãe, fazendo caminho ao andar, no encontro com os Robin – Maria do Carmo e Bernard, com as Longos – Maria Antônia e Cleide, com Regina e Renato, o Dr. Bandeira, amigo de José Carlos, irmão de Francisco, o mais remoto colega de jornada, do tempo das *estelas en la mar*.

Endereço fixo à margem direita do Sena

Clara evidência! Ter endereço fixo em Paris é coisa séria, de primeira necessidade.[79]

Foi o que pensei ao ter minha mãe comigo e ser obrigada a deixá-la dias inteiros num quarto de hotel, no Impasse Royer Collard, enquanto saía para dar aulas, não apenas no Quartier Latin mas, também, em Saint-Germain-des-Prés e em Censier-Daubenton…

Para nossa alegria, encontramos bons vizinhos em terra estranha: foi ao calor do fogo, em torno do qual a família humana se reúne, sob a proteção dos deuses – deuses lares, no sentido próprio do termo, que os conhecemos.

Embora formássemos, as duas, uma família, a esse núcleo se juntaram muitas outras, em roda larga, completa, da França à Alemanha, depois de passarmos pela Catalunha e por Bruxelas.

Visto que procedíamos de outros círculos, de diferentes nomes e etnias, nunca nos foi áspera nem inamistosa a convivência com estrangeiros.

Minha mãe, Camargo e Alves da Costa, meu pai, Teixeira de Queiroz e Fernandes Vieira, de raízes modestas, ambos: modestas e honradas, afirmavam os avós. Do lado materno, originários da Camarga francesa, com estada alongada na Península Ibérica, e de marranos portugueses (judeus novos, pelo nome adotado).

---

[79] O SDF é o "sem domicílio fixo", morador de rua.

Do lado paterno, gente lusa, de Trás-os-Montes e da Ilha da Madeira.

Ao que se pode imaginar, não chegariam às Minas Gerais sem enfrentar inóspito desterro de fome e labuta no planalto paulista, de onde derivaram até o sertão brabo, na trilha aberta, segundo o avô Fialho, "por obra e graça de Deus e das botas e pés descalços dos bandeirantes". [80]

Aventureiros, alguns deles, tomaram o caminho do ouro do Tripuí. Já em Santa Bárbara, Morro Grande[81] e Cocais, *no* Cláudio e em São João del-Rei, quedaram-se outros, enquanto os demais, com encontro marcado na nova capital, instalaram-se no quadro e esquadro de Washington, em Belo Horizonte – cidade planejada, entre mil esquinas e semáforos, e, hoje, círculo do purgatório do trânsito.

E dizer que minha mãe, no papel de veleira, ou vela, da irmã, acompanhada do namorado, conheceria meu pai, o futuro marido, na ainda jovem capital, num domingo de jogo no campo do Atlético. E anote-se: detestavam, ambos, o futebol.

Tudo conspirava contra o casal e contra o *conjugo vobis*. Mas casaram. E menos de dez anos após, a Repentina não permitiria que vivêssemos felizes para sempre.

Aqui estou eu, herdeira de dois nomes, a assinar, sozinha, o sobrenome de meu pai, pois julgaram, quando do registro do nascimento, que o prenome composto, com dois apelidos, seria uma excrescência. Ou estorvo maior.

Entretanto, à conclusão do curso secundário, numa deferência à mãe da aluna "aplicada", as freiras do Sacré-Coeur fizeram imprimir, no convite, o sobrenome completo, Camargo de Queiroz.

---

[80] Não sem acrescentar que ali, em São Paulo, se enraizara parte dos Camargos, gente enricada nos cafezais e que chegaria ao poder. Mas... a partir de *entonce*, já não eram parentes dos Camargo de Minas...

[81] Hoje, Barão de Cocais.

E na Sorbonne, o professor Bourdon, cioso das raízes da Camarga, fez questão de mencionar, na Secretaria, o nome de família, lado materno, da professora associada.

Desejo secreto e sem chave, a busca de um teto onde instalar família e lar me arrastaria ao Louvre, à Opéra e ao Palais Royal, endereço mítico do rei e sua corte afortunada, mas também, e sobretudo para mim, o bairro da Biblioteca Nacional, *rue de Richelieu*, onde passava as horas livres do trabalho.

De qualquer modo, endereço inimaginável. E que se tornaria, inesperadamente, de possível escolha.

Após mencionar a vinda de minha mãe e a dúvida sobre onde hospedá-la, falei ao nosso *abbé* Roche,[82] arqueólogo ilustre e assíduo nas visitas à biblioteca da Sorbonne.

Dele obtive conselho oportuno: marcasse entrevista com *Monsieur* Durand, da Cogedim. Não o havia conhecido em Belo Horizonte?

Por fatalidade e por milagre, *Monsieur* Durand fora um dos franceses acidentados numa autoestrada brasileira, por mim visitado no Hospital São José, em Belo Horizonte.

Informada do acidente na BR3, minha mãe ficara a par de sua internação no hospital, situado a um quarteirão de nossa casa. Ao corrente de tudo, concordamos que nossa amizade à França não me permitia ficar alheia ao estado do paciente, talvez só, na nossa cidade.

---

[82] *L'abbé* Roche, arqueólogo ilustre, frequentava a Sorbonne e nos fazia visita para *papoter*, na sala de estudo do *patron*, Léon Bourdon. Sábio, muito mais que sacerdote, bom e fiel amigo, vinha ver-nos – ao prof. Bourdon e a mim, privilégio maior, pois sua admiradora. Com verve e indisfarçável desfrute, falava *chrétiennement de l'Intelligenzia portugaise*. Descobridor do "Homem do Marrocos", o ilustre arqueólogo dirigira campos de *fouilles* na África e em Portugal, dividindo-se entre os dois continentes. Continuaria a vê-lo e a visitá-lo, numa das *Hespérides*, grandes prédios de moradia e assistência particular, construídos pela Cogedim, destinados a aposentados e idosos, sem vínculo familiar, ou àqueles cuja família não pudesse ou não se dispusesse a manter em casa.

Corri então ao Hospital São José, onde pude conhecer e conversar com *Monsieur* e, também, com *Madame* Durand (que acompanhava o marido, já em convalescência).

Graças à boa lembrança do abade, num pedido soprado ao ouvido do presidente da Cogedim, posição e situação por nós ignorada, *Monsieur* Durand tomaria a sério o sopro abençoado e recomendou-me, imediatamente, a um corretor, encarregado da publicidade dos imóveis da empresa.

Num abrir e fechar de olhos, o desejo saltou ao papel.

Na planta de uma renovação, surgiu um pequeno *deux pièces* ao nosso alcance: pouco mais de 40 metros, e de forma legal, pois, sujeito a *leasing*, o imóvel não criaria vínculo definitivo de posse.

Ainda no exercício do magistério, em Bonn e em Colônia, recebi a notícia do término da obra e da entrega das chaves. Viajei a Paris, onde me hospedava no apartamento de minha grande amiga, Renée Joffre, sobrinha do marechal da batalha do Marne.

Tal como da vez em que minha mãe sofrera o infarto, foi de seu apartamento que telefonei a Belo Horizonte para anunciar-lhe a boa nova e convidá-la a conhecer o futuro *pied-à-terre*.

Assim é que, para mim, tanto como para ela, seria um acontecimento instalar-nos a cinco quarteirões da antiga biblioteca, numa parte do prédio da Caserna dos Bombeiros, propriedade da cidade de Paris.

Informada de que a entrada era comum, da portaria ao *hall*, sob uma espécie de domo de vidro, onde se veem duas portas envidraçadas, de acesso a duas colunas residenciais – a Richelieu, destinada aos bombeiros residentes, e a Molière, aos habitantes civis –, subi, com o gerente da Cogedim, ao 7º andar, para visitar um pequeno *deux-pièces*.

Espantou-me a falta de uma cozinha. Nada havia além de um vão, onde tudo seria completado e colocado à expensa do locatário. Isto é, mediante contrato de profissionais – bombeiro e eletricista – habilitados a encarregar-se da parte elétrica e hidráulica. A fiação chegava ali e o encamento, também. O resto era o resto.

Diante do meu desamparo, o gerente se prontificou a fornecer-me nome e endereço dos profissionais. Mas urgia tudo aprontar para receber a verdadeira dona da casa.

Tempo não houve. E foi nesse lar-doce-lar sem cozinha, sem pia, sem geladeira e sem fogão, que recebi minha mãe.

Antes da sua chegada, ainda hóspede de *tante* Renée, comprei duas camas, lençóis, cobertas, cobertores, travesseiros, toalhas e mais artigos de primeira necessidade, como louça, pratos, talheres, lâmpadas. Não me esquecendo, tampouco, de requisitar a imediata ligação de luz e energia.

Apesar da falta de outros móveis, o importante é que minha mãe conhecesse o novo endereço e me permitisse descobrir, a olhos vistos, sua impressão.

Era a primeira vez que de tudo me incumbira, sem seus conselhos e sem sua ajuda, desde a escolha do bairro e do prédio, sob cujo teto passaríamos a residir enquanto trabalhasse na Europa.

Estava, por isso, muito ansiosa. Mais, muito mais que ela, tão segura de si e habituada a tomar decisões, dirigir uma casa, contratar empregados, comprar, vender, negociar...

Já no táxi, depois do voo de Belo Horizonte ao Rio, e mais 12 horas de viagem até Orly, pressenti, à vista da Concórdia, que seu olhar devassava a paisagem urbana na expectativa do aviso: "Chegamos! É aqui!!"

Ao aproximar-nos da rua Sainte-Anne, segurei-lhe tão bruscamente o braço que ela me perguntou: "Que há, filhinha? O motorista não sabe o endereço?"

Não tive tempo de responder-lhe.

Respirei fundo e disse-lhe: "Chegamos!"

E ela: "Graças a Deus!"

O motorista encarregou-se da bagagem.

Fiz o pagamento, e ele, gentil, carregou as malas até a porta.

Enquanto procurava as chaves, mamãe admirava, encantada, a cúpula do hall.

"Parece o Banco do Brasil, Centro Cultural, no Rio"...

Nada mais a dizer.

Aberta a porta do *deux-pièces*, o vazio: nem mesa, nem cadeiras, nem camas, nem guarda-roupas. Nada fora entregue. N-A-D-A. Tínhamos ali, apenas, teto e paredes.

O mundo girava. O Cosmos nos envolvia. Estávamos juntas.

Não voltaria a cruzar o Atlântico, após a viagem de minha mãe a Paris, para conhecer o "cochicholo".[83] Precipitei, porém, o regresso ao Brasil à notícia da ameaça de infarto, que a vitimara, em 1992, numa viagem de ônibus a Belo Horizonte.

Sã e salva, torna-se então possível, e impositivo, conciliar idas e vindas, de modo a não submetê-la aos rigores do inverno. A partir dessa data, só aceitaria convites para participar de bancas de exame, cursos de duração restrita, ou substituição de professores em gozo de férias sabáticas.

Ao início da primavera, passamos a consultar a meteorologia a fim de saber, de antemão, o clima que encontraríamos em Paris. Em obediência ao velho ditado "Mineiro não perde trem", reservadas as vagas nos voos, minha mãe descia as malas do armário: a sua, a primeira a ser feita.

Avisava: "Tudo pronto. Não empato ninguém. Se quiser, cuido de sua bagagem". Nossa vida mudava de ritmo: de *largo* a *presto*, *animoso*.

Desincumbida de sua tarefa, perguntava-me, diariamente, quando cuidaria de minha bagagem. Pois *freezer* e geladeira entravam em regime: sem novos sortimentos, logo se esvaziavam. Uma semana antes da viagem, os móveis cobertos com lençóis, a casa ganhava ar fantasmagórico: salas e quartos, tudo branco.

---

[83] Nome criado para o quarto e sala.

Embora os voos para Paris fossem depois das 10 horas da noite (Varig ou Air France), a véspera da viagem era de grande ansiedade.

O dia da partida? Um evento.

Mamãe levantava-se mais cedo que de costume. E olhe que seu hábito, nosso hábito, era "madrugar", entre 5 e 6 horas da manhã. Mas lá pelas 4 horas, já se ouvia o chuveiro, e antes das 5, respirava-se o bom cheiro do café.

Era, sim, um evento: mãe e filha, brasileiras de origem modesta, sem grandes meios, sem nome ilustre, preparavam-se para passar um semestre inteiro na mais bela cidade do mundo, no quarteirão da Opéra e do Palais Royal, perto da velha biblioteca e da Comédie Française.

Como se ouvíssemos o canto do galo, do galo gaulês, símbolo da França, estávamos de pé, desde a madrugada, para chegar três horas antes do voo ao antigo Aeroporto Internacional, o Santos Dumont, no centro do Rio.

O tempo se acelerava, *molto vivace*, num vaivém de passos. Ao ruído seco do abrir e fechar de portas e janelas, persianas e basculantes, seguia-se o tilintar dos molhos de chaves dos armários, cômodas, guarda-roupas, cristaleiras e aparadores, trancados por minha mãe.

Das 7 da manhã até tarde da noite, era um bulir incessante, no mais completo silêncio de voz e palavra. Ao encontrar-nos no corredor, na cozinha ou na sala, ríamos de nossa maratona – o copo d'água em tempestade.

Ali mesmo fazíamos pausa. Pra quê? Um copo d'água. Não mais que isso. Logo retomávamos nossos cuidados. Não estaríamos fora – fora do país! – durante seis meses?! Tudo deveria estar na mais perfeita ordem!

Sequer nos vinha à ideia deixar cama em desalinho, livro ou prato fora do lugar, janelas malfechadas, poeira sobre os móveis. Queríamos encontrar a casa tal e qual.

Por duas vezes, porém, já não me lembro quando nos deparamos, ao regresso, que desolação!, com a área de serviço, o quarto e o banheiro de empregada inundados: tudo destruído pela umidade e enegrecido pelo mofo.

Perdemos a geladeira (que permanecera ligada), caixas de tecido para a confecção de grinaldas e flores, além de lençóis, colchas e toalhas, destinados aos hóspedes.

Um defeito na canalização hidráulica, no andar superior, alagara os três cômodos; o proprietário, advogado eminente, recusara-se a pagar, até mesmo a pintura do quarto! Só depois de minha mãe exortar sua senhora é que ele "se dignaria" a reembolsar-nos a limpeza das paredes e do teto do quarto de empregada.

Seria essa a primeira lição que nos deram mineiros de Juiz de Fora, os habitantes da "cidade maravilhosa", num prédio de apartamentos com tríplice vizinhança: nos andares superior, inferior e lateral.

Apesar dos pesares, e da perda da geladeira, o desastre poderia ser maior! Paciência. À segunda vez, pois "uma vez não é hábito!", foi mais que uma gota d'água: o rompimento do esgoto da cozinha. Coisa feia!

Se estivéssemos na Idade Média, falaríamos de miasmas: o vão onde se guardam produtos de limpeza fora inundado por lama grossa e fétida. Não apenas isso. Como se suspendera o fornecimento de energia, os alimentos congelados no *freezer* haviam apodrecido: uma espécie de bolor negro cobrira todas as prateleiras e dele emergiam vermes brancos e rosados.

Que fazer? Contratei um bombeiro e me socorri da boa vontade do porteiro. Ele, solícito, recorreu à sua senhora para a faxina da cozinha. Encarreguei-me de encher e despejar baldes e baldes de água nas prateleiras, gavetas e na porta da geladeira, enquanto D. Rita se incumbia da esfrega com sabão e desinfetantes. Ocupada com as malas, mamãe só tomaria conhecimento da visita do bombeiro e da ajuda de D. Rita horas mais tarde.

Escrupulosa, minha mãe sempre encontrava motivos para recriminar-se, dizia-se ignorante, gulosa, "esganada". Tudo falso.

Talvez se acusasse, não sei... porque sempre comi pouco. É possível. Além disso, ela própria se esmerava em educar-me: investida no papel de educadora, passara a julgar-se desprovida da formação dispensada à própria filha!

A verdade é que carregava cruz pesada de todos os pecados, todos os defeitos, chegando a dizer-se burra, feia, embora bonita, muito bonita, alta, elegante, de porte altivo, uma grande dama. Com bela cultura, inteligente, lia muito e sabia muito. Dominada pelo sentimento de autodepreciação e de inferioridade, clamava de forma tão cruel e pungente que caía em lágrimas.

Esse o motivo por que se empenhou com tamanha tenacidade em assegurar-me a mais requintada formação que uma menina poderia ter em Minas na década de 1950, embora filha de mãe viúva, sem outro recurso que o da sua profissão de florista.

Dilacerada pelo autodesapreço, venceu-o, de peito aberto, no intuito obstinado de êxito, inspirada, inconscientemente, pelo sentimento de revanche, para cumular-me, a mancheias, de tudo quanto jamais recebera.

Sensível às resistências, barreiras e injustiças do cotidiano, a filha, reconheço envergonhada, deixava-se abater "por dê cá uma palha" (dizia ela). Carente de energia, e de sua fortaleza de espírito, não sabia como passar da tempestade à bonança.

Alerta, mamãe entrava em cena. O sol voltava a brilhar.

Porém, se contrariado o seu propósito, ou otimismo nato, não se abatia, punha os pingos nos iis, despertava-me o ânimo.

Diante da luta renhida no cotidiano das salas de aula e ciente dos agravos enfrentados, mamãe buscava, por todos os modos confortar-me. No afã de oferecer-me o mundo e as estrelas, não admitia desalento.

Lembro-me bem. Durante o mês de maio, tempo das coroações, meu maior desejo era coroar Nossa Senhora, atrás do altar, no topo de duas escadas, às costas da Virgem.

Passava-se do último degrau a um minúsculo patamar, onde se postava, coroa à mão, a menina escolhida. À sua direita e à esquerda, nos dois últimos degraus, duas outras, também de pé, empunhando as palmas destinadas aos braços da Virgem.

Em solo sucessivo, acompanhadas pelo harmônio, cantavam, uma a uma, o hino da oferenda, enquanto se ouvia, em contraponto, o refrão, em coral, dos demais anjos (pois todas se vestiam de anjo, com vistosas asas brancas, de penas e plumas, além de coroinhas ou arcos de flores à cabeça ou à testa).

Um deslumbramento!, para nós, crianças. Enquanto mães, pais e avós, lágrimas nos olhos e o coração em *vibrato*, escutavam, arrepiadas, a ária de louvor das filhinhas e netinhas à "Mamãe do Céu" – momento inesquecível de piedade religiosa.

À lembrança dessa bela e ingênua manifestação de que participavam as famílias católicas nas décadas de 1940 a 1950, pergunto-me: será que ainda a praticam no Brasil? [84]

---

[84] Seria o Vaticano II responsável pelo cancelamento dessa festa tão esperada pelas crianças? Uma pena! Durante os 31 dias do mês de maio e nos trinta dias de junho, as paróquias faziam subir às escadas, dispostas no altar, meninas e meninos do catecismo. Pois os meninos também gozavam do privilégio de coroar a imagem do Sagrado Coração de Jesus. Que rigor puritano nos terá privado de tão primorosa iniciação musical? Era assim que se descobriam belas vozes e encaminhavam-se as crianças para os corais e para o estudo do canto! Isso não se deu apenas na Igreja! Retirou-se o canto orfeônico dentre as disciplinas do

Voltemos, então, ao que se passou numa noite de coroação na Igreja de Nossa Senhora das Dores, no bairro Floresta, em Belo Horizonte. E... que dizer de minha mãe? Impossível imaginar que aceitasse, impune, a crueldade cometida contra a filha.

Vamos aos fatos.

Era o tempo em que os padres usavam vestes talares, distribuíam santinhos às crianças e todas lhes beijavam, respeitosamente, a mão direita. [85]

Pois bem. Minha mãe me inscrevera, com a devida antecedência, para a coroação no mês de maio, na nossa paróquia, de que era vigário padre Cyr Assunção, irmão do marido de sua irmã. E fizera questão de agendar a coroação para a data de aniversário da filha, a 29 de maio.

Confirmado o dia, fui inscrita nos ensaios, de que se incumbia D. Fininha, organista e regente do coro. Com ela aprendi a *Ave Maria*, de Gounod, tendo feito, à véspera, um ensaio com D. Glorinha Osório, minha professora de música.

Chegada a hora da coroação, aguardávamos – os anjos e eu – à entrada da igreja a autorização para o início da procissão ao altar-mor. Um tanto afastadas, já dentro da nave, D. Glorinha e minha mãe esperavam a ordem das catequistas para que as filas se pusessem em marcha.

Só então rumaríamos ao altar-mor, onde se encontravam as escadas – à direita e à esquerda –, de modo a permitir que as duas formações, à entrada do corredor central, se dividissem ante o altar.

---

curso básico (*in nillo tempore*, o primário e o ginasial). Que diria Villa-Lobos, empenhado na criação de majestosos corais?

[85] Se bispos ou cardeais, além da reverência, beijava-se o anel de pedra roxa, cor e grau eclesiásticos. Gesto simbólico, o beijo é sinal de respeito: não é necessário tocar os lábios no verso da mão dos sacerdotes. Numa inclinação formal, aproximá-los era a praxe. Tudo isso é passado. Arcaísmo! Tão em desuso como as formas de tratamento Reverendo, Vossa Reverendíssima etc.

Em marcha e em coro, as duas filas mantinham-se em forma, apesar de que apenas 11 figurantes subissem as escadas, precedidos pelas três solistas.[86]

Já não me lembro o número de degraus a subir. Mas creio que cada escada teria cerca de cinco degraus, espaço suficiente para cinco anjos de cada ala, três deles incumbidos do solo de louvor: o primeiro, com a coroa; os dois outros, com as palmas, para os braços da Virgem.

Ali postadas, no mais piedoso silêncio, eis que vem ao nosso encontro o próprio vigário. Ao deparar-se comigo, coroa à mão, à frente das meninas com as palmas, gira sobre os pés e chama, pelo nome, outra menina, que eu desconhecia.

Vira-se para mim e, já inclinado, afasta-me da fila, introduzindo a menina no meu lugar. Tudo muito rápido. Guardo na memória seus cabelos pretos, ondulados, a sotana preta, o riso frouxo nos lábios e a sentença: "É ela quem coroa Nossa Senhora!"

Não sei qual foi minha reação. Acredito, porém, que a mudança me parecesse correta: era ele o vigário, mandava em tudo.

A alguns metros da cena, embora impedida de ouvir-lhe a voz, minha mãe desconfiara da nova disposição dos anjos, ao vê-lo tomar, pelos ombros, outra menina, dirigindo-a ao início da fila, e encarregando-a, com certeza, da coroação da Virgem, uma vez que lhe entregara a coroa, arrebatada às minhas mãos: sua filha fora "passada pra trás". O bastante para que se pusesse diante do vigário, padre Cyr, e lhe declarasse, em alto e bom som, que assim procedia para dobrar-se à vontade de gente rica e importante, relegando a filha porque pobre.

Interlocutado, o vigário pespega-lhe desculpa esfarrapada, com a justificação de que houve, apenas, uma mudança na subida ao

---

[86] *Nota bene*. O masculino foi mantido por tratar-se de anjos. Não nos esqueçamos de que no mês de maio a coroação se compunha exclusivamente de meninas.

altar: Zezé iria por a palma. Isso dito, tira a palma da mão de uma das meninas e mete-a na minha mão.

Minha mãe reage sem pestanejar: devolve a palma ao anjo (que nada entendera), me toma a mão e, de arranco, me diz: "Vamos embora. Não há, aqui, lugar para nós".

No ano seguinte, mercê da intervenção diplomática do irmão, marido de minha tia, mamãe consentiu que a filha coroasse a Virgem no dia 29 de maio. Até tia Preta, a irmã querida, sairia de casa com os filhos, para ouvir, na igreja de Nossa Sra das Dores, a *Ave Maria* na voz da sobrinha, "vítima de injustiça".

Foi nessa noite, e só Santa Cecília o explica, que minha voz recebeu, pela primeira vez, e de grande público, muitos aplausos. Alguém teria dito: "Essa menina tem voz de cantora!"

A melhor prova de minha falta de segurança e da predestinação à criação de fantasmas (*porque los hay…*) e tempestades em copo d'água (em catadupas) aconteceria à primeira saída de Belo Horizonte, para conhecer Congonhas do Campo, na companhia de uma colega do Sacré-Coeur.

Ali, à noite, fomos ao clube da cidade, onde havia baile todos os sábados. Um dos irmãos de Pituchinha, *Zezete*, estudante de Engenharia, convidou-me a dançar.

Recusei o convite, pois jamais havia dançado. Mas ele insistiu e ofereceu-se para ensinar-me. Era um bolero: *Solamente una vez*. Não foi difícil acompanhá-lo. Só que eu tremia tanto que ele me perguntou se sentia frio ou se me resfriara. Não sei o que respondi. Mal terminada a canção, na voz de Gregorio Barrios, agradeci o convite e pedi licença, envergonhada.

Ao ver-me de volta à mesa, Pituchinha perguntou-me o que tinha acontecido.

"Nada, respondi-lhe. Acho que fiquei com vergonha. É a primeira vez que danço. E nunca tinha conversado assim, tão de perto, com um rapaz".

"Imagine! É meu irmão! Vou chamar o Nicola, que é mais novo, pra você não se envergonhar".

Procedi, então, com certa naturalidade. No entanto, a proximidade do corpo masculino me intimidava. E diante do irmão mais velho, muito bonito, a reação fora febril.

À segunda viagem, dessa vez só, foi para estudar canto no Festival de Música de Teresópolis, a que me referi ao contar o meu primeiro vis-à-vis com improváveis hippies no refeitório do hotel em que me hospedara.

Não me emancipei.

Visto não ser hoje capaz de avaliar a gravidade das escolhas feitas ao longo dos anos, sobretudo na maturidade, hora de opções definitivas, acredito que não se justifica, talvez se explique o equívoco da transferência a outrem do sentido da própria vida.

É o que confessa o poeta Geraldy nos versos: *J'ai cru qu'en ce coeur offert, j'allais pouvoir enfermer tout mon univers. / C'est de cette erreur profonde, que maintenant nous souffrons: / on ne peut pas tenir le monde derrière un front.*[87]

Tal forma de afeto – do coração que se oferece e se entrega, ao colocar o universo atrás de uma única fronteira – numa relação que o francês chama *fusionnelle*, de fusão com o outro, se realiza e se esgota na própria reciprocidade afetiva.

Hölderlin a identifica numa relação de amizade, mais forte que a morte: a de um par formado por um mortal e um imortal. O sentido profundo dessa fusão ocorre na relação entre os Dióscuros, Castor e Pólux: ao acompanhar o mortal, até o Hades, na hora da morte, o imortal prefigura-lhe a transcendência à imortalidade.

---

[87] "Acreditei que no coração que me entregavas, poderia encerrar todo o universo. Desse erro profundo agora sofremos: não se pode manter o mundo atrás de uma única fronteira [...]"

Jean-Paul,[88] o romancista alemão, introduz no enredo de *Titan* o amor imortal entre dois amigos, Albano e Roquairol, quando a essência mesma da vida se sacraliza no instante crucial da morte.

É a morte que consagra a sublimação do afeto, fazendo suceder à vicissitude do humano, demasiadamente humano, a permanência e a constância, elevadas à intangibilidade do que é perene.

Tomem-se os exemplos de Romeu e Julieta, de D. Pedro e Inês de Castro.

Tanto como Castor e Pólux, Albano e Roquairol, só lhes foi possível tornar eterno o elo que os unia, numa relação humana, portanto mortal, mercê da morte.

Convenha-se. Entre seres humanos, mortais, caberá à fé transcender à fatalidade no salto à quadratura do círculo, isto é, no trespasse, no passar dessa para a melhor – ao "outro lado".

Foi o que pude confirmar ao ouvir de um religioso, sábio e santo, que se encontra na fé a única maneira de transcender, *in extremis*, a fatalidade da sentença bíblica: "*Memento, homo, quia pulvis es, et in pulverem reverteris.*"[89]

---

[88] Pseudônimo de Johann Paul Friedrich Richter (1763 / 1825), contemporâneo de Hölderlin .
[89] "Lembra-te de que és pó e em pó hás de te tornar" – a condenação conclusiva e definitiva da passagem sobre a Terra.

Formação

A preferência de minha mãe por ensaios de arqueologia, civilizações antigas, biografias de arqueólogos e mais estudiosos do Egito, Grécia e Roma antigas, México, Peru, hititas, fenícios, maias, aztecas, incas tornaram-na grande leitora, e conhecedora, de abundante bibliografia.

Sabedor de seu gosto pela leitura, dizia Mestre Frieiro: "D. Honória lê desencadernadamente".

Era seu remédio contra o agudo sentimento de inferioridade.

Para que não lhe faltassem livros nem espaço onde mantê-los, reservei-lhe, na minha estante, de parede inteira, longas prateleiras: e ali os buscava e voltava muitas vezes a relê-los, mesmo que tivesse, tanto à mesa de cabeceira como em duas pequenas estantes, no corredor, novos exemplares à espera.

Não tenho dúvida de que sua formação intelectual e social se fez sob guarda e proteção de meus avós, Alcina Barbosa e Gibraltar de Souza: tanto no lar do casal, rua Rubi, 25, no Prado, como na loja e oficina de flores – Casa Alcina, rua dos Caetés, entre Afonso Pena e São Paulo, em frente ao antigo Banco Hipotecário (de triste memória para Pedro Nava).

Da infância "no" Cláudio, como diziam os ali nascidos, fazendo preceder o nome da cidade pelo artigo masculino, ela trouxera raras lembranças felizes.

Todas elas, em memória do pai, nosso vovô Solídio, leitor assíduo dos romances de entrega e *habitué* das sessões noturnas de fitas "em série", às quais assistia com os filhos, no único cinema da cidade. E era ali que marcavam encontro com o vigário do lugar, fiel amigo da família.

Tempo do cinema mudo, os filmes de que a menina mais gostava, e não se esquecia de mencionar, tinham Buster Keaton no papel principal: "cara amarrada", sabia fazer rir como ninguém.

Depois dele, vinham *O gordo e o magro, As aventuras do Zorro, Robin Hood,* os atores famosos, uma Joan Crawford, tão bonita!, Bette Davis, sempre má, Loretta Young, John Waine, Errol Flynn, Tirone Power, James Cagney e outros mais.

Das figuras inesquecíveis, a que mais lhe marcou a vida foi D. Itália, a cuja mansão fora encaminhada para servir, aprender a ler e escrever (nos momentos livres, sempre escassos).

Ali, no vasto quintal, havia árvores e árvores, todas frutíferas. Apesar disso, D. Itália só lhe permitia comer das frutas picadas pelas aves e caídas no chão, "já passadas".

Mandona, apontava-lhe as que podia apanhar, encarecendo-lhes a qualidade: "Maduras, madurinhas!"

Rachadas pela queda, cheias de formigas e algumas larvas. D. Itália insistia: "Se os passarinhos as picaram é a melhor prova de que estão boas, *sono tutte buone!*"

Vô Solídio, por quem minha mãe guardara particular carinho, foi, com certeza, quem legou às primeiras filhas, tia Preta e minha mãe, tanto como ao filho, Expedito, o gosto pela leitura. Claro que liam o que lhes chegava às mãos, cada qual, o gênero preferido. Dos romances de entrega, minha mãe passaria à ficção histórica, em casa de vovó *Cina*; tia Preta, aos romances de aventuras, de amor e capa e espada; meu tio, à literatura de cordel (de todos conhecida, ainda no Cláudio) e às histórias em quadrinhos, entre elas, as do *Gibi*, seu pão de cada dia.

Quando não trabalhavam, as meninas liam às escondidas, noite escura, à luz de vela de cera, ou de querosene, ou álcool, nas lamparinas. Minha mãe, a primogênita, como a segunda irmã, Pretinha, um ano mais nova, secundavam o pai e o irmão menor, Miro, no trabalho braçal.

Na roça como na cidade, ninguém era poupado. Plantavam e colhiam frutas e legumes, misturavam o barro para as construções de pau a pique. Dia de sol a pino ou temporal, levantavam e rebocavam paredes, juntando pedaços de madeira para portas e janelas.

Às telhas, feitas nas pernas e secas ao calor do sol, aprenderiam a lançá-las ao pai, lá em cima, no telhado. E que alegria ver a cumieira de pé, tudo coberto, a casa pronta para enfrentar o aguaceiro que desde novembro enxarcava o chão batido, numa lama gosmenta, que endurecia em cascorão no mês de março, lá pelo dia 19 ou 20, depois da cheia de São José.

Nem no Pipiripau, na nova capital, foi diferente. O mundo parecia acabar em dilúvio: não havia belo horizonte que mudasse a estação nem os livrasse das enxurradas.

Do outro lado da cidade, no Prado, mamãe conheceria novos modos e costumes. Me falava das festas, reuniões e dos almoços, a que assistia na rua Rubi, 25, depois de tornar-se "cria da casa".[90]

A consideração com que era ali tratada, também a desfrutei. De maneira diferente, visto que jamais houve, entre mim e meus "avós", qualquer ligação servil.

Descubro agora, nessa visita ao sobrado da rua Rubi, que recebi, de minha avó, sobretudo, ternura infinita, especial. Apenas de minha avó, porque não tive ocasião de conviver com meu avô, seu marido.

A impressão que tenho é que a estima de vovó *Cina* para com minha mãe era uma espécie de retribuição por lhe ter dado uma

---

[90] Atenção! Não se trata de criada. De modo algum. Era considerada filha, afilhada, pessoa da casa, especialmente considerada por ambos. Daí, agasalharem com igual carinho o noivo e, mais tarde, marido, meu pai João de Queiroz. No entanto, a bem da verdade, a menina batera-lhes à porta como aprendiz, tornando-se, anos mais tarde, florista da Casa Alcina.

neta. Dividia-se entre as duas, afetivamente, o carinho recíproco para com a menina.

À vóvó *Cina* me uniram laços de tal profundidade que um afeto assim não creio tenha vindo do sangue nem do nome, mas do espírito.

Visto que não sou a Dona Carmo, posso confessá-lo: eu a "adorava".

Devo reconhecer, minha mãe jamais se interpôs entre mim e minhas avós nem, tampouco, entre mim e meus mais queridos amigos – D. Noêmia e professor Frieiro, D. Celina, professor Mário (Mendes Campos), Marcel Bataillon, Léon e Hélène Bourdon. No que diz respeito particularmente a mãe de meu pai, ela própria insistia para que a procurasse e visitasse com frequência, pois sabia que representava, a seus olhos, o filho que perdera tão jovem. [91]

Minha mãe sempre se mostrou imensamente generosa.

Entretanto... vamos e venhamos.[92] O passar dos anos traria, à nossa relação, um outro motivo de estremecimento, quando à súbita presença de galanteador ou enamorado, que, feliz ou infelizmente, não me despertavam amor nem paixonites.

De qualquer modo, ela, soberana, não via com bons olhos o assédio e logo redobrava a vigilância. Discreta. Sem aspereza.

---

[91] Malgrado a declaração do cunhado, meu tio, de que "terminara entre eles o cunhadesco", ao falecimento do irmão...
[92] *Modus in rebus...*

Viagens e passeios

Fizemos nossa mudança para a casa com que minha mãe sonhava – a "sua casa", à rua Juiz de Fora, 979, em frente ao antigo CPOR[93] –, com jardim, quintal, garagem, porão habitável, reservado para sua oficina de flores, além de um pavilhão de dois andares, nos fundos, que ela costumava alugar a estudantes "de boa família e bem-comportados" ou, excepcionalmente, a hóspedes de passagem.

À esquerda, numa casa estilo "colonial", semelhante à nossa, de que jamais víramos os proprietários, os moradores se sucediam, sem que os conhecêssemos; à direita, duas senhoras idosas, nascidas na Itália, mas cidadãs brasileiras – uma delas solteira e a segunda, viúva, mãe de três filhos: a jovem Elza, alta funcionária do IBGE, em Brasília, o irmão construtor, casado em segundas núpcias, cujo filho, talvez por isso, não coabitasse com o pai, a madrasta e o tio, que, embora corcovado, era competente funcionário municipal.

Vivíamos em doce e continuada paz com esses bons vizinhos até que a senhora do engenheiro, que com ele vivia no porão da casa, planta baixa, reclamasse, grosseiramente, em altos brados, das

---

[93] Que passaria a abrigar, por pouco tempo, a Brigada 31 de março (4ª Brigada de Infantaria Motorizada 31 de março, transferida da rua Juiz de Fora, 830, em Belo Horizonte, para a cidade de Juiz de Fora). A Fundação Habitacional do Exército ali mantém, atualmente, seu escritório – ESCMG.

flores e folhas do jasmineiro, guiado, por minha mãe, até a varanda do nosso segundo andar.

Do escritório, onde trabalhava, pude ouvir, da janela desse andar, o linguajar da tal vizinha. Apressei-me em descer, pois escutara, em seguida, o abrir e fechar do portão de ferro: mamãe saíra.

Fui à sua procura no passeio.

Tampouco ali estava. Tomei a direção da casa ao lado. Lá estava minha mãe, vassoura à mão, varrendo o longo corredor do porão, ao qual se tinha acesso por uma escada de uns cinco degraus.

Postei-me diante do portão de entrada, diante do jardim. Arrebatada pelo despropósito da cena a que assistia, gritei: "Mamãe! Saia daí! Saía daí, mamãe! Imediatamente!"

Abracei-a em lágrimas, enquanto tentava perguntar-lhe por que se dispusera a esse "absurdo".

"Como é que a senhora se presta a varrer flores e folhas? Não é sua incumbência! Chamemos, então, o vento!"

"Filhinha! Não me custou nada! "

"Pois a mim, sim! Me custou muito! Não se tome por gari da vizinhança! Nunca mais, pelo amor de Deus!"

Voltamos a casa.

Ah! Minha mãe…

Havia, nessa mesma casa, um pavilhão nos fundos, de dois andares: um longo cômodo, no andar superior, e, no rés-do-chão, dois pequenos aposentos, com quarto e banho.

Numa parte desse pavilhão viveria, por mais de dez anos, inquilino muito especial: o professor Heli de Souza Coelho.

Ao nos mudarmos da casa da av. Amazonas, 2.135, onde era já inquilino de minha mãe, o professor Heli manifestara o desejo de nos acompanhar à nova morada, um quarteirão acima, à rua Juiz de Fora.

Sempre esquivo, atencioso, de conduta exemplar, lamentamos perdê-lo de vista ao trocar Belo Horizonte pelo Rio, embora cientes de que jamais manifestaria, num gesto de estima, qualquer intenção de nos rever.

Gostávamos dele e o admirávamos por seu caráter, sua retidão e seu silêncio. Minha mãe recordava, frequentemente, sua primeira visita à casa da av. Amazonas, interessado no aluguel de um *flat*, destinado ao motorista pelo antigo proprietário.

Construído sobre a garagem, com entrada independente pela rua Gonçalves Dias, o acesso ao aposento se dava por escada de sete degraus, com passagem por um pequeno terraço e mais dois degraus diante da porta de entrada.

Aberta sobre grande espaço, arejado e bem-iluminado, nada havia de mais apropriado a um intelectual celibatário. E não lhe faltava, é óbvio, quarto de banho com chuveiro.

O professor exultou, era o que queria. Correu a providenciar a mudança dos móveis para instalar-se. Imediatamente.

Minha mãe se surpreendeu diante da modéstia de sua tralha: cama "patente", colchão surrado, lençol, fronha e cobertor grosseiros.

Comentara: "Será que ganha o suficiente para sobreviver? Vida dura a de vocês, professores!"

Os anos passaram, o professor sobreviveu à dureza da profissão. Mudou-se conosco para a bela mansão comprada por minha mãe. Ao subir à rua Juiz de Fora, em frente à Brigada 31 de Março, altos do Santo Agostinho, elevara-se social e profissionalmente: tornara-se professor numa instituição secundária, classe média, adquirira imóveis que representavam seguro emprego de capital e lhe garantiam bons aluguéis.

Além de manter, com hora marcada, barbeiro e cabelereiro de "gente bem" (como se dizia na época), passara a vestir-se com apuro: roupas e calçados de grife, nada lhe restando do capiau mineiro dos grotões do mato dentro. Perdera também o cheiro de sacristia, o olhar pudico de ex-coroinha diante das raparigas em flor.

Embora tímido, introspectivo, o professor Heli parecia desfrutar intimamente à força de trabalho e abnegação, a posição conquistada.

Não o vejo casado e estabelecido com mulher e filhos, acredito, porém, vitorioso do combate contra o câncer, apenas iniciado ao nos despedirmos, estará colhendo as benesses de uma nova vida, plena e sem complexos.

À aquisição, nos idos de 1963, da casa da rua Juiz de Fora, nosso "trem" de vida também passaria por transformações: a primeira delas, a troca de piano. Separei-me, com uma pontada de remorso, do antigo armário, em cujos pedais escorava meu travesseiro no barracãozinho da Padre Marinho.

Comprei um *crapaud* – de três quartos de cauda –, *made in England*, bastardo, se comparado a um Bechstein ou a um Pleyel. Mas, nos fins de semana, nosso aperitivo sonoro ganharia tons mais ricos e coloridos, *allegro, con passione*.

Embora continuasse a fazer a pé o longo itinerário que me obrigava a descer Gonçalves Dias, aos saltos, até Amazonas, antes de enfrentar a lombada da Barbacena, tinha ainda a atravessar o altiplano da igrejinha de Fátima, despencando à Olegário Maciel até a subida da Contorno, para alcançar a esquina de Bahia com Carangola.

Já no Santo Antônio, estugava a marcha para atingir a crista do barranco sobre o qual fundaram-se os alicerces da FAFICH.

A caminhada diária terminava em torno do eixo da rampa, no interior da escola, a subir – Eta ferro! – até o andar onde cumpria minhas quarenta horas hebdomadárias.

Jamais me veio à ideia, nessa trilha feita e refeita ao revés, pela manhã e à tarde, que tudo teria fim: calçadas e passeios, dos quais conhecia, de cor, buracos e poças de água, muros descascados, a era subindo e enredando-se nas fendas dos tijolos…

Não tenho, na parede, o quadro de todos esses anos, idos e vividos. Mas nossa casa, a casa de nossos sonhos ainda está lá, alevantada, triunfante: na sala, uma parede cheia de autógrafos, letras e nomes, mortais e imortais.

Todos dormindo. Dormindo, profundamente...

Ali, nosso pouso e pousada. Acreditávamos.

E me pergunto agora: Será mesmo verdade que "ninguém volta atrás?"

Vivíamos bem. Os dias passavam, as semanas, os anos...

Até que os contratos com as editoras Civilização Brasileira e Record, editoras sediadas no Rio de Janeiro, inspirassem minha mãe a sugerir a mudança para o Rio.

Não se tratava, é certo, de mero projeto nem do desejo confessado por metade da população brasileira, que sonha, acordada, com a beleza do Rio, o espírito e o humor do carioca, o *sex appeal* da *girl from* Ipanema, a moça mais linda que vem e que passa, caminho do mar...

Mamãe já dera forma e sentido ao namoro com o mar; investira nossas economias na compra de um pequeno apartamento no Leme, a um quarteirão da praia.

Isso acontecera durante uma de nossas estadas em Copacabana, quando, à procura de um sala e quarto para temporada, mamãe fizera amizade com uma baiana, apaixonada pela baía da Guanabara; Lycia trocara a terra natal pelo Rio de Janeiro.

Aposentada de alto cargo no Ministério da Fazenda, em Brasília, instalara-se com a mãe, já idosa, na rua Gustavo Sampaio, 621, trocando a monotonia da vida no plano piloto, pelas manhãs ensolaradas nas areias do Leme.

A simpatia recíproca logo se converteria numa grande amizade. De tão profundo afeto que Lycia Martins Luz (a quem mamãe tratava por Lycinha) a tomasse por madrinha de crisma, confessando-lhe que tal decisão dera novo sentido à sua vida, não só porque fruto de sua própria vontade, o que não ocorre ao batismo, mas pela íntima convicção de que era chegada a hora da confirmação da fé.

Justificou-a ao declarar que a transcendência do sacramento se impusera ao seu espírito quando encontrou a madrinha pela qual esperara desde a adolescência.

Não havia dúvida, Deus lhe inspirara a escolha.

Tudo se fez luz quando a mineira, de nome Honória, lhe confessou estar decidida a não mais pagar aluguel no Rio: compraria apartamento, pequeno, ali mesmo. Seriam as duas – ela e a mãe – nossas primeiras amigas.

Lycinha ofereceu-se, imediatamente, a apresentar-lhe um proprietário, seu vizinho, que acabara de pôr à venda o imóvel destinado ao filho, em ação de desquite. Frustrada a apresentação ao pai do rapaz, coronel reformado, a própria moça sugerira contato telefônico. Por que não?

Instruída pela nova amiga, comuniquei ao coronel Mafra o interesse pelo imóvel. Contei-lhe que, num passeio ao Leme, minha mãe conhecera uma habitante do prédio, que a convidara a visitá-la. Ficara então a par da existência de apartamento à venda, no mesmo andar, onde ela e a mãe já viviam. Só lhe faltava saber o valor estimado e, se viável, as condições de aquisição.

Entendemo-nos perfeitamente, o preço nos convinha, e como tínhamos a soma necessária ao pagamento, ditei-lhe as informações de praxe, necessárias à escritura de compra e venda, comprometendo-me a enviar-lhe cópia dos documentos.

Em tudo conformes, marcamos encontro no cartório. O cheque na bolsa, reservei voo num avião da VASP, que ainda partia, nessa época, do aeroporto da Pampulha.

Desembarquei no Rio. À hora aprazada, lá estava eu, na rua do Carmo, Cartório do 5º Ofício, à espera de um senhor, jamais visto, de quem apenas conhecia a voz e o sobrenome.

Negócio raro, o nosso, e de perfeita exação; sequer um fio de barba fora empenhado. Embora o objeto de nosso interesse fosse, apenas, a escritura, o ato envolvia dinheiro e uma propriedade – o que não supõe apenas boa-fé, mas confiança absoluta entre as partes.

Ele, discreto, não procurara informar-se a nosso respeito.

Cientes, ambos, de que a afilhada de minha mãe tampouco o conhecia, nossa curiosidade se satisfez ao saber que o filho, presumido e presumível habitante do apartamento, não se apresentara aos vizinhos. Recém-casado, e logo desquitado, não aparecera, obviamente, para falar da separação, mal terminada ou, talvez, mal começada a lua de mel: no entra e sai do 621, decidira-se à venda do imóvel.

"Sem ganhos ou perdas", sentenciara Lycinha.

A venda, de nenhuma ou de inconcebível transparência (termo tampouco em uso na época), se fundava, portanto, na certeza da entrega de um cheque, com fundo, e fé bastante na assinatura da promessa de compra e venda.

Com a mesma simpatia com que nos déramos a conhecer à porta do Cartório, despedi-me do coronel Mafra, sem qualquer receio de desvio de conduta. No dia seguinte, pela manhã, já me encontrava na sala de aula, em Belo Horizonte, após um dos mais raros e gratos episódios de nossa vida.

Passados dois ou três anos, sem que madrinha e afilhada pudessem coincidir numa data próxima à da visita episcopal à paróquia do Leme, Lycinha continuaria a lamentar a falta que lhe fazia não apenas a madrinha, mas, sobretudo, o sacramento.

Sem que nada levasse a supor solução imediata para o impasse litúrgico, eis o inesperado: num telefonema ao Rio, minha mãe fica ao corrente de que a afilhada pretendia vender o apartamento e mudar-se para perto de umas primas, em Copacabana.

Tudo se precipita num abrir e fechar de olhos. Feito o negócio, mãe e filha já se encontravam na praça Serzedelo Corrêa, número 21, em Copacabana, e desejosas de que a madrinha lhes seguisse o exemplo.

Minha mãe não pestanejou, desce ao Rio e, numa semana, "dá jeito" em tudo: nos tornamos donas de um apartamento, na República do Peru, a poucos metros de mata frondosa, habitada por papagaios, aves e macaquinhos.

"Só não há jeito pra olho furado e morte!" – declara mamãe ao seu retorno do Rio.

Tudo ia bem. Ou parecia...

Não estávamos longe de Lycinha (ainda por crismar) nem de sua mãe, num fim de rua, sem trânsito e perto da mata.

Nada tão saudável.

Entretanto... o apartamento, de fundos, no andar térreo, defeito imperdoável, nos expunha às boladas do futebol infantil e à zoeira das reuniões e festas de aniversário no *playground*.

Fomos resistindo, resistindo...

Como privar-nos da mata?

Não podíamos, tampouco, privar nosso curió, Godot (nome dado por mamãe), da zaragata dos passarinhos que nos visitavam para surrupiar-lhe ovo cozido e jiló.

Nosso fiel companheiro, no asfalto quente da cidade maravilhosa, quando íamos a Copacabana, ele seguia conosco: mas o perdemos, aí mesmo.

A gaiola vazia, que tristeza!, a falta que nos fazia o bichinho... Tão miúdo!

Foi na hora da limpeza da gaiola: Godot aproveitou-se do descuido de minha mãe, escapou pela porta aberta e... descobriu a liberdade.

Ficamos desesperadas.

Pousado no muro, a poucos metros da janela, o curió relutava em ganhar os ares. Quando ousou fazê-lo, pôs-se a voar e revoar diante do prédio. Numa campana ao fugitivo, acompanhávamos, sem dar-nos a ver, o sobressalto daquele coraçãozinho ingênuo, até que o voo, ainda tímido, o levasse à altura do segundo andar.

Aí, pronto! Uma janela lhe oferece convite irrecusável.

Depois de breve giro por território alheio, recuperamos, por especial ajuda de São Francisco, *il fratello* Godot: sequer piou. Depois de imobilizado em lenço fino, num gesto seguro de minha mãe, nos brindaria, na sua gaiola, com gorjeios e sassaricos.

A fuga de Godot não passaria de susto. Logo esquecido. De volta a Belo Horizonte, já não era ele a principal preocupação de minha mãe: Lycinha, a futura afilhada, se encarregara da inscrição para a Crisma. Só que não lhe competia, nem à madrinha, a escolha de data.

Tudo dependia da visita eclesial à paróquia. Cabia, portanto, ao vigário fazê-la coincidir com a celebração do sacramento.

Demorou algum tempo até que se cumprisse a norma: após a divulgação da visita apostólica a Nossa Senhora de Copacabana, Lycinha comunica a data à madrinha.

Era chegada a hora de testemunhar-lhe o ato de confirmação da fé. E não se tratava apenas, segundo a afilhada, da renovação do batismo. Seria o resgate da tradição do ato litúrgico. Assistida pela madrinha, ela iria exorcizar o engano cometido pela família ao impor-lhe um padrinho.

"Apenas o padrinho, madrinha! Onde se viu coisa igual! Eu não o conheci, é claro. E jamais reapareceu lá em casa! Seria, para mim, um desconhecido! Sem que nunca me justificassem a ausência da madrinha!"

Lycinha contava, por isso, compensar a frustração ao tomar minha mãe por madrinha, madrinha por ela escolhida.

A responsabilidade era enorme!

Os versos de Geraldy me vieram à memória. Já não os sabia de cor, mas, a forte impressão que me deixaram, traziam-me de volta a essência do que transmitem.

É impossível conter o universo numa única fronteira: o caso da menina sem madrinha, à espera do resgate de tudo que lhe faltara.

Lycinha não se referia a uma madrinha, mas a uma "segunda mãe!"

Felizmente, pensei comigo, encontrara a pessoa certa. Mas comecei a considerar, no instante em que a ouvia, o grau do compromisso a assumir em tão difícil, dificílima!, apropriação de deveres e virtudes.

Não me atrevi, diante da "prima" (assim me tratava) a revelar o que me preocupava: mais, muito mais que tempestade em copo d'água!

"Anote o dia e a hora em que estará a meu lado para a celebração da crisma! Estarei à sua espera! Não se esqueça, madrinha!"

Anotado o compromisso, passou-nos despercebido que era já entrado o mês de março, mês da visita episcopal à paróquia.

Assim é que, por volta das 11 horas do dia 7 de março, o telefone toca.

Atendo à chamada.

Era Lycinha. Aflita. "E então, prima? A madrinha já veio para o Rio? A crisma é hoje, às 6 da tarde!"

Machado de Assis me compreende: "Antes cair em si mesmo que de um terceiro andar." Meu refrão...

Após anos de espera, a afilhada já se sentia abandonada pela madrinha. Minha nossa!

Em resposta ao tom arrebatado, justifiquei:

"Mamãe se atrasou um pouco, Lycinha. Mas estará aí, pelas 5h/5h30. Fique tranquila".

Telefonei, imediatamente, à Varig, reservei lugar no voo das 14h15, a decolar da Pampulha. Aflita, mamãe não acreditava chegar a tempo em Copacabana. Consegui acalmá-la, rumo ao aeroporto. "Avião é pra isso!"

Alívio grande foi, para ela, ver-se à porta do prédio, na praça Serzedelo Correa, 21. Não quis subir: pediu ao porteiro para avisar à moradora do 401 que a madrinha já estava em Copacabana! Ali mesmo! Graças a Deus!!

Em séquito solene, sucedido pelos bispos e pelo arcebispo da diocese, o venerando cardeal tomaria a si a unção de todos os inscritos – adultos, jovens e adolescentes.

À imposição do santo óleo da crisma, seguiu-se o beija-mão, pelos fiéis, do anel do cardeal, porque foi ele – grande surpresa!

—, e não o arcebispo, que concedeu aos crismados e padrinhos o privilégio da consagração.

Quarenta e oito horas mais tarde, mamãe voltava radiante – radiante e orgulhosa –, da maratona ao Rio. E mais ainda: feliz, felicíssima!, por não ter faltado a um compromisso de tão importante significado para a afilhada e de tão comovente solenidade!

O episódio da crisma, *agitatto con brio*, passou a fazer parte do repertório dos acontecimentos que chamamos, em Minas, de "gloriosa memória": madrinha e afilhada, lembrariam, anos afora, o feliz desenlace de tantos desejos e emoções contrariados.

"Deus é maravilhoso, filhinha!"

Cenas assim, em que a vida nos prega peça, levando-nos da angústia do imprevisível à surpresa auspiciosa, sempre nos ocorreram: centenas de vezes.

E nos entretíamos no relato das mais marcantes, com *gracias a la vida*.

Assim fora o caso de Saint-Malo, terra de Chateaubriand, ao afastar-nos dos turistas para visitar, a sós, a praia e o rochedo de onde o poeta contemplava o mar: imagem inesquecível de um *flash* intemporal. Era o quadro visto e revisto, ainda no ginásio, nas aulas de francês: nos esquecemos de tudo.

Pouco faltou para que nos desgarrássemos do *tour*, e ali ficássemos a ver navios (no sentido próprio do termo).

Se na vida tudo se paga, tudo também se pode converter em aventura, de feliz e inesperado desfecho. Guardamos da viagem ao Mont Saint-Michel uma foto: sentada na areia úmida, à mão direita a garrafa vazia de um *Pinot Noir*, mamãe a exibia como troféu. Que delícia...

Noutro lugar, em situação extrema, pois esperávamos, na estação Montparnasse, em Paris, a hora da partida do trem para Madri, deparei-me, não mais que de repente, com o enorme relógio da estação: nem um segundo a perder! Sequer disse palavra a minha mãe: apontei-lhe o relógio e disparei rumo à escada que nos separava do cais.

Alerta, como sempre, mamãe colara-se a mim, degrau a degrau. O trem, em movimento, deixava a estação...

Alheias aos riscos de tamanho desatino, fomos surpreendidas pela reação nervosa, imediata, dos passageiros: quatro ou cinco deles saltaram, de improviso, do vagão, empurrando-nos para dentro; dois ou três, não sei bem, se ocupavam das valises, deixadas para trás.

Tudo isso entre risos, sobressalto e exclamações em coro: "*Adelante! Adelante! Caramba, hombre!*", "*– Qué raro! – Madre de Dios! – Qué peligro! Tienen suerte!*"

Representávamos um *vaudeville* de Feydau.

Esquecer... quem há de!?

Logo nos acomodaram, cedendo-nos lugares.

É isso aí. A Península Ibérica é nossa terra. Espanhóis e portugueses somos, todos, um povo: "Alegria não pode ser tamanha que encontrar gente vizinha em terra estranha."

Desembarcamos em Madri, meia-noite passada. Tínhamos apartamento reservado numa *posada*. Para lá seguimos, de táxi. O encarregado da recepção nos acompanhou ao quarto. Quando lhe perguntamos se ainda encontraríamos *restorán abierto*, nos respondeu: "*Por supuesto! La noche es niña! Y luego encontrarán adonde cenar!*"

Sua certeza era tão efetiva que sequer lhe perguntamos onde. Descemos as escadas do belo prédio da pousada, atravessamos a avenida, subimos uma ladeira e logo alcançamos uma rua de onde procediam acordes de *cante jondo*, vozerio e claridade.

Ao cruzar a esquina, nos deparamos com um grande luzeiro: estávamos na Espanha! Diante da porta, par em par sobre o passeio, havia um redondíssimo alguidar, cheio de camarões: gigantes!!

Já sentadas, cardápio à mão, vimos que não eram *camarones*, mas *langostinos*. Foi a entrada, *con vino blanco*. Tudo nos pareceu tão bom que repetimos a comanda e dispensamos a sobremesa.

Cansadas e com sono, descemos à pousada e dormimos o sono dos justos. No dia seguinte, entendemos por que fora tão fácil encontrar, de madrugada, um restaurante aberto, quando o *día, sí, era niño*...

Pois, de dia mesmo, não foi nada fácil *almorzar ni cenar*: os espanhóis almoçam tarde, muito tarde, para o nosso apetite. Depois das duas. E à noite, depois das nove...[94]

A nós, mineiras, era difícil esperar com tamanha fome. E começávamos a petiscar e a aperitivar para enganar o estômago.

¿*Qué hacer*? Éramos felizes. E conscientes da felicidade partilhada.

Visto que ninguém passa impune pela terra ibérica, terra de todas as audácias e de todos os poetas, de todos os loucos e de todos os gênios, resgatamos *zarzuelas* (que se comem e que se ouvem), *bailamos sardanas* na *plaza mayor* de Barcelona – *la plaza de la catedral* –, lemos poesia num parque de Sevilha,[95] onde havia, *a la buena de Dios,* uma estante de livros, e partimos, em seguida, ao museu da Rainha Sofía para admirar *Guernica*, apelo alucinado à paz, na redundância de sangue e desgraça.[96]

---

[94] Não sei o que pensam nem o que dizem os franceses, ciosos do *déjeuner à midi* e do *dîner entre 7:00 / 7:30, au plus tard*! (pois em seguida vão ao teatro ou a um concerto).

[95] Tratava-se de alentado projeto, nomeado *bookcrossing*, de distribuição de mais de 5 mil livros, em volta dos parques de *María Luísa, Platinar* e *Pirotecnía,* a fim de fomentar a leitura.

[96] Obra-prima de Picasso, em torno da qual circulam as mais contrárias suposições, tanto como sua concepção nebulosa e motivação antagônica do genocídio de Guernica. Minha mãe, escandalizada, declarou que aquela criação trágica representava, de fato, o horror da guerra e da demência humanas.

Ainda na Catalunha, "país" de Tereza e Josep Roca-Pons, amigos de vida inteira,[97] viveríamos a experiência de frei Luis de León, de volta às cátedras que regia em Salamanca, após dois anos de prisão em Valladolid: com brio renascentista, grifado na frase sibilina *Como decíamos ayer...* teria dado prosseguimento a seus cursos.

Pois a nós, os vinte e um anos de separação não haviam ganho sequer uma ruga. Na estação ferroviária de Barcelona, onde me esperava o casal, um grande abraço nos envolveu e ouvi de Tereza: "*A mí me sembla habernos quitado ayer*".

De pé, no trem que nos levaria a Sitges, paraíso recuperado, falávamos, atropeladamente, na ansiedade de tudo saber e tudo contar.

Entre uma e outra fala, Tereza me diz que eu estava bem. Isto é, fisicamente. Retruquei-lhe não me sentir assim, pois havia envelhecido. Muito!

Apenas terminada a triste confidência, uma senhora que ali estava, sentada, e atenta ao nosso diálogo, me aparteia: "*Pero que no! Usted está muy bien! Y muy guapa!*"

Surpreendidas pelo chiste, rimo-nos com prazer. Enquanto isso, os demais passageiros, surpresos como a aparteante, assistiam ao resgate da amizade, ao arrepio do lugar e do tempo – tudo que é transitório (ademais ali, num trem em movimento).

Ao relembrar o aparte da catalã nessa anedota inconcebível, Tereza referiu-se, faz pouco, a outro encontro nosso, memorável, ao rever-nos, os três, acidentalmente, numa estrada da Bélgica: ela e Josep, no automóvel de colegas universitários; eu, na pista ao lado, na companhia de amigos, os Papegnies, pais de uma aluna da Indiana University (onde lecionáramos, Josep, seu marido, e eu). Nada, realmente, tão improvável quanto inesperado!

---

[97] Embora o Atlântico nos haja separado desde 1967, e tenhamos sofrido, ambas, perdas dolorosas, ela, a do marido, Josep, eu, a de minha mãe e de minhas tias, creio que descobrimos nessa amizade sem fronteiras o alento que nos permite sobreviver à solidão e à morte.

Ao descobrir-nos, sem encontro marcado, na Bélgica, meu Deus!, tão longe de tudo, saltamos dos carros e começamos a abraçar-nos com tamanha emoção e carinho que *Monsieur* Papegnies repetia, estupefato: "*Mais... C'est du jamais vu! C'est du jamais vu!*" [98]

Pude, felizmente, rever Josep, embora só, em 1963. Ciente de sua presença no Chile, num congresso de Linguística, consegui convencer a diretora da Faculdade de Letras a convidá-lo para uma conferência sobre o Catalão e o Provençal, "esses desconhecidos".

A mudança da rota, com o acréscimo da passagem do ilustre *scholar* por Belo Horizonte, foi paga pela UFMG. A conferência? *Gratis pro musa...*

Apesar de tão fortes laços, não me foi possível estar com Tereza por ocasião de minha estadia num barco da empresa Costa, ancorado, algumas horas, em Barcelona. Telefonei-lhe, antes do cruzeiro, comunicando-lhe a data da passagem. Mas o acaso não deu chance ao inesperado: vedado o uso de cheque no barco, desci à procura de câmbio na cidade.

À minha espera, no cais, Teresa se crestara ao sol. A promessa de reencontro foi adiada. Até que se cumpra o voto no eterno amanhã.

O mesmo ocorreria, mas com final feliz, quando Roberto Giusti,[99] grande amigo, me confessara, em carta, sua *añoranza* ao recordar as montanhas que separavam o pampa das Minas Gerais.

Já octogenário, faltavam-lhe ânimo e saúde para vir ao Brasil, como fizera em 1968, ao passar, com D. Beatriz, sua senhora, uma semana em Belo Horizonte.

---

[98] "Jamais vi coisa igual! Jamais vi coisa igual!"
[99] Notável crítico, professor e escritor argentino, fundador, mais Adolfo Bianchi, da revista *Nosotros*.

Viajara, nessa ocasião, a convite do escritor e tradutor Idel Becker, seu ex-aluno, e professor, no Brasil, da Universidade de São Paulo. E se haviam aventurado, a conselho do mesmo aluno, em longas horas de viagem, até Poços de Caldas, Sul de Minas, para uma cura termal.

Apesar da cura, a longa viagem, por vales e montes até a capital, os deixara extenuados, é óbvio. Daí, nossa ansiedade ao atraso dos hóspedes.

Mas chegaram.

Morávamos numa casa colonial, de dois andares, na avenida Amazonas, bairro de Santo Agostinho. Que emoção! Braços abertos, sorriso hospitaleiro, mamãe ocupara-se, imediatamente, das malas e, num gesto de convite, precipitara-se a abrir-lhes o portão.

Dias inesquecíveis, dos mais felizes da nossa vida.

Ernesto Ballsteadt, professor de História da Faculdade Católica, ofereceu-se para levá-los a Sabará, no seu Volkswagen. E antes de ali chegar, fizera questão de mostrar-lhes a primeira obra de Oscar Niemeyer – o conjunto arquitetônico em torno do lago da Pampulha.

Tudo correu bem. Muito bem.

O casal Giusti, simpático, encantador, admirava e admirava-se ante o que via, e, Fernando, o marido, sempre encontrava meios de comparar nossos países, concluindo pela superioridade do Brasil. Não apenas quanto ao tamanho ou à riqueza. Nada disso. Não só vencíamos a Argentina na excelência do café – sem dúvida!, mas também na educação, na cultura, na agricultura…

Numa coisa, numa apenas, não nos dava a primazia. Em quê? No futebol. E para desculpar a patriotada, completara: "*Todo nos une. Sólo el football nos separa.*"

Parece que o mesmo ocorreria se comparasse as maravilhas da pátria amada com as do pequeno, e também vizinho, Uruguai, para quem perderíamos a Copa do Mundo de 1958.

Mas o que nos distinguia, tanto como à Argentina, separando-nos ali, à altura da Província Cisplatina, não seria, APENAS, a excelência do *football* mas a disputa pelo prestígio do *primus inter pares*.

Nascido na Itália, em Luca, *bon viveur* e amigo da bona-chira, o nosso querido hóspede declarou-nos, ao perguntarmos o que bebia às refeições, que tomava vinho, vinho tinto. Com uma ressalva: à *cena*, pois sempre trabalhara durante o dia e nunca lhe sobrava tempo para almoçar em Martínez, onde morava.

Atento à fineza de hóspede estrangeiro, italiano de nascença, mas cidadão argentino, não aceitaria, em nossa casa, o Chianti. Exigiu *el tinto brasileño*, do Rio Grande do Sul.

No entanto, antes de subir as escadas até o andar onde iriam instalar-se, vislumbrara, da sala, uma grande caçarola ao fogo. Não hesita, dirige-se à cozinha, de onde lhe chegara o cheiro apimentado do molho ruidoso. O apetite vence o cansaço da viagem. Guloso, mestre Giusti vai ao fogão para saber o que haveria para o almoço.

D. Beatriz o repreende num murmúrio: "*Qué verguenza!*"

O marido nada ouvira, a alça da tampa entre os dedos, o tronco curvado sobre a panela, o nariz sobre a caçarola, vira-se para minha mãe, olhos vivos, espertos, indaga:

"*¿Y qué es eso que huele tan bien? Veo que es un trozo de carne... Muy bonito!*"

Cala-se à espera de resposta.

A cozinheira, envergonhada, temendo que o prato não agradasse ao hóspede ilustre, responde-lhe como a desculpar-se:

"Ééé um lagarto, professor."

"*Un lagarto??? Pero noooo! Eso no comemos!*"

A poucos passos do casal, entendi, imediatamente, a causa do espanto e da negativa assustada. Logo corrigi o equívoco.

"*No, profesor Giusti, no es lo que Usted piensa: no se trata del animal, mas de un corte de carne bovina, que lleva este nombre en* Brasil. *Sin embargo, no sabemos cómo se llama en Argentina.*"

Numa boa gargalhada, vira-se para D. Beatriz, pedindo-lhe *mirase y se le dijera qué parte sería*...

Já não recordo a resposta de sua senhora. Mas tudo terminaria belissimamente, algumas horas mais tarde, depois do jantar que *mucho les había gustado*.

Ao visitar o casal em Martínez, mais de dez anos passados, ambos se lembravam do episódio jocoso e não deixaram de referir-se à minha mãe como *la más dulce e alegre de las personas conocidas en ese viaje al Brasil*.

"*Y muy guapa también*", repetiram.

Por obra e graça do acaso, a passagem do prof. Giusti por Belo Horizonte coincidiria com minha posse na Academia Mineira de Letras, em 1968, após eleição para suceder a Afonso Penna Jr., que ocupava a cadeira de número 40.

Não haveria apenas isso: veio juntar-se a alegria de ter, em nossa casa, tão afetuosos amigos, minha nomeação para o cargo de *professeur associé à la Sorbonne*, ocorrida àquela data.

Tudo merecia comemoração.

E o passar do tempo só nos fez encarecer a importância de ter amigos: a amizade é o mais precioso dos bens.

Decano da crítica hispano-americana na "nossa América", membro da Academia Argentina de Letras, além de ter o nome ligado ao de Adolfo Bianchi e a *Nosotros*, a celebrada revista literária da América Latina, Giusti era professor da Faculdade de Letras, colaborador de *La Nación*, escritor de alta relevância.

Satisfação não podia ser maior que a de ter como hóspedes o casal inesquecível. Naquela Amazonas tumultuada, barulhenta e nervosa, uma das vias de maior tráfego e de maior agitação da capital, nosso lar se tornou verdadeiro *havre* de felicidade, paz e afeto. Recíprocos.

Nenhum dos vícios urbanos nos abalou nem impediu de recebê-los com carinho. Por nada no mundo perderíamos tão propícia ocasião, oferecida pela Universidade de São Paulo, sem que tudo fizéssemos para convencê-los a alongar a viagem às montanhas de Minas.

A bonomia, a ternura e o brilho da inteligência do professor Giusti nos levaram a esquecer a ousadia de hospedá-los. O que logo seria, para minha mãe, mais do que honra – milagre inesperado. Tínhamos em casa o acadêmico e grande escritor argentino para assistir à minha posse!

Foram, de fato, dias memoráveis. É o termo próprio.

Por temperamento e cultura, Roberto Giusti logo se tornou gente de casa: adorava fumar, depois do almoço, sentado numa *bergère* que ficava numa nesga do *hall* do primeiro andar.

Fazia sua sesta de olhos abertos, o cachimbo aos lábios: a fumaça cheirosa se espalhava pelo corredor, descia as escadas e nos chegava à sala e à cozinha.

Pela manhã, eu subia ao escritório, nesse mesmo andar, para que me ditasse os artigos encomendados por *La Nación* sobre a viagem ao Brasil.

O mais divertido é que, má datilógrafa, eu me enganava, e cometia, seguidamente, erros de digitação. Aflita, tratava de cobri-los com corretor branco, e rebatia, em seguida, a palavra, a frase, o parágrafo...

Um tanto irritado ante meu escrúpulo, dizia ele:

"No hagas eso! No estoy obligado a enviarles una página bonita! Basta cubrir la palabra con unas cuantas xxxxxx y pronto! Así es!"

Todos os dias em que era necessário enviar, por correio, a colaboração, embora seu descontentamento fosse real, eu continuaria a insistir na correção, e ria-me com gosto. O que também divertia D. Beatriz, ao nosso lado.

Acontece que ele ficava brabo. De verdade! Eu achava engraçado. O que lhe aumentava a irritação.

Anos mais tarde, ante a insistência do casal, para que os visitasse. deixei minha mãe em Belo Horizonte, peguei um avião no Rio e fui revê-los.

Hospedei-me na mansão da família, no bairro elegante, silencioso e bem arborizado, onde a *limousine* da Academia nos veio buscar para que o acompanhasse a uma sessão.

Embora as mulheres não fossem ali admitidas, receberam-me com especial distinção. Fui apresentada a Jorge Luis Borges, já catacego, a Fermín Estrella Gutiérrez, de quem conhecia quase toda a obra, a González Lanuza e outros mais.

Minha estada, ainda que curta, daria ocasião a um *cuento*.

Como lhes havia cantado, em Belo Horizonte, algumas canções italianas, pediram-me que as repetisse para filhos e netos.

Foi o que fiz, sem me deixar rogar.

No dia seguinte, um vizinho perguntaria ao professor Giusti se o disco ouvido à noite anterior era de Maria Callas (!?). Fora então informado de que não se tratava da cantora lírica, "*mas de una amiga brasileña*".

Passada uma semana, o mesmo vizinho diria à D. Beatriz:

"*Hemos oído, una vez más, a vuestra amiga! Qué bien canta la chica!*"

E D. Beatriz, corrigindo-lhe o equívoco: "*Entonces, sí, oíamos a la Callas.*"

Tout passe, tout casse, tout lasse, tout se remplace, diz o ditado francês.[100]

Mero jogo de palavras.

O substituível se detém num determinado grau de perfeição e de excelência – o que ocorre a certas pessoas que passam por nossa vida.

E não para aí. Há instrumentos, joias, quadros, móveis, árvores, flores e mesmo frutos e frutas que as leis do *marketing* condenam à substituição, sem aprimoramento.

Em todo caso, não se pode negar: *A thing of beauty it is a joy, forever.*

---

[100] "*Tudo passa, tudo quebra, tudo cansa, tudo se substitui*".

E ao perfilar a escala zoológica, nos convencemos de que há no reino animal exemplares cuja falta tentamos compensar no *Ersatz*. Sem êxito.

Nem tudo, nem todos... são substituíveis.

Ledo engano!

Da década de 1930 à de 40, minha avó, florista como minha mãe, melhor discípula, se desdobravam em reproduzir, com esmero, os complementos do *prêt-à-porter*: flores e "arranjos" de refinada elegância usados como acessório em chapéus, vestidos, *tailleurs* e *smokings* "a rigor".[101]

Os cavalheiros usavam cravos naturais, ou artificiais, à lapela; as meninas, coroinhas à cabeça; as moças, flores nos cabelos.

As flores artificiais tinham mercado assegurado até meados do século XX. Isto é, antes da proliferação de quiosques de venda, tanto de espécies naturais, em vasos e buquês, como de folhagem e flores de plástico, *made in China*, à cada esquina das nossas megalópolis, numa concorrência desleal às antigas floras, e causa determinante do desaparecimento das floristas.[102]

---

[101] A expressão "a rigor" significava a exigência de traje de luxo (geralmente longo, ou de especial prestância) em casamentos, comemoração de bodas, formaturas ou bailes de *réveillon*.

[102] Importam-se adornos exuberantes: enormes buquês de flores e folhagem (desidratada ou natural), expostos em jarras bojudas ou em vasos de boca larga, tanto em residências como hotéis, bancos, lojas. O banco Credinord, av. Hausmann, em Paris, inovaria: fez brotar folhagem luxuriante, em meio a trepadeiras, que sobem à parede do térreo, ao fundo da matriz. Como se poderá ver, a moda dos jardins sobe, também, aos telhados dos grandes prédios, a exemplo das aldeias africanas (onde as plantas enraizadas na cerâmica úmida defendem os habitantes dos raios do sol). Não faltam clientes para o *verde que te quiero verde*. É moda. O melhor exemplo desse mercado florescente é a *boutique* sofisticada do florista internacional, Emilio Roba, estabelecido na Galeria Vivienne, em Paris, onde exibe *ses créations florales* – belíssimos arranjos, *made in China* (ao que me informaram, na oficina).

Mesmo em Belo Horizonte havia demanda suficiente para o mercado de flores artificiais, embora a única florista estabelecida no comércio fosse a minha avó, com a Casa Alcina.

As boas lojas de moda, a exemplo da Sloper, A Sibéria, A Guanabara, incluídas, também, as Lojas Americanas, expunham flores nas vitrines, sobretudo se, em Paris, Mlle. Chanel e os demais costureiros fizessem desfilar seus modelos com camélias, cravos, rosas, violetas, fossem no decote, fossem nas alças dos vestidos, fossem nos cabelos ou nos adereços para chapéus.

Chapéus enormes!, usados por ocasião das corridas nos hipódromos: os *Jockey clubs* (*Derby, Derbies*) das grandes metrópolis, nos dois hemisférios, onde não se dispensavam (e não se dispensam) *aigrettes*, plumas nem flores. As nobres damas da corte, tanto como as plebeias inglesas, sempre ostentaram, com sofisticada insolência, chapéus exóticos, espalhafatosos.

Na decoração da casa, tampouco faltavam jarras e jarros, vasos, gomis, solitários e floreiras, sempre à mesa ou sobre um aparador, com rosas, cravos, margaridas, sempre-vivas, ervilhas-de-cheiro,[103] papoulas, orquídeas, confeccionadas em seda pura ou tafetá, organza, organdi ou veludo, cada qual com sua haste, cálice, gaspa, corola, pétalas e pistilos, em belos bouquês, armados com arames encobertos com papel crepom, verde ou marron.

Exuberante, a folhagem completava, nas mais diversas formas, os adornos: folhas perfeitas – de rosa, cravo, orquídea, camélias, papoulas, com caule, pecíolo, bainha e nervuras bem-marcadas.

As pétalas, em tecido delicado, cortavam-se e encrespavam-se à mão. Para reproduzi-las, em seda ou algodão, minha mãe se servia de moldes tomados à natureza: colava em papel fino as pétalas das flores que se desidratavam à sombra. Depois, bastava recortá-las para que servissem de molde.

---

[103] Empregava-se o atributo "de cheiro", diacrítico, para evitar equívoco com o legume, o *petit-pois* (francês), retirado da vagem.

Tudo feito e perfeito, as pétalas reproduzidas nos tecidos engomados, tintos nas cores apropriadas, ainda se prensavam, em ferros duplos, com mangas de madeira, ou encrespadas à mão, antes de iniciar a armação em torno do arame, em cuja extremidade se juntavam o caule, o cálice e os pistilos.[104]

Para a confecção de um botão de rosa, por exemplo, cobria-se a haste de arame com papel crepom verde escuro, enrolando-se na extremidade um fio de algodão branco, de forma arredondada, antes de fixar-lhe, uma por uma, as pétalas preparadas.

Depois de cortadas, com ferros próprios, servindo-se de uma prancha[105] e um macete, nas dimensões e no formato das folhas de inumeráveis florescências – denteadas, se de rosas, inteiras ou lobadas, as das demais flores.

Minha mãe se dirigia frequentemente à oficina de minha avó, na rua dos Caetés, para usar a prensa francesa que imprimia, na nervura central das folhas, vincos perpendiculares.[106]

As pétalas exigiam peculiar atenção, pois, cortadas à mão, em tecido fino, alguma vez forrado, e engomado, eram moldadas por golfradores e boleadores.

---

[104] De excelente qualidade (seda ou algodão), o tecido para a fabricação de flores, engomado com grude de maizena ou polvilho, muito alvos, preparava-se em casa. As folhas, verde escuro, adorno do buquê – "a folhagem" era, também, produto manual, doméstico, antes de industrializar-se e pôr-se à venda, em rolos, no comércio, a meados do século XX.

[105] A prancha, isto é, o apoio de madeira de que a florista se serve para recortar, a ferro, folhas ou pétalas, nada mais era, na loja de minha avó e em nossa casa, que um grosso tronco de árvore. O macete, usado à guisa de martelo, tinha cabeça e cabo de madeira, madeira forte, de lei. Como se vê, a profissão exigia mão firme, força e destreza. Tão árdua quanto a de um ferreiro na oficina onde faz e se esmera em afiar espadas, facas e fações: à força do braço e do punho, batendo e rebatendo o metal.

[106] Essa prensa de ferro, sólida e soberana, fabricada em 1900, por Briançon, em Paris, encontra-se, hoje, em nosso apartamento. Embora tenha tentado doá-la ao Museu de Artes e Ofícios, de Belo Horizonte, a diretora não se interessou pela doação. Tanto melhor. Impregnada da presença de minha avó Alcina e de minha mãe, é memória permanente, duradoura, da labuta diária que lhes permitiu subsistir, mercê do ofício de recriação da primavera.

Algumas dessas ferramentas atendem hoje pelo nome de frisadores.

Não me ocorreram esses termos. Lembrava-me, sim, de bolas, e não boleadores, e de pés de bicho, almofada, blocos de parafina, tijelinhas e pires de café para o grude transparente e para as tintas que minha mãe sabia manipular à maravilha, algumas dissolvidas em água e outras, em álcool ordinário.

A ferragem, isto é, as ferramentas de ferro – frisadores, boleadores e ferros em forma de pétalas de flores e folhagem tudo isso material pesado, muito pesado!, guardado em casa.[107]

Graças à profissão de florista, no uso e manuseio diuturnos de verdadeiras ferramentas, minha mãe se empenharia, ao longo dos anos, em formar-me e educar-me. Esmerou-se, sem trégua, no desvelo de tudo oferecer-me.

Nada foi esquecido. Nem as penas lhe pareceram excessivas ou de impossível êxito. Ao entregar as encomendas de bouquês, arranjos, chapéus, o que mais fosse, temia deixar-me só; eu a acompanhava.

Recorríamos, muitas vezes, a dois meios de transporte.

Quando não acontecia termos, ainda, pela frente longos percursos a pé.

Em obediência aos compromissos, tudo se fazia depressa e com pressa, cabia acelerar o passo. Pouco antes do falecimento, ela se confessara culpada, não só de minha ansiedade, como da obstinação pelo imediato, numa compulsiva aposta contra o tempo.

"Ah, minha filhinha, se você é tão ansiosa é por minha culpa. Eu agarrava sua mãozinha e atravessávamos a cidade em corrida desabalada, para estar de volta a casa antes do almoço ou para terminar o que estivesse por fazer."

---

[107] Recolhido em caixas de ferro, da última guerra, compradas por minha mãe de um antiquário, todas essas ferramentas se encontram hermeticamente fechadas, para defender da ferrugem tão precioso legado.

As flores na moda, tanto vovó *Cina* como minha mãe e *Cininha* tinham agenda completa: eram flores para casamentos, formaturas, coroações, festas de 15 anos, aniversários, bodas, batizados. Quanto às noivas, tudo branco, imaculado.

Muitas vezes me oferecia para ajudar. No entanto, mamãe só me permitia fazer pezinhos. Convenha-se: mãos muito bem lavadas!

Depois de mostrar-lhe as palmas das mãos e os dedos bem limpos, eu enrolava o arame cortado – dez centímetros de comprimento – com crepom branco, branquíssimo: a ponta do indicador no grude, umedecia o arame, envolto, em seguida, por fita crepom, um centímetro, não mais, se se tratasse de pequeno buquê.

Eram botõezinhos de rosa, jasmins, miosótis e miguês – tudo branco!

Que alegria ouvir, de minha mãe, o elogio: "Parabéns, filhinha! Você aprende depressa. A fita desce, sempre! Se grosso, o pezinho não passa no furo, bem no meio da corola! Os pezinhos estão bem-feitos. Melhores que os meus, todos com o papel bem colado, sem excesso de grude. Bem fininhos!"

Esses "pezinhos", de dois, três, dez centímetros, acumulavam-se, à mesa, em montes e montes: os brancos destinavam-se a buquês, coroas ou grinaldas de noivas; os verdes, a enfeites para chapéus ou complementos de vestidos. Tudo *up to date, dernier cri*.

O que traz à lembrança o *chic* francês, derivado de *schic*, alemão. Isso mesmo! Significava "moda", "elegância", no início do século XX, e chegaria, como marca de "bom-gosto", às décadas de 1950 a 70, época de grandes encomendas, e, nos últimos anos, entre 80 e 85, quando minha tia – tia Preta, vinha à nossa casa para ajudá-la.

Muito unidas, trabalhavam dias inteiros no porão ou nos altos do pavilhão, nos fundos da casa, a casa da rua Juiz de Fora, em frente ao exército.[108]

---

[108] Vizinhança segura e benfazeja, sobretudo numa casa desprovida de presença masculina. Era a "sua casa": a casa à que se referia, nos últimos anos,

Não viam o tempo passar. Riam-se, contavam histórias, falavam de frutas, doces, pratos, bailes, usos e costumes do tempo passado, na Belo Horizonte, do "belo horizonte" e dos *footings* na avenida Afonso Penna, dos bailes de formatura e dos jogos do Atlético e do Cruzeiro, do América e do Vila Nova ...

Titia, escrupulosa, fiel a si mesma e à vida, jamais se referia ao que sofrera: rio tranquilo, o tempo não tinha feito senão passar mansamente, sem dilúvios *ni* inundações. E era também capaz de provocar boas gargalhadas em quem a ouvisse contar as estranhezas e o atraso dos anos 1930 / 40, quando, meninas ainda, moravam *no* Cláudio, terra natal.

Se Noca, a costureira, conterrânea e aparentada aos primos, Assunção, se juntava às duas irmãs, as risadas se multiplicavam.

Excelente costureira, Noca, minha comadre, mãe solteira, daria à luz o filho Marcos em nossa casa. Repudiada pelos parentes, minha mãe a recebera, braços abertos, sem pruridos de moral.

---

em Copacabana, dizendo: "Não quero ficar aqui! Vamos embora, filhinha! Eu quero ir pra casa!, para a minha casa!" Que fazer, meu Deus? Paris nos havia desembarcado à margem direita do Sena e ali passamos a residir, a partir de 1993, de abril a novembro, no nosso quarto e sala, no prédio da Caserna dos Bombeiros. Assim é que o endereço parisiense interpôs-se entre nós e a "nossa casa" – a casa da rua Juiz de Fora, em Belo Horizonte, casa de todos os fantasmas e de todos os sonhos de minha mãe –, a casa onde recebíamos, aos sábados, mestre Frieiro e D. Noêmia e onde, à mesa da sala, mesa longa, de vidro, bebíamos o bom vinho da amizade com Mário Mendes Campos, Dirce Vieira França, Jandira e Édison Moreira, Milton Freitas e Lívio Renault e, em cujo salão, o maestro Magnani me acompanhava ao piano. Aí mesmo, nessa morada da alegria, banhada de luz e de sombra, a sombra copada de uma mangueira, receberíamos, após noite de autógrafos, os amigos mais próximos. Aí mesmo, hospedamos os Bourdon – Hélène e Léon Bourdon –, entre ida e volta de um cruzeiro ao hemisfério Sul. Ainda aí, nos fizeram visita, de praxe acadêmica, o presidente Juscelino Kubitschek e o governador Tancredo Neves, a quem tivemos o privilégio de eleger – *excusez du peu!!* – às cadeiras vagas da Academia Mineira de Letras, em 1974 e em 1978, respectiva e sucessivamente: eleições de grande pompa e circunstância, oratória tribunícia e salões apinhados de políticos. *Ni temps passé ni les amours reviennent... Sous le pont Mirabeau... coule la Seine...*

Mercê do trabalho, Noca se estabeleceria em Belo Horizonte: criou, sozinha, o único filho, meu afilhado.

Criatura admirável, corajosa, abnegada, nunca a ouvimos queixar-se nem reclamar das dificuldades, ria-se de tudo.

Depois de fechar a loja de costuras, passara a trabalhar em domicílio. E onde quer que estivesse, a família se reunia à sua volta para ouvi-la, rir de seus *casos* e falar dos capiaus do oeste de Minas: de Itaúna, Divinópolis, Matosinhos, Jaapão, Córrego Danta, Cajuru, Divinópolis, Carmo da Mata, Oliveira…

Curvada sobre a costura, mãos firmes sobre o tecido, o pé no pedal da máquina, levantava alguma vez os olhos do trabalho para olhar com quem conversava. Em ritmo *presto, prestisimo*, não perdia o domínio sobre a marcha da agulha nem sobre a linha a coser. E sempre havia quem se dispusesse a ajudá-la, encarregando-se do chuleado ou do remate. Eu mesma me oferecia para pregar botões e colchetes, fazer uma casa ou bainha de ponto de espinho.

Noca amava a vida. Gostava de dançar e de beber "umas e outras". Isto é, umas brahmas e outras cachacinhas.

O doloroso é que o nosso Marquinhos não se contentava com "umas e outras". Casado com uma alcoólatra, tornara-se, também ele, alcoólatra. E acabou por abandonar o emprego para dedicar-se, exclusivamente, ao culto de Baco.

A mãe, pobre mãe, sofria calada. Dedicada à criação e educação dos netos, tolerava, em silêncio, as agressões e maus-tratos do filho viciado. De provação em provação, Noca faleceria antes dele, que não assistiu, praza aos céus, à sua morte por alcoolemia.

É força crer noutra vida. Pouca gente há que mereça tanto quanto Josefina Batista de Assis (era seu nome completo) "o eterno descanso e os esplendores da vida eterna".

Depois desse intermezzo na companhia de minha comadre, a quem muito fiquei a dever, em turbulências que *recordar no quiero*, minha tia, a querida tia Preta, continuaria ligada a mim pelo carinho recíproco que a unira à minha mãe.

Casada com o filho de um mulato cor-de-rosa, o "mulato eugênico", de que fala Gilberto Freire, ela lhe apontava, com certo desagrado, as aventuras e a vaidade: investido de alto posto numa função pública, fundador de uma instituição de benemerência, circulava pela cidade, à boleia de uma charrete, puxada por uma biga de fogosos cavalos brancos.

Porte nobre e soberbo, tirava o chapéu em largos gestos de homenagem às belas damas que suspiravam à sua reverência. O nome recebido na pia de batismo, Adamastor, épico e viril, lhe caía como luva. E Tupã se encarregara de abrasileirá-lo com patronímico indígena, inspirado ao pai, republicano convicto, o apelido tribal Tymburibá, com que o crismara e registrara, em Vila Rica, conferindo-lhe, com i grego, distinção milenar.[109]

Nada mais natural...

A fundação de clã exclusivo, por um descendente de escravos, se fez sob os bons augúrios do mito do *bon sauvage*, o mito do homem livre: recém-saído da selva, torso nu, punhos e mãos livres dos grilhões a que os submetera o branco colonizador.[110]

---

[109] Segundo minha avó Alcina, proprietária da Casa Alcina, Adamastor Tymburibá era dos homens mais bonitos e elegantes da nova capital. Ao trote ritmado dos belos cavalos, cujas rédeas o garboso cavaleiro mantinha, mão firme, as damas da TFM (tradicional família mineira), como as raparigas em flor, debruçavam-se à janela para vê-lo passar: dos altos do Prado ao Funcionários, após cruzar Amazonas, o *frisson* perseguia-lhe o galope – audaz, cosmopolita.

[110] Ao assistir em Paris, neste 27 de janeiro de 2014, ao filme *12 years a slave*, drama histórico, realizado por Steve McQueen, veio-me à memória o sombrio enredo da escravidão no Brasil, embora não o creia comparável à tragédia vivida pelos negros nas colônias inglesas do norte da América. Consulte-se a alentada bibliografia à nossa disposição, a começar pelos ensaios de Gilberto Freyre (hoje em baixa). Malgrado quizilas ecdóticas, seus escritos nos permitem avaliar e entender que os lusitanos não teriam procedido como os descendentes dos puritanos britânicos. Desvela-se, nesse filme, o martírio imposto a Salomon Northup, nascido em Nova Iorque. Embora emancipado, é vendido como escravo e mantido 12 anos, à revelia da lei, no Middle West. Seus tormentos só

Apodera-se o negro do ícone, então em voga nas três Américas, iluminadas pelas "ideias francesas", do Atlântico ao Pacífico. Reinventam-se, pelas correntes indigenistas da América espanhola e as da América portuguesa, o índio nobre de Chateaubriand.

Obras traduzidas para o português e o espanhol, em centenas de edições populares, chegariam, Brasil adentro, à geração de nossos avós e de minha mãe, grandes leitores dos "livros de entrega", divulgados por vendedores ambulantes.

Nos batistérios e registros cartoriais, tanto como nessa literatura de inspiração autóctone[111], eram abundantes os patronímicos inventados e reinventados. Sem penas nem pesares a declarar. Pois entre batizados e crismados, todos se salvaram.

O uso e abuso do "apelido" acabaria por motivar a publicação, pela Companhia Telefônica de Minas Gerais, de catálogo especial para a cidade *do* Cláudio, onde os usuários são conhecidos pelo cognome, de trato diário, e não pelo nome e sobrenome de família.

Minha mãe, nascida *no* Cláudio, não fugia ao hábito de chamar os amigos pelo apelido. E quando se tratava de empregada ou empregado da casa ou de colega de trabalho, destituídos de cognome[112], ou lhes inventava um, sob medida, ou se limitava a cha-

---

teriam fim ao conhecer um abolicionista canadense que o livra da escravidão, fazendo valer sua condição de homem livre. O *happy end* não perdoa, de modo algum, seus algozes nem infunde maior apreço aos "civilizados".

[111] Fosse "de cordel", em folhetos ou folhetins, simples e barata, fosse em brochura, com maior apuro, eram leitura habitual das meninas moças da geração anterior à Segunda Grande Guerra. Converteram-se em rica fonte de inspiração para a escolha do nome de batismo dos filhos, assim como as apelações de tribos indígenas, para sobrenomes ou apelidos. A única dificuldade? A da escolha. A exemplo de Índio do Brasil, Americano Índio do Brasil, Americano do Sul, Paraguassu, Tupinambá, Tabajara, Tamoio, Guajajara, Tabatinga, Tamandaré, Jaçanam, Jandira, Jururê, Jurandir, Peri, Ceci etc.

[112] Advirta-se: o termo apelido já não atende, entre nós, à acepção de sobrenome; passou a significar apodo, cognome.

má-los "meu benzinho", "minha filhinha", "meu filhinho", ou, "meu filho", "minha filha", se diante de um adulto. Ou não...

Não há quem não se lembre de minha mãe por sua doçura e carinho: era extremamente afável. Assim me educou. Só o passar dos anos a convenceria do engano cometido.

"A boa educação passou de moda, filhinha. Você não está preparada para enfrentar o mundo. Reconheço, a culpa é minha. Mas... esteja certa, não permitirei que sofra! Virei buscá-la. Imediatamente. Você não ficará sozinha."

Embora divirjam as opiniões acerca do desvelo de minha mãe, "mãe egoísta", "tirânica", a algum respeito, pois em estado de alerta ou, melhor dizendo, "determinada", ou "obstinada", a não relaxar as rédeas a fim de manter "a menina", cativa...

Compreendo hoje, ao ver-me indefesa diante do mundo, porque preservada sob redoma, o motivo de sua angústia à véspera do óbito.

Inspirada pela fé na vida eterna, não havia, ao seu alcance, outro recurso que o de abreviar-me a partida: "Não vou deixá-la só. Virei buscá-la. Sem demora".

Flor de estufa, vou sobrevivendo.

Apesar do empenho, se o consigo é com *hénaurme* dificuldade.

Corrijo-me: resisto.

Não ante a dureza e grosseria de comportamento de quantos nos cercam. O que há de insuportável é a falta de inteligência, a *bêtise,* que intimida, aborrece e constrange o solitário, seja ele Flaubert ou a pobre mortal que digita "estas maltratadas linhas".

A solidão, cúmplice fiel, sobreleva, ao olhar de quem se isola, a *bêtise* humana. *L'enfer c'est les autres.*

Sartre tinha razão.

Não deixo de confessá-lo aos poucos e raros amigos: se aborreço o convívio humano (em geral), não é porque não tenha irmãos, nem marido, nem filhos, nem sobrinhos. É porque nunca deixei de ser filha única.

Habituei-me à solidão e encontrei no isolamento o meio ideal para o meu modo de vida. Após convívio diário, com alunos de todas as idades, durante 12 aulas por dia, das 7h da manhã, às 11h45 da noite, ou seja, 64 aulas por semana. E, no trato profissional, com seis, dez, 15, vinte, ou trinta, 35, 45 estudantes, em sala, ao longo do ano letivo, só me era possível ler, estudar, preparar aulas, corrigir provas no silêncio do escritório, madrugada afora, ou à noite, de sábados e domingos.

Se assim ocupava os dias e "varava noites" é porque havia quem velasse e ordenasse o mundo para que me restasse ambiente propício à vigília: mera questão de sobrevivência, diante do magro ordenado do magistério.

Impossível imaginar que essa sobrecarga me agradasse. Não ensaiei, duas vezes, tudo abandonar para tornar-me religiosa? E não me comportaria, longe de casa e longe do país, do mesmo modo e da mesma maneira? Isto é, à vista de dois / três amigos, se tanto! Embora tivesse a sala apinhada de alunos, permaneceria só, sempre só!

Não, a solidão não me faz medo. Nem a morte, sua cúmplice. Muito pelo contrário. Temo, porém, morrer e... que ninguém se inteire disso. Vem-me à memória o caso de João Antônio, grande amigo, que passou desta pra melhor, aqui pertinho, em Copacabana, praça Serzedelo Correa.

Desencarnado, após a visita da Repentina, os vizinhos foram alertados pelo odor que lhes chegava pela janela aberta: o odor da carniça. Correram, então, a chamar, por telefone, um sobrinho, em São Paulo, para comunicar-lhe o falecimento do tio escritor.

Não, não se deve morrer sem aviso. Prévio... Sempre que possível.

Foi o que aprendi ao saber da precaução tomada por uma conterrânea de minha amiga Nora: antes de entrar na banheira para banho de imersão, risco imprevisível, telefonava à filha anunciando-lhe: "Entro no banho!"

E, ao sair, sã e salva: "Estou viva!" O que bastava.

Jeová lhe foi benigno. Não morreria afogada: morreu dormindo.

À falta do risco num ingênuo banho de chuveiro, o que mais temo, "já desencarnada", repetindo o nosso Austregésilo de Mendonça, é o assédio das moscas.

Ao confessar o receio macabro à boa amiga Olívia, dela obtive a promessa de defender-me do acaso. Ante a inconstância do presságio, suponho quebra do compromisso e comunico-lhe, a cada manhã, a teimosa reincidência da vida.

No desmentido impertinente que não faz senão confirmar o verso de Manrique: *Cómo se pasa la vida, cómo se viene la muerte tan callando...* Não há recurso contra a impontualidade nem, tampouco, contra a alegação de sintomas e diagnósticos.

Magnânima ou implacável, a todos humilha, alheia à mediocridade, à grandeza, à sabedoria, à fama e à miséria. Acima do bem e do mal, a todos confunde, no mesmo rol.

Reina, soberana, sobre qualquer vocação – de arte, ciência, fé ou poder: reduz a pó, sombra e nada o que era ouro, luxo, aparência, voz e talento, não excluindo de sua agenda místicos, increus, humilhados ou ofendidos. Entre o Tudo e o Nada, a Miséria e a Abastança, celebra a falta de sentido do que chamamos vida.

Embora condenada ao silêncio e à imobilidade, após o AVC, minha mãe conseguiu opor-lhe brava resistência. Sobrevivente, agarrou-se à vida, no silêncio impassível do segredo devassado. Resistia, resistia: unhas e dentes. Para não deixar-me entre estranhos.

Ao ver-me acompanhada, após a chegada de Minas, da irmã e da sobrinha, relaxou a guarda. Aleivosa, a Indesejada não lhe deu trégua.

Sôfrega, minha mãe procurava, no ar que lhe fugia, a última palavra, para mim guardada: arfando, lutava, lutava ainda, indomável. Assim foi...

Até abandonar-se, exangue, à Indesejada.

Marina me disse: "Ela melhorou."

"Não, Marina, desistiu."

Sofrendo e penando, penando e sofrendo, tento escrever, recompor o perdido, resgatar o vivido. Mastigo o passado, temperando estas páginas com o nosso sangue, o mesmo sangue que me corre hoje nas veias e me faz bater o pulso, antes pontual e generoso, no seu coração.

Onde e como encontrar sentido para os anos que me restam? Não aceito razões para consolo – que não há – nem esperança de dias melhores, quando a idade me atropela o passo.

Um religioso me sugeriu, num aceno da fé, a vida eterna: o onde e o quando de todos os reencontros. Vale dizer: o outro lado…

"Mas… É difícil crer, padre! Muito difícil!

"Também acho."

Foi na igreja de Notre Dame des Victoires, em Paris, um ano após a morte de minha mãe.

Não, não somos nós, apenas – nós, míseros mortais, faltos de fé –, aos quais a dúvida interpela e faz interpelar a quem guarda as tábuas da lei e jura pelo amor de Deus, nosso Senhor, a exemplo de São Bernardo a Maria, "o Céu que é pura luz, luz intelectual, cheia de amor; amor do verdadeiro bem, pleno de alegria; alegria, que transcende toda doçura […] o amor, enfim, que move o sol e as outras estrelas".

Eis-nos, leitores de Dante, na era do bóson de Higgs, atentos, hoje ainda, à promessa do amor absoluto, celebrado na *Divina Commedia* e na comédia do cotidiano.

À míngua de justificativa para a crença em Deus e na eternidade, explicava certo filósofo italiano, cujo nome me escapa: "Acredito em Deus e na vida eterna, pois não encontro outro recurso. Se Deus não existir, pior pra ele."

Homem de razão, Voltaire acabaria por afirmar que só a fé oferece ao homem uma justificativa para a existência de um ser "de razão".

E completava: "Como imaginar o relógio sem o relojoeiro?"

Assim defendidos, façamos caminho, caminhando…

O mais seguro, contrariando Antonio Machado, é não voltar os olhos atrás.

Há muito, muitíssimo!, a dizer e a escrever sobre minha mãe e sobre o que a vida nos deu e nos tirou, sobre a dor inexorável, crua e dura da perda do amor absoluto.

Mas… se uma mãe é para cem filhos e cem filhos não são para uma mãe, sequer cem filhos entenderão e retribuirão na medida exata o que são e o que representam para cada um de nós.

O hábito da escrita, as páginas e páginas que saíram de minhas mãos e se transformaram em letra de fôrma já não me ocorrem com a mesma presteza das lágrimas.

Omnia fluunt…

O tempo passou, as palavras se recolheram às páginas do dicionário. Sem serventia. Dou por terminada esta pavana, meu *cante jondo: el llanto por Honoria que viene volando…*

2014

O título destas páginas denota e explica a presença e virtudes — as do hábito — na experiência do amor absoluto. Porque se trata, sim, do amor absoluto, o amor que entre nós se nutriu e fortificou nas vicissitudes do cotidiano, exposto às misérias e carências da vida em comum: desde a pobreza do após guerra, em 1944, ao conforto da classe média a partir da década de 1960, nos anos áureos de JK...

Antes de tudo, é bom que se saiba: a filha, sobretudo filha única, criada por mãe viúva, não se converterá, é certo, num Jean-Paul Sartre, filho único de mãe viúva. Nem num Albert Cohen nem num Romain Gary, ambos filhos únicos de mães viúvas.

Sequer a presença feminina, atuante, das avós, também no meu caso, tampouco seria, como para o menino Jean-Paul, motivo de queixa. Muito pelo contrário.

E valho-me de Sérgio Buarque de Holanda, aos olhos de quem José, seu amigo, nada tinha de "filho único".

E... por quê?

Jamais fui acusada de egoísmo, de vaidade, nem de lutar, à porfia, com braços, pés e cotovelos, para arrogar-me privilégios ou regalias. Uma timidez doentia, da infância à adolescência, sempre me fez ver e aceitar o meu lugar. Nunca quis ser nem parecer bonita, e até me perguntou certa vez a mãe de Nadejda, minha colega, se eu fizera promessa de sempre usar o cabelo amarrado, a cara limpa, alheia a qualquer *coqueterie*.

E assim, também, o espanto de outra colega, ao abrir minha caderneta e, diante da média do mês e a par do silêncio de minha mãe e da ausência de comemoração à brilhante colocação nos exames finais, não lhe parecia possível que sequer eu mesma me calasse, alheia a qualquer vaidade. E o mais raro: nem à mãe, nem à filha parecia episódio a celebrar-se. E a pobreza ajudando, outra colega comentara que me comprometera a fazer durar o par de sapatos durante os quatro anos do ginásio! Além do admissão! Era demais...

De demasia em demasia, chegamos ao fim do colegial.

Nem um dos meus gestos, nem uma das minhas palavras, nem um dos meus pensamentos se perdem sem eco no ido e vivido com minha mãe. Não é "Ora se me lembro e quanto", nem "Oh que saudades que eu tenho da aurora da minha vida", nem memória do tempo perdido e reencontrado: é moto perpétuo, na precariedade do cotidiano, o infinito que vige no pão de cada dia.

Reitero, nesses cinco anos em que venho provando os males da ausência, que fomos parceiras, sim, para o que desse e viesse: em Belo Horizonte ou no Rio, no Rio ou em Paris, na França ou na Alemanha, em viagem ou em casa, nas tarefas mais humildes, mesmo as braçais, na decoração da casa ou na costura, na alegria à mesa, nos brindes ao *champagne*, nas dores da fratura do pulso, depois de uma queda dos patins, na escolha de um vestido para as recepções acadêmicas, nas aflições e ansiedade dos concursos e das defesas de tese, nas festas de bodas e nos enterros, no luto e na dor, na doença e na saúde, na ida às compras ou à missa de domingo, na roça ou na cidade, no ar, no mar ou na montanha, no frio ou no calor, no riso e no pranto, na angústia e no desespero das noites insones, as feridas em escaras, e, no último sopro, em penosa agonia, prostrada e inerme, após rude combate com a Indesejada, me deixou só, só e desarmada.

Infatigável, infatigáveis, enfrentávamos, ambas, longas marchas, e ela se metia, sem medo, em ônibus estropiados, que faziam o trajeto Belo Horizonte-Ouro Preto, e também em trens da Rede Mineira de Viação ou da Central do Brasil para ir a Ouro Preto, Mariana, Congonhas, Barbacena, Rio de Janeiro...

Com a intrepidez de menina sabida, dizia que seria capaz de montar até num porco para viajar, pois o de que gostava mesmo era sentar-se à janela para admirar a paisagem: olhar atento e entendido, distinguia figuras fantásticas no céu, citava os nomes de árvores e arbustos, plantas e ervas que desfilavam ao ritmo manhoso da Maria-Fumaça...

Indiferente à cinza e às fagulhas que a velha locomotiva ia atirando aos quatro ventos, descobria nas lonjuras do sertão choupanas e barracos de pau-a-pique, cobertos de capim, onde também ela e os irmãos tinham vivido.

Entrava com prazer nos ônibus da Cometa ou da Útil, decidida a enfrentar sete, oito horas de viagem: descia a cada parada, fosse para comprar um queijo, uma goiabada, beber um copinho d'água ou ir ao banheiro.

Seu pai, o querido e mais terno dos avôs, era operário de estrada. Minha mãe, Honória, a filha mais velha, adorava-o. Dele herdara o amor às plantas, o gosto pela mata e a vocação andarilha.

Jamais a vi indiferente ao que a rodeava: uma flor, um inseto, um risco na parede, uma nuvem no céu, o sorriso de um bebê...

Durante nossos passeios apontava, maravilhada, vendinhas, botecos e butacas, ali onde se vendia "de um tudo", e conseguia ler, de dentro do ônibus, placas com dizeres jocosos, rabiscos em latas, títulos inconcebíveis de bares e cafés, publicidade com cinco letras sobre banheiros e privadas, preços de mijadas e cagadas.

Se via, num átimo, anúncio de cocadas e pés de moleque, não deixava de exclamar: "Oh, tempo bom! Com um tostão, comprávamos balas, picolés, pipoca, quebra-queixo, amendoim torrado!"

Ah, minha mãe...

Comia, "de boca boa", o que lhe dessem... E comentava: "A fome é o melhor tempero!"

Só a idade, os costumes sofisticados da mesa francesa e a abastança alemã a transformaram na grande dama que passaria a comer, com elegância e sem caretas, uma gorda chucrute, o cassoulet, uma caçarola de *moules à la marinière*, os mais estranhos frutos do mar, mais o *roquefort*, o gorgonzola, o *brie* e... por que não?, o camembert *bien fait*...

Deixemos a comida, pois o que de mais gostava, de fato, era ir mundo afora, vendo e aprendendo. Para isso, ignorava distâncias: subia em bondes e bondinhos, de trilho ou cremalheira, em canoas, barcos e barcaças sem jamais queixar-se do mal das alturas nem de enjoo ou mareio. Alcançou, sem tremer, o portaló do Highland Princess, o enorme navio inglês em que, já de volta ao Brasil, embarcamos em Mar del Plata, rumo a Montevidéu, Santos e Rio, depois de uma estada na Argentina.

Em Paris, contemplou, em êxtase, o traçado da cidade, lá do último andar da torre Eiffel, onde almoçou a escutar maravilhada as canções do *bon vieux temps* na voz de Patachou...

Sempre ereta e dona de si, bebeu *Beaujolais* e *champagne*, três ou quatro vezes, nos giros do *bateaux-mouche* pelo rio Sena, enquanto eu, ao deixar a mesa da festa do *Beaujolais nouveau*, tive de apoiar-me no seu braço e no braço de Mme. de Miranda para descer ao cais!

Nos ferryboats, que cruzam os canais de Amsterdam e de Bruges, tanto como nas gôndolas e nos *vaporetti* de Veneza, era ela a primeira a acomodar-se para tudo ver e apreciar...

Após a primeira viagem ao exterior, em 1958 ou 59, quando estivemos na Argentina e no Uruguai, ela partiria, com a irmã de meu pai, tia Carmem, num tour pela Europa.

Nenhuma delas voltaria frustrada. Gostaram de tudo! Dos passeios, da comida, dos castelos, das igrejas... e, principalmente, do que beberam. De Madri a Salzburgo e Viena, percorreram, num *pullman* da Melia, a Espanha, a França, a Itália e a Áustria: viagem inesquecível, sem canseira, sem queixas nem picuinhas.

Tia Carmem, uma santa; minha mãe, mulher forte, "a mulher forte" da Bíblia. Haveria par mais apto para ir à lua como, também, à descoberta da Europa civilizada?

Minha mãe ditava, minha tia obedecia.

"Só vamos tomar bons vinhos. Os de segunda fazem mal à saúde. Minha filha disse para não fazer economia. Na Espanha, o melhor Rioja, na França, nada de "vinho de mesa", tem de ser *Bordeaux* ou *Bourgogne*. Na Itália, como só bebemos o *Corvo di Salaparuta*, porque dos outros ela não entende, não temos escolha, ou bebemos o *Corvo* ou o mais caro dos *Chianti*. É o meio de escapar dos piores. Ela disse!"

Ela? Era eu mesma, que não tinha ainda feito uma viagem "pra valer", por toda "Oropa, França e Bahia..." O que aconteceria, dez anos mais tarde, quando cumprimos, ambas, a promessa feita, por ela mesma, em minha intenção, a San José María Segura, cujo convento e campa visitamos, numa viagem de trem, pela Itália, Alemanha e Países Baixos.[113]

Cumprida a promessa, no mosteiro jesuíta de Roma ela assistiria, "feliz como no céu, com os pés de fora", à missa solene do Vaticano.

Nessa ocasião, descemos ao sul da França, numa visita a Chouki, minha amiga, em Cavalaire-sur-Mer, Côte d'Azur. Ali, já viúva, passara a viver, ali cultivava o seu jardim. Digno da Pérsia antiga.

Ainda a rever amigos, seguimos à catalaníssima Barcelona e rumamos à Espanha árabe e castelhana, que mamãe cruzaria em constante arrebatamento: de Sevilha a Córdoba, de Córdoba a Granada, desembarcadas, madrugadinha, em Madri.

Alugado um apartamento em Paris, e com bilhetes de *Eurailpass* na bolsa, saímos à descoberta de francos e normandos,

---

[113] *Loca santa*, lugares santos, no nosso sentir.

depois de atravessar Versalhes, rumo ao norte, até Cabourg, onde Proust passava as férias.

Descendo a Brive e a Lyon, à Île-Barbe, de tia Yvette (Yvette Bérard), entre Saône e Loire, donde derivamos a Mâcon, atravessamos a fronteira da Bélgica, até nos depararmos com a *grand place* de Bruxelas, a mais bela praça do mundo, rumando, em visita, a Bruges e às beguinas,[114] a Gante e à Antuérpia, a Luxemburgo, a Frankfurt, Bonn e Colônia.

E... que não me esqueça a passagem por Roma, onde mamãe cumpria promessa. Só não me lembro como ali chegamos, com nosso *Eurailpass*, nem se foi no trajeto de ida a Cavalaire ou no da volta. Não vou agora, ao fim da estrada feita, e finita, consultar mapas, arriscando-me a alterar esse roteiro de saudade...

Sempre à janela, curiosa e atenta, "para apreciar a paisagem", fosse de avião, de barco, de trem, de ônibus ou de carro, mamãe tinha olhos para tudo.

Em almoços e jantares, nos hotéis onde nos hospedávamos, ou em restaurantes, em casa de amigos ou parentes, para um aperitivo ou café, num bar ou num boteco, num terraço ou no último andar, *finestra sul mare,* vista deslumbrante, de um hotel três estrelas ou numa pousada modesta, sempre alegre e feliz, felicíssima! Só hesitava, em dúvida permanente, no momento crucial da escolha do prato ou bebida.

Ao cabo, tudo se arranjava e não havia queixas nem do que comesse nem do que bebesse. "É ruim, mas vai ..." era o que repetia, caso a escolha lhe desagradasse ou se o prato, passável, lhe parecesse mal preparado, sem tempero, ou morno...

---

[114] Religiosas de vida casta, hábitos talares, mas isentas de clausura, as *béguines* moravam em modestas casinhas individuais, em torno de uma pequena capela. *Béguinage* é o nome dessas aglomerações, cujas habitantes em muito se assemelhavam, pelo *modus vivendi*, aos das congregações dos mendicantes. Condenadas pelo Concílio de Vienne (na França), por "falsa piedade", as religiosas seriam integradas, no século XV, à Ordem Terceira (dos mendicantes). A última das beguinas teria morrido, ao que se conta, em Courtrai (França), em abril de 2013.

Mamãe tinha horror a tudo que fosse morno. E se a temperatura lhe parecia adequada, ditava: "Isso é o que eu gosto! Tudo quentinho. Bem quentinho!"

Com igual humor me acompanhava a cinemas, teatros e museus, ouvia, sem cochilar, aulas, discursos, comunicações e recepções de posse, em academias, congressos e simpósios; assistia aos concertos de música de câmera, canto e piano, embora preferisse as grandes orquestras; comparecia, sem reclamar, às defesas de tese e às sessões solenes de nossas universidades ou da Sorbonne, às vezes aparatosas, quase sempre enfadonhas.

Era a mãe da professora e da aluna do conservatório... Criação sua!

"Paciência...", balbuciava. Ou "Graças a Deus!", embora aplaudisse.

Quando não rezava, lia. E lia muito, diária e compulsivamente. Embora alheia às datas, que jamais a preocupavam, sua paixão eram a história e a arqueologia. E acrescente-se: na sua biblioteca, a Bíblia pontificava.

Largamente se comprova nos livros bem encapados sua paixão pela leitura: linhas sublinhadas, anotações a lápis nas margens, marcadores ou lenços esquecidos entre as páginas, notícias de folhinha, santinhos, retratos, e até cédulas de cruzeiros, cruzados e reais... O resto do tempo, passava-o na cozinha. À hora do almoço, vinha à porta do escritório e avisava: "Filhiiinha! O almoço tá pronto! Venha!, venha logo!, enquanto está quente!"

Às vezes, em tom de troça, com fingida irritação, repetia: "Não ouviu, minha filhinha? O *papá tá* na mesa! Vai esfriar!"

O café, o almoço, o chá, à noitinha, demarcavam, pontualmente, as horas do dia. Se me encontrava em casa – coisa rara, no ano letivo, quando tudo começava às 5h30 da manhã.

De qualquer modo, se estávamos juntas, tudo era ocasião de divertidos comentários sobre as notícias, transmitidas por rádio ou televisão. Raramente discutíamos. Se ocorria desentendimento, nunca se tratava de notícia ouvida, mas de tempo ido e vivido, mágoa passada, tristeza sem fim...

O dia inteiro, se ambas em casa, e isso acontecia nas férias escolares, que jamais desfrutei, nem desfrutamos portanto. Enquanto me preparava para a volta às aulas, minha mãe fazia flores – sua profissão –, visitava as clientes, fazia compras, ocupava-se da casa.

Quando me punha a costurar, ou a cozinhar, geralmente me enganava. Se na costura, vinha ela em meu socorro: "Pode deixar, filhinha! Deixe comigo! Vá cuidar do seu trabalho!"

Era o que eu fazia.

Então, como por milagre, os fios se desembaraçavam, a máquina corria leve, a bainha era terminada. À noite, a meia estava remendada; no fim de semana, o vestido costurado.

Se o desastre acontecia na cozinha, ouvia-se a mesma voz: "Mas que teimosia! Deixe isso comigo, menina! Vá estudar!"

Inútil a receita das *quenelles à la lyonnaise*, bem à vista: eu tinha entre os dedos e na palma das mãos uma pasta viscosa de peixe desfiado, farinha de trigo, sal e ovos, que se recusavam a tomar a forma de rolinhos e, tampouco, de pequenas bolas.

Decidida a substituir a receita por outra mais fácil, quando conseguia desgrudar a massa das mãos, corria a pedir-lhe ajuda.

Ela? Punha-se a rir ante o meu desespero:

"Que é isso, meu anjo? *Sem-jeito* mandou lembrança?"

Descobri então que a mesma expressão alemã, a que se refere Walter Benjamin, passara ao folclore do Brasil: nela se figura o *Sem-jeito*, um gnomo bronco, incapaz de cumprir qualquer tarefa.

Minha mãe compensou, múltipla e carinhosamente, a família inteira que jamais formei: era minha irmã, minha tia, minha filha (nos anos de invalidez e de dor, de coma e AVC, sofrimento indescritível, tanto para mim como para minha tia Preta, sua irmã, e Marina, prima-irmã, e alguém mais, a exemplo de Gabriela e José Humberto, do lado paterno, e Ebe, amiga fiel).

Perdi, à sua partida, o jardim que o homem gregário cultiva como território próprio. Acabo de descobrir que sua perda se fez suceder por muitas outras, a começar pela de meu pai, falecido aos 33 anos, eu ainda menina, meu tio em pranto, um pinga-pinga de lágrimas quentes nos meus cabelos.

E o impensável: a morte de meu pai não me deixou senão essa lembrança. Nada mais. A presença de minha mãe, de minhas avós, acredito, e, sobretudo, a de uma avó que não era minha avó, a quem eu muito amava, serviram-me de couraça contra a orfandade.

Mais tarde, a adolescência chegando, tive a ventura de estudar num colégio de freiras, de que guardo lembranças inesquecíveis. Além de acesso livre à biblioteca, a meu dispor, estudava piano, participava das barraquinhas durante as Missões, jogava queimado, comia pão de mel e me sentia feliz como Heidi nos Alpes à hora da merenda, quando, sentadas, em silêncio, o pão e as frutas embrulhados num guardanapo, nosso farnel, aguardávamos a oração de oferecimento do que íamos comer e, ao *Abdicamunos Domino!*, podíamos "disparar a falar como matracas" e comer, "de boca fechada", o pão com bife ou a banana com doce de leite. Uma delícia!

Verdade verdadeira, não me sentia órfã. Tinha ainda vivos quatro avós mais minha avó honorária – Alcina Barbosa de Souza –, e minhas tias.

Às duas famílias, materna e paterna, vieram juntar-se amigos, diletos alguns e outros queridos, muito queridos, sem os quais não sei se teria sobrevivido. E sequer sei se a lista, embora longa, está completa, pois a memória começa a faltar-me.

Vejamos. Primeiro, o casal Frieiro – Noêmia Pires Frieiro e Eduardo Frieiro. Depois, *primus inter pares,* entre professores, colegas e confrades: Mário Mendes Campos, Paulo Mendes Campos,

Mário Casassanta, Aires da Mata Machado Filho, Henriqueta Lisboa, Alaíde e José Carlos Lisboa, José Lourenço de Oliveira, José Carlinhos e Bibi Lisboa de Oliveira, Ignez Fagundes Amaral e Constantino Amaral, Orlando Magalhães de Carvalho e Lourdes Pinto de Carvalho, Patrícia Carvalho, monsenhor Messias, *Mère* Maria Apresentação Santos, *Mère* Ligouri, Celina dos Guimarães Peixoto, Carmem Rabelo do Couto e Silva, Sérgio Magnani, Berenice Menegale, Sylvio Miraglia, Austregésilo Mendonça, Dirce Vieira França, Milton Freitas, Hilton Rocha, Oiliam José, Édison Moreira e Jandira Moreira, Moacir Andrade, Paulo Pinheiro Chagas (todos ligados à minha formação intelectual, musical e moral) e os amigos queridos do Rio, Carlos Drummond de Andrade, Pedro Nava, Plínio Doyle, José Inojosa, Eurico Nogueira França, Mário da Silva Brito, Guilherme Figueiredo, José Resende Peres, Beatriz Reynal e José dos Reis Júnior, Alphonsus de Guimaraens Filho e Hemirene, Heli Menegale, Marcos Almir Madeira, Victor Nunes Leal, Antônio Houaiss, Hermes Lima, Levi Carneiro, Ivan Lins, Antônio Carlos Vilaça, Homero Senna, Mirtes e Ivan Bichara, o médico de minha mãe, Antônio Lopes Neto, casado com a prima Vanira Moreira, Lycinha, afilhada de minha mãe, D. Kilda, Maria José Rocha Soares e Marcílio Soares, Eduardo Soares...

Entre os colegas de colégio e da universidade, Maria Terezinha Cunha (Pituchinha), Terezinha Lopes da Costa, João Camilo Castilho, Maura Borges de Andrade, Regina Bastos Pereira, Terezinha Loureiro, Norma Alvarenga, Marlene Zica, Elaene Marilza Varela, Evandro, Luís Nahum, José Starling, Consuelo F. Santiago, Francisco Carlos Ferreira da Silva, Zoé Gouveia Franco...

Dentre os amigos estrangeiros, e também falecidos, de tanta importância em minha vida quanto os brasileiros – amigos e parentes –, citaria, com o mais profundo devotamento, Roberto e Beatriz Giusti, argentinos; Concha Zardoya, espanhola; Juan

Friede, colombiano; Josep Rocca-Ponse; Tereza (*well and alive in Sitges*), ambos catalães; Hermann Görgen, alemão; Edward Wilson, inglês; Antonio Maragall, espanhol; Marcel Bataillon; Maurice Vouzelaud; Léon e Hélène Bourdon; Denyse Chast; Marthe Richardot; Yvette Bérard; Renée e Andrée Joffre; *Abbé* Jean Roche; René Durand e Huguette Durand (também viva, mercê de Deus!), Paulette e Raymond Cantel; Solange Parvaux, franceses; Miguel Mendoza Claros, boliviano, e sua filha, Maria Eugênia Mendoza Claros (ambos vivos e sãos); as três irmãs Freitas, Dèa, Lia e Eda (reduzidas a Lia e Eda).

Outros mais, na França, vieram juntar-se a essa imensa roda, tornando-a completa, no século XXI, tais como o casal Maria do Carmo e Bernard Robin, M. e Mme Kalb, Madeleine Grousset, Cleide e Pierre Giraud, além da irmã de Cleide, Maria Antônia Longo, a jovem avó, Claire Bérard, que conheci adolescente, e a netinha Mila.

Estão eles, com Marina, Gabriela, José Humberto e filhos, em Belo Horizonte, além, é claro, de Lyslei e Lesle, que procuram envultar-me como escritora, e dão o melhor de si para manter-me viva nas estantes e na memória dos *happy few*, amigos do livro.

No Rio, Regina Bilac Pinto (e, antes, o Dr. Bandeira), Wilson Figueiredo (mais recente), bem como Olívia e Olivinha, me confortam com sua presença, quando tudo me parece destituído de valor e de vida, e me fazem estimar a importância de viver.

Ao procurar retratos, a fim de exibi-los nas estantes do escritório, senti a imensa dor da perda dos que partiram, como se os tivesse perdido ontem, ou neste dia e ano.

Então, só então, entendi: minha mãe me bastava.

Assumiu, em cargo vitalício, todas as ausências. Jamais, por isso mesmo, me foi dado avaliar-lhes a perda, que agora me pesa.

Ao olhar à minha volta, vi que o melhor do gênero humano, que Deus me permitira encontrar no breve trânsito pela Terra, havia precedido minha mãe na caminhada para o eterno, ou vivia, se ainda vivem, à distância, e o silêncio nos separa.

Nos anos que se seguiram ao nono deste século, o deserto se fez tão grande e ameaçador que os livros se converteram, estranhamente, em carga insuportável. Por que mantê-los à espreita, numa diária e alucinante inquisição?

Se perdera minha mãe, por que arrastá-los comigo ao *Te Deum* solene?

À míngua da fogueira, levantada em praça pública, decretei-lhes exílio remoto: durante um mês, despejamos a biblioteca, livro por livro, na cerimônia do adeus. A vida inteira de fé e de esperança, alimento diário, fascínio e tormento, na vigília prolongada dos serões noturnos, que minha mãe, na sua ternura infinita, tentava moderar:

"Filhinha, vá dormir! Filhinha, é tarde! Você se levanta cedo! Tem de descansar! Você se esgota! Depois, quando quiser dormir, já não terá sono!"

Acima do bem e do mal, pretendia, em desespero, dar fim ao vício impune, punindo o próprio vício no auto da paixão – "A menina que ganhou concurso e conseguiu o raro: Dez em tudo!"

Esse tudo não lhe pesaria à travessia do Lete: feitas as contas, 55 caixas, mais outros tantos caixotes, a transbordar de ciência, de letras e cultura.

Mas... punido o vício, que fazer da vida inteira?

Que fazer comigo, se há lágrima e espanto, na noite, sem livros? Que fazer comigo, sem sono, sem livros? No combate, sem música, na viagem, sem livro?

Tão a esmo, caí em mim mesma.

Por quê? Por que ninguém, NINGUÉM!, me veio dizer que era ato insano desfazer-me dos melhores amigos?

Como enfrentar, ao meu retorno, prateleiras nuas, Quixote e Sancho desarmados?

Não fossem os amigos e, entre parentes, poucos amigos, nada restaria.
Tudo longe...
Longe? Onde? De onde? De Bizâncio...[115]
a long way from home...

---

[115] A pergunta que se faz a Joseph Brodsky, no discurso de recepção do Prêmio Nobel de Literatura, 1987, a mesma que me lembra o vazio da ausência, de todas as ausências, na distância a separar-nos, como na densa e singela canção de Jason Wade, "From where you are" (apud *Smoke and Mirrors*. Album, Lifehouse, Los Angeles, 2010).

So far away from where you are
These miles have torn us worlds apart
And I miss you, yeah, I miss you

So far away from where you are
And standing underneath the stars
And I wish you were here

I miss the years that were erased
I miss the way the sunshine would light up your face
I miss all the little things
I never thought that they'd mean everything to me
Yeah, I miss you and
I wish you were here

I feel the beating of your heart
I see the shadows of your face
Just know that wherever you are

Yeah, I miss you and I wish you were here
I miss the years that were erased
I miss the way the sunshine would light up your face

I miss all the little things
I never thought that they'd mean everything to me
Yeah, I miss you and I wish you were here
So far away from where you are
These miles have torn us worlds apart

And I miss you, yeah, I miss you
And I wish you were here

Posfácio

Entre o que restou de minha biblioteca, encontrei, de volta a casa, em *As contemplações*, de Victor Hugo, a resposta ao desalento das prateleiras nuas, Quixote e Sancho desarmados.

Ao fim e ao cabo, não somos, todos nós, todos!, nada mais que um livro, um só, "sem fim nem meio, onde cada um, para viver, procura ler um pouco?[116]

Rio de Janeiro, agosto de 2013 / abril de 2014

---

[116] *"N'êtes-vous qu'un livre, / Sans fin ni milieu, / Où chacun, pour vivre, / cherche à lire un pen"*? (Victor Hugo, *L'Aurore s'allume* in *Les Contemplations*).

Este livro foi impresso na Edigráfica.